KB197364

통합학급 운영을 위한
다문화 특수교육

Aaron Perzigian, Nahrin Aziz 공저 | 최지혜 · 이로미 공역

Multicultural Special Education For Inclusive Classrooms

Intersectional Teaching And Learnig

학지사

Multicultural Special Education for Inclusive Classrooms:
Intersectional Teaching and Learning
Edited by Aaron Perzigian and Nahrin Aziz

누구도 소외되지 않는 특수교육을 향하여

"너 외국인 본 적 있어?"

제가 학교에 다니던 시절 학교에서 '외국인이나 다문화 학생'을 보기는 매우 어려운 일이었습니다. 텔레비전 속 외국인은 외국 영화에서나 볼 수 있었고, 다른 나라에 간다는 것은 매우 설레는 일이었지요. 20년의 세월이 지나 제가 특수교사로 교직에 들어선 지금, 사회는 빠르게 변화하였습니다. 대한민국에 체류하는 외국인 수는 1998년 이후 꾸준히 증가해 2023년에는 약 251만 명에 달했으며, 이는 대한민국 전체 인구의 약 4.9%를 차지하는 수치입니다(통계청, 2023). 경제협력개발기구(OECD)는 한 나라의 외국인 비율이 5%가 넘으면 다문화 사회로 규정하고 있는데, 이제 우리나라도 다문화 사회로 접어들었음을 알 수 있습니다.

이러한 대한민국의 다문화 사회로의 전환은 '학령기 인구(만 6~17세)'의 변화를 이끌었습니다. 늘어가는 체류 외국인 수에 비례하여 다문화 학령기 학생의 수도 빠르게 증가하고 있는데, 2023년 기준 우리나라에는 18만 명의 다문화 학생이 재학하고 있는 것으로 나타났으며, 이는 2023년 전체 학령인구의 약 3.4% 수준입니다. 이제 교내에서 다문화 학생 또는 외국인 학생을 만나는 일은 더 이상 어려운 일이 아니게 되었습니다.

일반교육 현장에서 다문화 학생의 증가는 특수교육에 영향을 미칠 수밖에 없음에도 불구하고 아직 우리나라에서는 다문화 특수교육에 대한 논의가 지지부진한 실정입니다. 국내 특수교육대상자는 2023년 기준 약 106,126명으로 전체 학령기 인구의 약 1.7%를 차지하는데, 국내 그 어떤 통계에서도 특수교육대상자 중 다문화 학생이 얼마나 재학 중인지는 정확히 확인할 길이 없으며, 다문화 특수교육대상자를 진단하고 교육하는 전문가는 더더욱 찾아보기 어렵습니다. 하지만 교실 속 특수교사는 다문화 특수교육대상자의 급격한 증가를 피부로 느끼며, 더 이상 이 문제를 두고 볼 수 없다고 외치고 있습니다. 특수교사들은 다양한 문화적 배경을 가진 학생의 특수교육대상자 선정을 위한 진단평가부터 교수-학습과 평가에 이르기까지 다양한 영역에서 어려움을 표현하고 있지만 이와 관련된 적절한 지침과 자료는 매우 부족합니다.

이 책은 이러한 상황 속에서 준비 없이 맞이할 다문화 특수교육에 대한 걱정을 잠재우기에 적절하게 구성되었습니다. 다문화 특수교육대상자를 선별하는 것부터 수업에 참여시키기 위한 다양한 교수학습 방법과 평가 방안까지 다양한 사례를 제시하여 설명하고 있습니다. 물론 미국의 사례를 배경으로 한 책이기에 국내 특수교육 상황에 바로 적용하기에는 어려움이 많아 보이기도 하지만 이것을 우리나라 다문화 특수교육에 어떻게 적용하고, 긍정적으로 변화시켜 나갈 방향을 탐색하는 데는 도움이 되리라 생각합니다.

　이 책을 번역하는 동안 최대한 국내 특수교육 현장에서 사용하는 용어와 국내법에서 적용하는 용어로 번안하기 위해 노력하였으나 번역의 아쉬움은 여전히 남습니다. 하지만 이 책을 통해 현장에서 어려움을 호소하는 많은 특수교사의 마음과 생각에 전환점이 되었으면 하는 소망이 있으며, 교육부와 지역교육청에서는 특수교사 개인에게 모든 역할을 짊어지우는 것이 아닌 체계적인 시스템을 갖추고 변화하는 특수교육대상자의 인구구성에 대한 민감한 시선을 바탕으로 적절한 정책이 개발되어 누구도 소외되지 않는 특수교육이 되길 소망합니다.

　이 책을 번안하고 우리나라에 소개하기까지 도움을 주신 서울시교육청과 다문화교육지원센터 박에스더 장학사님, 도서문화재단 씨앗과 편집과 출판을 맡아주신 학지사 가족분들께도 감사의 인사를 전하며 이 글을 마무리하고자 합니다.

오늘도 아이들의 미래를 키우는 교실에서
최지혜

이 책은 유치원부터 고등학교까지 이어지는 교육과정에서 다양한 주제를 다룬다. 그 과정에서 학교 시스템이 가진 특성과 능력, 장애와 문화적 다양성을 동시에 가진 학생을 위한 효과적이고 차별화된 교육, 학생의 문화를 반영하는 개별화교육(individual education plan: IEP) 및 학교 졸업 이후의 전환계획 그리고 다문화 특수교육대상 학생을 위한 적절한 평가와 같은 특수교육과 다문화교육이 교차하는 지점에 있는 교육 주제에 초점을 맞추고 있다. 미국의 학군은 이런 정체성의 교차, 즉 학생 정체성이 가진 교차성(intersectionality)이 그 어느 때보다 다양해졌지만, 교사들이 인종·민족적으로 주류가 아니면서 다양한 장애가 있는 청소년의 요구를 충족시킬 준비를 충분히 갖추지 못한 상태라는 점이 각종 연구를 통해 드러나고 있다.

이런 상황을 고려해서 다문화교육과 문화적으로 지속가능한 교수법에 기반을 두고, 특수교사들이 다양한 교차성을 가진 학생들을 위해 해야 할 일을 알고 학교의 변화를 주도해 나가는 데 도움이 되고자 하는 목적으로 이 책을 집필하게 되었다. 교사는 장애와 문화적 다양성을 함께 가진 학생의 교육적 요구를 충족하는 동시에 이들의 정체성을 인정하고 존중하는 데 필요한 기술과 태도를 갖춰야 하기 때문이다.

'정체성(identity)'이라는 용어는 무엇이 자신을 '나답게' 만드는가에 관하여 설명하는 데 주로 사용된다. 우리의 정체성은 여러 가지 방식과 경험에 의해 형성되며, 사회의 주류 또는 비주류로서 우리가 갖고 있는 특성을 다른 사람들이 긍정적 혹은 부정적으로 바라보는 것과 연관된 다양한 경험

이 포함된다. 이 책이 정체성과 다양성에 대한 개념을 폭넓게 이해하고 학교와 지역사회에서 다양한 사회적 소속을 형성할 때 어떻게 교차하는지 파악하는 데 도움이 되길 바란다. 각각의 정체성에 대한 해당 사회의 인식에 따라 사회구성원으로서의 어떤 자격이 부여되는지, 또 다양한 제도와 서비스에 대한 접근이 허용 또는 차단되는지 알아보고, 정체성과 다양성 그리고 각 장에 제시한 포괄적 맥락에서 다음의 질문을 통해 살펴보고자 한다.

1. 당신의 정체성을 형성하는 데 도움이 된 학업적 경험이나 사회적 경험은 무엇인가?
2. 특권과 능력은 어떤 면에서 정체성과 다양성의 개념과 관련되어 있는가?
3. 당신이 속한 사회적 구성원의 자격으로 특정 제도나 서비스 혜택을 받은 적이 있는가? 그것에 대해 어떤 느낌을 받았는가? 반대로, 당신이 가진 하나 또는 그 이상의 사회적 특징으로 인해 특정 제도나 서비스를 받지 못했던 적이 있는가? 이러한 경험이 당신에게 어떤 영향을 미쳤는가?
4. 학교와 지역사회 맥락에서 학생과 교사의 다양성은 어떤 의미가 있는가?
5. 다양성의 차원을 어떻게 정의하고 있는가? 그리고 각각의 다양성이 해당 학생의 학업 성취도와 학교생활 만족도에 어떤 영향을 미칠 수 있다고 생각하는가?

이 책의 목적은 교차성이 존재하는 교수-학습의 현장에서 예비 교사와 현직 교사를 위해 이루어진 연구와 학교 현장 사이에 존재하는 격차를 좁

히고, 교차적 정체성을 가진 유치원생에서부터 고등학생에 이르는 모든 학생의 경험을 기초로 관련성을 찾고 구체화시키는 데 있다. 대부분 독자에게 이것이 상당히 낯선 내용일 것이므로 저자들은 예비 교사에게 필요한 기초적이고 핵심적인 내용부터 충실히 담으려고 했다. 따라서 독자는 이 복잡한 주제가 자신이 대면하고 있거나 대면할 다양한 학습자 집단에 맞게 구성되어 있음을 알 수 있을 것이다.

이 책의 저자들은 통합교육이 이루어지는 학교에서 쌓아 온 그들의 전문성과 경험을 나누고 있다. 이에 따라 각 저자가 각자 개념을 설명함에 있어 독특한 방법과 고유한 용어를 사용하고 있음을 미리 밝히고자 한다. 저자들이 사용하는 용어나 단어는 그대로 유지하기로 결정했고, 이로 인해 특정 용어가 다른 단어로 표현되는 경우가 있어 자칫 일관성이 부족해 보일 수 있다. 예를 들어, 같은 학생 집단에 대해 어떤 저자는 '유색인종(persons of color)'이라는 단어를 쓰고 어떤 저자는 원주민과 유색인종(Black, Indigenous, and People of Color)을 포괄한다는 의미에서 'BIPOC'라는 약어를 사용했다. 이런 점에서 약간의 혼동이 생길 수 있으나 저자의 자율성을 인정하는 차원으로 이해해 주길 바란다. 아무쪼록 다문화 특수교육 분야에서 노력해 온 저자들이 제시하는 변화가 여러분이 서 있는 현장까지 이어지기를 바란다.

미국 워싱턴주 벨링햄에서
애런 페르지언 Aaron Perzigian, Ph.D.

차 례
Contents

차 례
Contents

PART 01

장애의 사회적 구성

린제이 포먼-머레이(Lindsay Foreman-Murray)

학습목표

- 장애라는 용어에 대한 다양한 개념화와 이 개념이 의료적 모델과 사회적 모델에서 어떻게 인식되는지 알 수 있다.
- 문화에 따라 장애를 바라보는 관점의 차이를 설명할 수 있다.
- 장애인의 삶의 질을 저하시키고 지역사회 참여를 방해하는 사회적 낙인의 역할을 설명할 수 있다.
- 특수교육법의 목적과 조항을 주제로 토론할 수 있다.
- 특수교육서비스를 위한 장애 진단 과정을 설명할 수 있으며, 특수교육법에서 제시하는 장애 유형을 알 수 있다.

장애란 정확히 무엇일까

　장애란 개념은 개인적·가족적·문화적·사회적 영향을 논의하는 사람들에게 종종 감정적인 반응을 불러일으킨다. 장애인에 대한 인식, 장애의 원인 그리고 장애의 영향에 대한 인식은 모두 논쟁의 여지가 있으며, 장애가 있는 사람 또는 장애에 대한 경험과 이미지는 모두 다르다. 장애인이라고 하면 휠체어를 타고 이동하는 사람이나 다운증후군이 있는 사람을 떠올릴 수 있지만, 우리 주변에는 눈에 보이지 않는 장애가 있는 사람도 많이 있다. 이 장에서는 지역사회 맥락에서 장애를 이해하고 장애가 초·중·고 학생들의 학교 경험에 영향을 미치는 방식에 대해 중점을 두어 알아볼 것이다. 다양한 문화 속에서 장애가 어떻게 정의되는지, 서로 다른 인식과 특수교육법 및 평가 등에서 장애를 바라보는 서로 다른 관점에 관해 탐구할 것이다. 그 과정에서 특수교육의 역사를 다시 바라보고, 장애에 대한 개념의 광범위한 문화적 변화와 이 변화가 장애아동의 교육과 삶에 미치는 영향을 알아 본다.

　이번 장에서는 다음과 같은 토론 질문을 고려해 보자.

① 장애를 어떻게 정의하는가? 이 장을 읽은 후에 장애를 다르게 정의했는가?
② 장애가 당신이나 가족에게 영향을 미쳤는가? 그렇다면 어떤 방식으로 영향을 받았는가?
③ 장애의 의료적 모델과 사회적 모델 사이의 차이를 생각해 보자. 당신은 각각의 틀에 맞는 전형적인 경험을 구분할 수 있는가?

④ 자신의 학창 시절의 경험 안에서 장애학생이 활동에 통합되거나 배제된 특정한 사례를 기억할 수 있는가?
⑤ 오늘날 유·초·중등 교육과정의 장애학생의 권리를 보호하는 법이 있다. 이러한 법이 필요한 이유는 무엇인가?

미국 성인의 4명 중 1명은 장애를 가지고 살아가고 있으며, 그들의 숫자는 약 6,100만 명이다(Okoro et al., 2018). 장애에 대한 우리의 개념은 사회적으로 구성되며, 장애는 개인의 정체성이나 상태에 관한 내재적 진실을 반영하기보다는 우리가 살아가는 문화와 사회에 의해 결정된다. 이러한 구조 일부는 사람들이 '할 수 있는 것', 즉 능력이 중요하다는 생각을 기반으로 한다. 비문해 사회에서는 읽기 장애가 아무 문제가 되지 않고, 손 떨림의 영향은 업무나 생활 방식에서 안정적인 손 사용을 얼마나 요구하는지에 따라 달라진다. 우리는 먼저 집 밖에서 일하는 것, 독립적인 생활, 학업적 성공 그리고 이동성을 얼마나 중요시하는가의 정도에 따라 장애와 장애를 가진 사람들에 대한 관점이 형성된다. 마찬가지로 개인이 장애의 영향을 받는 정도는 그들이 속한 사회와 그 사회의 사람들, 시스템 그리고 구조가 그들의 필요를 수용하는 정도에 따라 달라진다.

더 설명하기 전에 용어에 대한 참고 사항을 안내하고자 한다. 특수교육 분야에서 우리는 일반적으로 사람 우선의 용어(person-first language)를 사용한다. 예를 들면, 장애인(disabled person) 대신에 장애가 있는 사람(person with disability)으로써 장애보다 사람을 우선시한다. 즉, 장애는 그 사람이 가진 '무엇'일 뿐, 장애가 사람의 정체성을 정의하지 않는다는 것이다. 그러나 반대로 자폐성 장애와 농인 사회에서는 정체성 먼저의 언어(identity-first language)를 선호하기도 한다. 많은 사람이 자폐인

(autism person) 또는 농인(deaf person)으로 불리는 것을 선호한다는 것이 한 예이다. '정체성 먼저' 용어는 장애가 정체성의 한 면을 정의하는 것이 사실이며, 장애가 있는 개인을 묘사하는 방식은 이를 반영해야 한다고 제안한다(Haller, 2010). 그러나 우리는 이 장에서 '정체성 먼저' 용어와 '사람 먼저' 용어를 의도적으로 동일한 의미로 사용할 것이다. 왜냐하면 용어 사용은 개별 장애 공동체 안에서 정착되지 않았으며, 용어와 명칭(label)의 의미에 관한 결정을 누가 내리는지에 대한 복잡한 문제를 둘러싼 한 가지 예일 뿐이기 때문이다.

 ## 장애의 개념

장애에 대한 우리의 개념은 개인에게 영향을 미치는 신체적·인지적 차이와 그 차이가 개인의 삶에 영향을 미치는 것 사이의 관계에 기반을 두고 있다. 개인이 살아가는 문화의 우선순위와 관점은 개인이 의료적 서비스를 이용할 가능성을 결정하는 것부터, 취업 기회를 얻는 것 또는 그들이 성인이 되었을 때 부모와 함께 살면서 성인으로 대우받는 것까지 많은 방식으로 관계를 형성한다. 더불어 문화 규범의 차이는 누가 장애인이고 어느 정도까지가 장애인지 문화적 맥락에 따라 달라지는 것을 의미한다. 이 절에서는 장애의 특정 영역에 대한 몇몇 문화적 관점과 보편적인 미국 문화를 통해 장애의 주요한 관점을 논의하고자 한다.

장애에 대한 문화적 개념

문화는 사회규범, 관습, 신념의 패턴 그리고 특정 사람들의 삶의 양식 안에서 광범위하고 포괄적인 용어로 사용된다. 리델과 왓슨(Riddel & Watson, 2014)은 문화를 역사와 사회맥락 안에서 뿌리가 되는 현상이자 그 안에서 사람들이 세상과 자신의 위치를 바라보는 하나의 렌즈로 설명한다. 문화는 사람들이 미래를 계획하는 방식으로 존재하며, 자신의 삶과 가족에 대한 기대 그리고 사람들이 자신을 집단의 일원으로 보는 방식이기도 하다. 사람을 개인으로 간주하는 정도와 가족의 대표자로 간주하는 정도, 노인을 인정하고 대우하는 방식, 성역할, 육아에 대한 접근방식, 능력에 관한 생각은 모두 한 사회의 문화에 뿌리를 두고 있다(Riddell & Watson, 2014).

그러나 문화는 움직이는 대상이며 시간의 흐름뿐만 아니라 세대 간, 이주의 결과, 서로 다른 배경을 가진 사람들이 서로 가까이 있을 때 규범이 만나고 섞이면서 변화한다(Paris, 2012). 이렇듯 문화는 단일하지도 않고 고정되어 있지도 않기 때문에 장애를 다른 문화로 바라볼 때 지나치게 단순화하지 않는 것이 중요하다. 그러나 다양한 문화권에서 장애에 대한 관점을 살펴보면 문화마다 때로는 놀라울 정도로 달라질 수 있음을 알 수 있다.

예를 들어, 미국의 지배적인 문화는 개인주의, 독립성, 자율성 그리고 집 밖에서 일하는 것을 강조하는 것이 특징이다. 그래서 미국에서 지적장애인은 일반적으로 심각한 장애가 있는 것으로 간주한다. 왜냐하면 지적장애인은 장애로 인해 완전한 독립과 자립이 남보다 더 어렵기 때문이다. 그러나 남아시아 일부 지역에서는 가족 내에서 개인의 역할과 의무를 수행하고 사회적 관습을 준수하는 것이 독립성보다 더욱 중요하게 인식되기 때문에(Baxter & Mahoney, 2018), 지적장애인의 장애 정도는 그다지 심각하게 생각하지 않을 수도 있다.

의사소통 방식과 행동에 대한 기대치도 다른 문화권의 사람들이 장애를 인식하는 방식을 형성한다. 예를 들어, 직접 눈맞춤을 하고 유지하는 것에 불편함을 보이는 자폐성 장애인은 종종 미국에서 무례하다고 해석되며, 의사소통의 장애물이 되기도 한다. 하지만 동아시아에서는 직접 눈을 맞추는 것이 무례하다고 여겨지는 경우가 많기도 하고 이것이 장애로 여겨지지 않는 지역도 있기에 이 특성은 많은 경우 장애로 간주되지 않을 수도 있고 자폐성 장애인이 문화적 관습을 준수하는 데 도움이 될 수도 있다(Baker et al., 2010). 서로 다른 문화의 성역할 규범 또한 장애에 대한 관점에 영향을 준다. 예를 들어, 사우디아라비아에서 남성 자폐성 장애인은 여성 자폐성 장애인보다 더욱 심각한 손상이 있다고 인식될 수 있다. 왜냐하면 사우디아라비아에서는 남성이 여성보다 외향적이고 사회성이 높아야 한다고 생각하는 한편, 여성에게는 말수가 적고 정숙한 것을 기대하기 때문이다(Al-Salehi et al., 2009).

문화마다 공적인 영역에서 사람을 포용하는 기준을 결정하는 방식에 따라 장애인을 바라보는 사회적 인식이 형성된다. 미국에서는 직장과 공공장소에서 장애인을 더 많이 통합하는 방향으로 서서히 변화하고 있다. 이와는 다르게 멕시코의 오악사카는 장애인을 공공의 삶에 온전히 통합하는 것이 일반적인 규범이다(Holzer, 1998). 멕시코의 후치탄에서는 장애인이 자신의 강점, 요구, 일의 선호도에 적합한 역할을 맡아 지역사회에서 일하고 참여한다. 따라서 개방성과 포용성은 장애인과 비장애인의 경계를 허물어뜨린다.

문화에 따라 장애를 개념화하는 방식과 장애인에 대한 사회적 관점의 차이는 장애가 개인적·사회적·정치적으로 어떤 의미가 있는지 장애에 대한 사회적으로 구성된 본질을 보여 준다. 또한 문화적 차이는 장애가 교차하는 방식을 강조하고, 장애인에 대한 사회적 반응은 성별, 인종, 언어 그리고 기타 정체성을 나타내는 지표 또는 사회적 소속에 의해 형성된다.

장애의 모델

장애를 바라보는 관점은 문화마다 차이가 있다. 미국과 영국은 장애를 바라보는 관점과 이와 관련된 문제를 바라보는 것에 대한 두 가지 지배적인 관점이 있다. 첫째로 의료적(medical) 또는 개인적(personal) 모델이다. 이것은 우리 사회에서 장애를 바라보는 가장 기본적인 접근 방식이다. 둘째는 장애의 사회적(social) 모델이다. 이것은 의료적 모델에 대응하며 나타났고, 1960년대와 1970년대에 장애 인권 운동의 한 부분으로서 발전했다. 다음 영역에서 의료적 모델과 사회적 모델을 소개하고 그 함의를 살펴보고자 한다.

의료적(개인적) 모델

의료적 모델은 서구 문화에서 장애에 대한 가장 지배적인 사고방식으로서, 미국에서 자란 대부분의 독자에게 가장 익숙할 것이다. 이 관점은 장애의 원인을 개인 내에서 찾으며, 의사, 정신과 의사(심리학자) 또는 평가 전문가가 장애 진단을 위해 사용하는 진단 기준에 초점을 맞춘다. 즉, 이러한 장애의 관점에서는 시각장애인은 눈이 손상되었기 때문에 장애가 되었다고 생각한다. 일반적으로 이 관점은 약물, 사회적 기술 훈련, 교정, 보조장치 또는 치료와 같은 방법으로 개인의 삶을 가능한 한 정상적으로 만들기 위해 장애를 예방하고 억제하거나 해결하려고 노력한다. 이 관점에서는 의사나

고도로 훈련된 치료사들이 가장 중요한 역할을 한다. 왜냐하면 그들은 장애를 식별하고, 이해하고, 장애의 경과를 치료하거나 변경하기 위해 노력하기 때문이다(Dudley-Marling & Butns, 2014; Shakespeare, 2010).

의료적 모델은 장애를 개인의 조건으로 바라보기 때문에 장애를 개인의 '결핍(deficit)'에 초점을 맞춰 인식한다. 때때로 **'장애의 개인적 비극 이론'**(Oliver, 1996) 또는 '결핍 입장'(Dudley-Marling & Butns, 2014)으로도 알려졌다. 이 관점에 대한 비판은 장애인을 환자 또는 '정상'이 되기 위해 전문가의 중재를 받아야 하는 역할로 강등시키는 것이며, 치료의 목적으로서 불변의 기준인 '정상적인 삶'을 추구한다는 것이다. 이 특성에서 짐작할 수 있듯 '장애의 의료적 모델'이라는 용어는 거의 항상 부정적인 의미로 사용된다. 물론 이 모델이 우리 문화 속에서 장애에 대한 기본적인 접근방식이기는 하지만 장애 인권 운동가들은 장애에 대한 의료적 모델이 장애인에게 해롭다고 비판하고 있으며 사회적 모델을 그 대안으로 제시한다.

사회적 모델

사회적 모델의 지지자들은 개인이 가진 손상(신체적 또는 정신적 차이)과 그들이 경험하는 장애(결과, 즉 낙인, 낮은 삶의 질, 완전한 사회적참여에 대한 접근 부족)로 장애를 구분하고 있다(Shakespeare, 2010). 사회적 모델의 옹호자들은 장애가 개인 내 차이에 있다기보다는 개인의 한계를 낙인찍고 수용하지 않으려는 사회적인 결과로 바라보며, 이를 핸디캡(handicap)이라고 부른다(Oliver, 1990). 이러한 관점에서 장애는 개인에게 내재된 것이 아니고 사회에 의해 만들어진 조건이며, 적합한 지원을 통해 손상(impairment)을 가진 사람이 사회에 참여하는 데 방해가 되는 장벽을 제거해야 한다. 따라서 장애인은 자신의 인권과 그들이 살아가길 원하는 삶을 위해 옹호하는 적극적인 참여자로 재구성된다. 여기서 장애는 의료적이기보다 정치적인 문제이다(Oliver, 1990). 장애의 사회적 모델은 장애인이 억압받는 집단이라고 생각하며, 장애인에 대한 사회적 관심이나 포용의지가 부족하기 때문에 장애인이 사회에 완전히 참여할 수 없다고 설명한다(Oliver, 1990; Shakespeare, 2010). 최근 코로나19 팬데믹 상황에서 학교, 직장, 도서, 강연, 학부모-교사 협의회, 연수 등 모든 분야에서 원격접속과 참여를 제공하려는 보편적인 사회적 의지가 이 모델에 힘을 실어주고 있다. 이러한 상황에서 집에서 원격으로 참여할 수 있는 가능성이 생기게 되면서 실제로 참석할 수 없었던 사람들에게도 기회의 문이 열렸다. 이러한 보편적인 접근을 위한 갑작스러운 전환은 사회통합이라는 것이 보다 쉬워질 수 있음을 강조한다. 우리는 원격접근을 제공하기 위해 드는 비용과 노력을 간과하려는 것이 아니다. 오히려 우리 사회의 수많은 사람이 이러한 기회에 접근하지 못함으로써 발생할 비용과 비교해야 한다는 점을 강조하려는 것으로, 팬데믹 동안 장애인은 사회에 온전한 참여를 지속하기 위해 원격참여의 보편적인 수용이 더욱 활성화되어야 한다고 요구해 왔다(Beery, 2020).

장애 담론에 사회적 모델을 도입한 것은 접근 장벽을 제거하고 장애 당사자의 자존감과 자기 효능감을 향상하는 데 중요한 역할을 한다(Shakespeare, 2010). 하지만 장애인 권리 공동체의 일부에서는 이러한 관점에 대한 반발이 있었고 지금도 여전히 존재한다. 몇몇 장애 옹호자들은 사회적 모델이 장애인의 삶에서 장애/손상(impairments)의 중요성을 간과하고 있어서 이것은 경도 장애인이나 비 퇴행성 또는 적용할 수 있는 특정 유형의 장애인에게만 적용될 수 있다고 주장한다(Shakespeare,

2010). 또한 모든 장애인이 억압받는다는 가정에 문제를 제기하는 이들도 있다. 이와 더불어 실제 장애와 장애에 대한 사회적·문화적 관념을 명확하게 구분하는 것이 불가능하다는 의견이 나오기도 했으며, 이러한 의견 중 많은 부분은 개인이 내부적으로 받아들이는 경우도 있다(Shakespeare, 2010). 마지막으로 셰익스피어(Shakespeare, 2010)에 따르면 일부 활동에 장벽이 되는 것은 사회에 의해 만들어진 것도 아니며 사회가 해결할 수 있는 것도 아니다. 예를 들면, 신체적 장애를 가진 사람 중 일부는 산의 정상에 오르는 것이 결코 불가능할 것이며, 발달장애나 신경학적 장애를 가진 사람들 중 일부는 소란스런 소리나 너무 밝거나 붐비는 환경이 늘 불편할 것이다.

최근 수십 년간 사회적 모델을 지지하는 이들은 손상, 사회 및 장애 간의 상호 작용을 인정하게 되었다(Honan, 2019). 능력과 관계없이 모두에게 포용적이고 과도한 부담 없이 목표를 추구할 수 있는 사회를 만들기 위해서는 장애에 주어지는 문제나 능력주의 문화의 영향을 다루어야 한다. 장애인의 삶을 향상하기 위한 이러한 접근 방식의 총체는 장애인이 사회의 모든 측면에 동등하게 접근하고 참여할 기회를 제공하는 물리적·사회적 공간을 재창조하려는 노력과 숙련된 치료 및 중재의 중요성을 결합한 사회를 만드는 것이 가장 좋은 방법일 수 있다.

장애문화와 신경다양성 운동

장애를 바라보는 관점을 검토할 때 장애 인권에서 비롯된 운동인 장애문화 자체도 고려해야 한다. 장애문화는 장애인의 역량강화와 권한부여를 목표로 하며, 장애인 공동체가 직면한 주요한 문제를 인식하도록 알리고, 능력에 대한 다양성을 받아들일 수 있도록 개선하는 것이 목표이다

(Gill, 1995). 장애문화는 장애인의 몸과 마음에 대한 결핍에 기반을 둔 접근을 거부하며, 이러한 운동 안에서는 신경다양성과 농인 공동체가 있다. 둘 다 조금 다른 방식이긴 하지만 그들의 지역사회 안에서 낙인을 철폐하고 장애의 특성을 수용하기 위해 장애의 조건보다는 인간 다양성의 한 면으로 개인을 정의해야 한다고 주장한다. 농인 공동체(Deaf community)와 관련하여 대문자 D(Deaf)를 사용하는 것은 그들의 문화적 정체성을 나타내기 위한 의도이다.

자폐 공동체에서 논란이 되는 신경다양성 운동은 자폐성 장애의 뇌를 다양한 사고방식과 존재 방식의 다양성의 관점으로 재구성한다. 이 방식들은 어느 것도 '정상'이 아니라 다른 것보다 더 전형적인 것일 뿐이다(이에 대해서는 주디 싱어 Judy Singer의 주장이나 암스트롱 Armstrong(2010)을 참고하라). 이와 유사하게 농인 공동체에서도 청각장애인의 결핍에 기반한 관점을 버리고, 대신에 그들이 세상을 탐색하는 데 사용하는 강점과 자원에 집중하는 것이 낫다고 주장한다(Legigh et al., 2018). 이러한 측면에서, 농인 공동체와 그들의 가족은 개인에게 어려움을 주는 차이를 최소화하기 위해 구제 방법(치료와 혼동하면 안된다)이나 지원을 찾을 수 있지만, 자폐성 장애와 청력 손상 자체를 예방하거나 치료하고 더 나아가 이것이 치유가 필요한 장애라는 생각을 거부한다(Baron-cohen, 2019; Leigh et al., 2018).

이 개념을 지지하는 많은 사람은 자폐성 장애인이 경험하는 문제의 근원이 환경이며, 자폐성 장애인이 일하거나 상호작용하는 것을 더 어렵게 만드는 것으로 이것이 자폐성 장애인의 고유한 특성이기보다는 환경적 특성이라고 주장한다(Boron-Cohem, 2019). 농인 사회의 옹호자들은 많은 농인과 난청인이 일반 청인보다 일부 분야에서 더 뛰어난 능력을 갖고 있다고 말한다. 예를 들면, 많은 청각장애인은 말하기와 비슷하게 어릴 때부터 미국 수어(American Sign Language: ASL)를 많이 사용하고 일반적으로 청인에게는 없는 보완 또는 대체기술을 개발한다. 농인이 아닌(non-deaf) 사람이 농인이 결핍이 있다고 생각하듯이, 농인 공동체 내의 사람들은 미국 수어(ASL)를 모르거나 농문화를 이해하지 못하는 사람들을 '농 장애인(deaf impaired)'이라는 용어를 만들어 부를 수도 있을 것이다 (Leigh et al., 2018).

시간의 흐름에 따른 특수교육

미국 공립학교의 장애학생 교육은 장애를 둘러싼 사회적 담론의 발전과 함께 시간이 지남에 따라 변화해 왔다. 장애학생의 공교육 보장을 향한 움직임은 1930~1940년대 장애아동 부모 단체에서 시작했는데, 그들은 그들의 자녀가 당연히 교육받아야 한다고 주장했다(U.S. Department of Education, 2000). 그들의 옹호 활동은 금세기 중반에 장애인 권리 운동에 의해 강화되었고, 1965년 모든 학생에게 동등한 접근(연방 자금 지원)을 제공하는 초·중등교육법(Elementary and Secondary Education Act: ESEA)이 통과되며 절정에 이른다(U.S. Department of Education, 2000).

초·중등교육법(ESEA)이 시행되기 전에는 공립학교에서 행동과 외모에 관한 규범적인 기준을 충족할 수 없는 학생들을 법적으로 제외할 수 있었고 실제로 그렇게 했었다. 동시에 중등도에서 중증 정도의 많은 장애아동이 교육 서비스가 없는 기관에 배치되었으며, 이는 장애아동을 가족의 부담으로 여기는 소아과 의사의 권유에 의해 이루어졌다(Humemann & Joiner, 2020; U.S. Department of Education, 2000). 이들 시설은 심각한 정신질환을 앓고 있는 성인을 위한 생활시설이었고, 그들의 상태는 종종 매우 심각했다. 그곳에 사는 사람들은 음식, 위생, 난방 및 의복이 제한되는 등 열악한 환경에 처해 있었다(Fleischer & Zames, 2011). 다른 아동들, 특히 덜 복잡한 요구를 가진 장애아동은 사설 또는 가정 기반의 교육받을 수 있었지만, 많은 경우 일반적인 지역사회와 또래 사이에서 제외되었다.

좀 더 진보적인 지역에서는 경도에서 중등도 정도의 장애가 있는 학생들이 공립학교에 다니면서 최소한의 기초적인 교육을 제공받았다. '운이 좋은' 학생들은 학교 건물의 분리된(일반적으로는 바람직하지 않은) 공간인 보일러실 같은 곳에서 방문교사가 제공하는 서비스를 주당 몇 시간만 제공받았다(Humemann & Joiner, 2020). 때로는 모든 연령대의 장애학생이 함께 모여 행농지료와 일상적인 활동에 보충학습 지원을 제공받았다(Humemann & Joiner, 2020; Wright & Wright, 2007). 어떤 경우에도 장애학생을 위한 이러한 교육 지원은 장애가 없는 또래가 경험하는 것과 동등한 교육을 제공해야 한다는 기준을 충족하지 못했다.

초·중등교육법(ESEA) 이후에는 장애아동에 대한 공교육 보장을 확대하고 강화하는 일련의 법률과 법적 판결이 뒤따랐다. 그중 가장 주목할 만한 것은 1975년에 개정된 '모든 장애아동을 위한 교육법(Education for All Handicapped Children Act, 이하 EHCA)'이었으며, 이 법은 후에 장애인 교육법(Individuals with Disabilities Education Act, 이하 IDEA)으로 대체되었다. IDEA에 따라 교육을 위해 연방정부 예산을 지원받는 주에서는 장애아동에게 그들의 요구에 적합한 최소제한환경(Least Restrictive Environment: LRE)에서 동등한 접근권을 제공하도록 의무화하였다. 그 외에 주목할 만한 법안은 특정 장애아동에 대한 조기개입을 보장하는 것(1976년 공법 99-457), 개별화교육계획(Individual Education Plan: IEP)과정에 부모 참여를 보장하는 것(1986년 장애아동보호법), 개별화교육계획에 전환계획을 포함하는 것(1990년, 공법 101-476), 외상성 뇌질환(Traumatic Brain Injury: TBI)과 자폐성 장애를 장애분류에 포함하는 것 등이다. 1997년에 EHCA가 개정되어 모든 학생이 동일한 교육과정에 접근할 수 있도록 보장하기 위해 IDEA로 전환되었고, 학교는 좀 더 통합적인 서비스 제공 모델을 향해 나아갔다(U.S. Department of Education, 2000). 2004년 IDEA의 개정은 특수교사의 인증기준을 높이고 장애학생의 교육 결과에 대한 책임을 강화했다.

또한 2004년 개정에서는 유색인종 학생을 잘못되고 불균형적인 방법을 사용하여 장애로 판정한 학교에 특수교육을 위한 예산 지원을 삭감하는 조치를 처음으로 도입했다(U.S. Department of Education, 2016). 특수교육 서비스를 받는 유색인종 학생의 비율이 불균형적으로 많은 학교와 학군을 제재하려는 움직임은 불균형의 원인에 대한 논쟁을 촉발했다(Morgan et al., 2015; Skiba et al., 2016). 일부 학자들은 유색인종 학생을 과도하게 장애로 식별하는 것은 학교의 제도적 편견과 다양한 학생들을 지원하려는 교사의 준비가 부족하거나, 의지가 없다는 증거로 여겼다. 유색인종 학생을 장애평가 대상으로 잘못 추천하는 것은 일종의 차별이다(예: Artiles et al., 2002). 그러나 다른 학자들은 소수 인구집단에서 장애 진단의 증가에 대한 가장 강력한 증거로 장애위험요소(예: 저체중 출생, 산전검사 및 소아과 진료에 대한 접근성 부족, 낮은 사회경제적 지위)의 높은 발생률로 보고 있다(예: Morgan et al., 2015). 우리는 이 책의 후반에서 장애평가에 대해 다시 논의할 것이다.

현재 장애가 있는 학생의 대다수는 학교 일과의 80% 이상을 비장애 또래와 함께 교실에서 보내며(U.S. Department of Education, 2019), 어떤 학생도 장애로 인해 공교육에서 거부될 수 없다. 그러나 장애가 있는 학생을 위한 별도의 교육환경은 결과적으로 사회적 낙인을 초래하였고 (Bogart et al., 2017; Jones, 1972; Kaffuman, 2003) 장애학생에 대한 교사의 기대가 낮아지는 결과를 가져왔다(Gillung & Rucjer, 1977; Good, 1987; Pit-ten Cate & Glock, 2018). 일부 학교에서는 장애가 있는 청소년이 일반교육을 받는 교실에 통합된 경우에도 '이 아동은 특수교사의 학생일 뿐'이라는 인식이 지속되고 있다. 다음 절에서는 현행 특수교육법과 장애평가에 대해 논의한다.

 ## 특수교육법과 미국장애인교육법

특수교육의 맥락에서 장애의 개념은 장애학생이 공립학교에서 교육받는 방식을 규정하는 법률인 미국장애인교육법(이하 IDEA)에 뿌리를 두고 있다. 이 법은 최소제한환경(Least Restricted Environment: LRE)에서 제공되는 적절한 무상의 공교육(Free and Appropriate Public Education: FAPE)에 대한 접근을 보장하고, 학생의 개별 요구 사항을 충족할 수 있는 특수교육 서비스 제공에 대한 중요하고 기초적인 역할을 한다. IDEA는 또한 교육 형평성을 목표로 하는 원칙을 제시하고 있는데, 이를 위해 학생의 장애평가와 교육배치 및 서비스에 관한 결정과 결정의 각 단계에 부모 참여 혹은 서면동의를 제공해야 한다는 요구 사항을 포함하고 있다. 1990년 미국장애인법(Americans with Disabilities Act: ADA)과 함께 특수교육법은 정부가 장애로 간주하는 기준을 개발하여 장애로 인정되는 기준을 명확히 할 것을 요구했다. 다음 장에서는 IDEA에 따라 학생들이 특수교육 서비스를 받을 자격이 주어지는 장애 범주와 일반적으로 장애를 판단하는 기준과 방법을 알아보고자 한다.

미국장애인교육법(IDEA)의 장애 범주

IDEA에 따라 특수교육 서비스를 받으려면 아동이 12가지 장애 중 하나에 해당하는 것으로 평가되어야 한다. 여기에는 ① 자폐성 장애, ② 시-청각장애(농맹), ③ 청각장애(농), ④ 정서적 장애(정서행동장애), ⑤ 청각장애(난청), ⑥ 지적장애, ⑦ 중복장애, ⑧ 지체장애, ⑨ 기타 건강장애, ⑩ 특정 학습장애, ⑪ 외상성 뇌손상 장애 또는 ⑫ 시각장애가 있다(미국장애인교육법, 300.8, 2004). IDEA에 따른 이러한 장애의 정의는 법적으로 아동이 **'장애가 있다'**는 분류를 구체화하는 데 도움이 된다. 학생은 다음 설명된 각 장애에 대한 기준을 충족해야 할 뿐만 아니라 학생의 장애가 학업수행에 충분히 부정적인 영향을 미치는 심각한 손상이 있다고 판단되어야 한다. 이에 해당되는 경우 특수교육 문헌에서 사용되는 장애 범주에 대한 일반적인 약어가 각 장애 설명에 포함되어 있다.

자폐성 장애

자폐성 장애(Autism)로 분류되어 특수교육 서비스를 받으려면 해당 아동이 발달장애가 있는 것으로 평가되어야 하며, 그 장애는 심각한 언어적 또는 비언어적 의사소통과 사회적 상호작용에 상당한 영향을 미친다고 판단되어야 한다. 법은 반복적이고 제한적인 행동, 환경과 일상의 변화에 대한 극심한 어려움, 감각적 요구 등을 포함한 자폐성 장애아동의 일반적인 특성을 인정하지만, 학생이 자폐성 장애로 식별되기 위해 이러한 특징이 반드시 존재할 필요는 없다. 또한 법에서 자폐성 장애를 정의하는 방식에 따라 학생들은 자폐성 장애와 일치하는 관련된 특성(감각적 요구, 변화하는 환경에 따른 어려움)을 보일 수 있지만, 이러한 특성은 교육성과에 뚜렷한 영향을 미치지 않을 수 있으므로 IDEA에 따른 자폐성 장애 지정 기준에 적합하지 않을 수 있다.

시-청각장애

시-청각장애(Deaf-blindness) 범주의 학생은 청력과 시력의 손상을 모두 동반하며, 이 두 가지 장애의 결합은 '심각한 의사소통 및 기타 발달적·교육적 요구'가 있으므로(미국장애인교육법 ACT 300.8, 2004), 그들의 요구는 청각장애(난청)학생 또는 시각장애학생과는 구별된다.

청각장애(농: Deafness)

청각장애(농: Deafness) 아동은 청각 언어를 처리하는 능력이 손상될 만큼 심각한 청각장애를 가지고 있다. 이러한 청각 손상은 마이크나 기타 증폭 장치 사용 여부와 관계없이 학생의 학교생활에서 성공하는 데 부정적인 영향을 미친다.

정서적 장애(정서장애 또는 정서행동장애)

정서적 장애(Emotional Disturbance: ED or EBD)로 진단된 학생은, ① 다른 어떤 요인으로 설명할 수 없는 학습에서의 어려움, ② 또래나 성인과의 대인관계 형성 또는 유지에서의 어려움, ③ 정상적인 상황에서 부적절한 행동이나 감정, ④ 지속적인 불행감이나 우울감, ⑤ 학교나 개인 문제와 관련된 신체적 증상이나 두려움 등을 포함하여 다양한 행동과 특성을 보일 수 있다. 정서적 장애 진단에 있어 중요한 것은 학생이 진단받기 위해 의뢰된 행동이나 정서의 장기적인 성격과 심각성이다. 단기적인 우울증, 불안 또는 공격성 정도로는 정서적 장애로 진단하지 않으며, 학생의 정서적 고통을 유발할 수 있는 다른 요인은 배제해야 한다.

청각장애(난청: Hearing Impairment)

이 범주에서 특수교육 서비스를 받을 자격이 있는 학생은 청각에 영구적 또는 일시적 손상이 있다. 이는 학습에 영향을 주지만 청각장애(또는 농, deafness) 기준에 이르지는 않는다. 일반적으로 청력 손상의 심각도가 장애학생의 학습을 돕기 위한 증폭장치 또는 기타 보조기술의 사용으로 도울 수 있을 만큼 경미한 경우이다. 청각 손상은 기술적이고 의학적으로 현재 사용되는 용어지만, 일부 옹호자들은 난청(hard-of-hearing)이라는 용어를 더 선호한다.

지적장애

지적장애(Intellectual Disability: ID)로 진단받은 학생들은 추론, 계획, 문제해결 능력, 추상적 사고, 효율적인 학습, 경험을 통한 학습 등에 영향을 주는 평균 이하의 지적 기능으로 진단받을 수 있다(Boat & Wu, 2015). 이러한 능력은 일반적으로 표준화된 지능 검사(IQ 검사)를 통해 측정되며, 지적장애 기준은 70점 미만이다. 지적장애로 진단되기 위해서는 낮은 IQ 점수 외에도 적응행동 및 기능적 기술에 결함이 있어야 한다. 이것은 연령에 맞는 작업수행, 일상적인 자기관리나 활동참여가 포함될 수 있다(Boat & Wu, 2015).

중복장애

중복장애(Multiple Disabilities: MD)로 진단받은 학생은 특수교육 자격을 갖게 되며 이들은 여러 장애가 공존하기 때문에 고유하고 심각한 교육적 요구가 있다. 이러한 요구는 단일 장애를 위해 설계된 교육 서비스로는 충족할 수 없다(예: 지적장애와 시각장애).

지체장애

지체장애(Orthopedic Impairment: OI)에는 선천적 기형(예: 척추측만증), 질병(예: 골결핵) 또는 기타 원인(예: 뇌성마비)으로 인한 장애가 포함될 수 있다.

기타 건강장애

기타 건강장애(Other Health Impairment: OHI)로 진단된 학생은 만성 건강장애로 인해 학생의 집중력과 학교에서의 주의력, 체력 또는 활력에 영향을 미칠 수 있다. 일반적인 만성 건강문제로는 천식, 주의력결핍장애(ADD 또는 ADHD), 당뇨병, 겸상적혈구빈혈, 납 중독 등이 있다.

특정 학습장애

특정 학습장애(Specific Learning Disability: SLD) 아동은 '듣고, 생각하고, 말하고, 읽고, 쓰고, 철자 또는 수학적 계산을 수행하는 능력'에 기초가 되는 하나 이상의 심리적 과정의 어려움으로 인해 학습장애로 진단된다. 학습장애는 지각장애, 뇌 손상, 난독증, 발달성 실어증 또는 미세 뇌기능 장애로 인해 발생할 수 있다. 이러한 어려움은 시각장애나 정서장애와 같은 다른 장애, 경제적 불이익이나 학교에서의 나쁜 경험과 같은 이유로 발생하는 것이 아니다. 따라서 이것은 읽기에서의 학생의 어려움이 비효율적인 교육, 학교교육의 공백, 자료나 교육에 대한 접근 부족으로 인한 것이 아니라는 점이 중요하다.

외상성 뇌손상

외상성 뇌손상(Traumatic Brain Injury: TBI)은 높은 곳에서 추락하거나 자동차 사고와 같은 외부의 물리적 힘으로 인해 발생하며, 이에 따라 기능장애, 심리·사회적 장애 또는 둘 다를 초래하는 뇌손상이다. 외상성 뇌손상은 학생의 언어, 말하기, 기억력, 주의집중, 추론, 판단, 추상적 사고, 문제해결 및 일반 인지능력에 영향을 미칠 수 있다. 또한 아동은 외상성 뇌손상으로 인해 미세 또는 총체적 운동능력, 감각 또는 지각 능력, 신체 기능 및 심리·사회적 행동에 장애가 있을 수 있다. 하지만 선천성 또는 퇴행성 뇌손상을 입은 아동이나 출생 중에 발생한 손상의 경우에는 이 장애 범주로 특수교육을 받을 수 없다.

시각장애(맹 포함)

시각장애(Visual Impairment) 진단을 받은 학생은 시력을 교정하더라도 교육적 성공이 극히 어려울 정도로 심각한 시력 손실이 보인다. 이 범주에는 전맹(blindness) 아동이 포함된다.

미국장애인교육법에 따른 평가

이 평가는 학생이 장애평가를 받을 때 교육적·경제적·언어적·문화적 배경에 관계 없이 모든 아동이 공정하게 평가되도록 하는 연방정부 규정에 따라 진행된다. 이러한 과정은 자녀가 평가를 받을 필요가 있음을 부모에게 알리는 것으로부터 시작되며, 평가가 이루어지기 전에 서면동의를 받아야 한다(IDEA paragraf 1414, 2004). 평가를 관리하는 여러 규정이 있는데, 그중 대부분은 평가의 공정성을 보장하는 데 초점을 맞추고 있다. 여기에는 기술적으로 타당한 여러 가지 평가도구를 사용해야 하며, 이러한 평가 및 평가자료는 차별 없이 선택 및 관리되어야 하고, 평가대상 아동의 모국어로 전달해야 한다. 또한 평가자는 평가도구에 대한 교육을 받아 충분한 지식이 있어야 한다는 조항이 포함되어 있다(IDEA paragraf 1414, 2004).

이 법은 또한 평가과정에서 평가대상 아동의 감각 및 의사소통 요구 사항을 고려해야 한다고 규정하고 있다. 이는 아동이 감각적인 것과 같은 어려움으로 인해 아동의 성과에 부정적인 영향을 미치지 않도록 보장해야 한다. 또한 학생은 의심되는 장애와 관련된 모든 영역에서 평가받아야 하며, 이는 평가자가 평가결과에 영향을 미칠 수 있는 다양한 요소, 즉 아동의 건강, 사회·정서적 측면, 의사소통 능력, 운동능력과 관련된 문제를 고려해야 함을 의미한다. 이러한 조항은 부분적으로 학생의 문화적·인종적·민족적·언어적 사회경제적 지위(Socio-Economic Status: SES) 요소를 장애의 증거로 오인하는 차별적 평가를 방지하기 위함이다(O'Neillb & McPeek, 1997; Reynolds, 2000; Shifrer et al., 2011). 보호장치의 중요성은 연구자들이 처음에 개발하여 주요 인구집단의 아동을 대상으로 평가한 인지평가의 역사에서 잘 드러난다(Graves & Aston, 2016). 이 평가는 규준참조검사이고 그 규준이 되는 아동들은 광범위한 백인집단에서 모집되었기 때문에 경제적으로 여유있고 영어를 사용하며, 지배적인 문화배경을 가진 인구학적 집단의 아동들에게만 사용할 수 있다. 소외된 환경의 아동들, 특히 유색인종 아동은 백인 및 높은 사회경제적 지위를 가진 아동보다 상당히 낮은 점수를 받았으며, 이 결과는 나중에 유색인종 아동, 특히 흑인 아동이 백인보다 지적으로 열등하다고 주장하는 데 사용되었다(Aston & Blake, 2020). 이러한 초기 평가의 문화적 편견은 잘 알려져 있으며, 이러한 평가는 그 사이에 상당히 수정되었고 재표준화되었지만 유색인종 아동의 기술, 지식 및 강점을 정확하게 평가하지 못할 수 있다는 우려는 여전히 남아있다. 인지평가의 불안한 역사는 일반적으로 특수교육 평가 전반에 걸쳐서 확장되는데, 이미 논의한 바와 같이 백인 아동보다 유색인종 아동을 장애로 식별하는 경우가 더 많다. 학생이 장애로 분류될 때 인구통계학적 변수가 어떤 역할을 할지에 관한 불안은 이러한 편향된 평가의 역사를 넘어 다양한 학생을 수용할 준비가 교사에게 되어 있지 않거나, 부족한 의지로 공교육을 모든 학생이 접근하기 어려운 공간으로 만드는 방식에 의해 영향을 받는다.

우리가 장애에 대해 생각하고, 법률을 제정하고 수용하는 방식의 문화적 특수성을 인식하는 것이 더 공평한 사회를 향한 첫걸음이다. 우리의 목표는 모든 학생이 그들의 삶을 똑같이 적절하고, 정확하며, 관심 있게 반영한 공교육을 받을 수 있도록 하는 것이다. 이러한 미래를 향해 나아가기 위해 우리는 정체성의 지표인 문화적 선입견을 인식하고 이에 도전해야 하며, 문화적 선입견이 학교와 교육을 만들어 가는 방식에 대해 솔직해야 한다. 그리고 모든 아동이 스스로 원하는 미래를 꿈꾸고 학습할 수 있는 학습 환경을 조성하기 위해 노력해야 한다.

참고문헌

Al-Salehi, S. M., Al-Hifthy, E. H., & Ghaziuddin, M. (2009). Autism in Saudi

Arabia: Presentation, clinical correlates and comorbidity. *Transcultural Psychiatry, 46*, 340‒347.

Armstrong, T. (2010). *Neurodiversity: Discovering the extraordinary gifts of autism, ADHD, dyslexia, and other brain differences.* Da Capo Lifelong.

Artiles, A. J., Harry, B., Reschly, D. J., & Chinn, P. C. (2002). Over-identification of students of color in special education: A critical overview. *Multicultural Perspectives, 4*, 3‒10.

Aston, C., & Brown, D. L. (2020). Progress or setback: Revisiting the current state of assessment practices of black children. *Contemporary School Psychology, 25*, 140‒148.

Baker, D. L., Miller, E., & Dang, M. T., Yaangh, C. S., Hansen, R. L. (2010). Developing culturally responsive approaches with Southeast Asian American families experiencing developmental disabilities. *Pediatrics, 126*, 146‒150.

Baron-Cohen, S. (2019, April 30). The concept of neurodiversity is dividing the autistic community. Retrieved from https://blogs.scientificamerica n.com/observations/theconcept-of-neurodiversity-is-dividing-the-au tism-community/

Baxter, C., & Mahoney, W. (2018). *Developmental disability across cultures.* Canada Paediatric Society.

Beery, Z. (2020, August 24). When the world shut down, they saw it open. Retrieved March 30, 2021, from https://www.nytimes.com/2020/08/2 4/style/disability-accessibility-coronavirus.html

Boat, T. F., & Wu, J. T. (2015). *Mental disorders and disabilities among low-income children.* National Academies of Sciences.

Bogart, K. R., Rottenstein, A., Lund, E. M., & Bouchard, L. (2017). Who self-identifies as disabled? An examination of impairment and contextual predictors. *Rehabilitation Psychology, 62*(4), 553-562.

Dudley-Marling, C., & Burns, M. B. (2014). Two perspectives on inclusion in the United States. *Global Education Review, 1,* 14-31.

Fleischer, D. J. & Zames, F. (2011). *The disability rights movement: From charity to confrontation.* Temple University.

Gill, C. (1995). A psychological view of disability culture. *Disability Studies Quarterly, 3,* 1-4.

Gillung, T. B., & Rucker, C. N. (1977). Labels and teacher expectations. *Exceptional Children, 43*(7), 464-465.

Good, T. L. (1987). Two decades of research on teacher expectations: Findings and future directions. *Journal of Teacher Education, 38*(4), 32-47.

Graves, S. L. Jr., & Aston, C. (2016). History of psychological assessment and intervention with minority populations. In S. L. Graves, & J. J. Blake (Eds.), *Applying psychology in the schools book series. Psychoeducational assessment and intervention for ethnic minority children: Evidence-based approaches* (pp. 9-21). American Psychological Association.

Haller, B. A. (2010). *Representing disability in an ableist world: Essays on mass media.* Avocado Press.

Hogan, A. J. (2019). Social and medical models of disability and mental health: Evolution and renewal. *CMAJ: Canadian Medical Association Journal = Journal de l'Association medicale canadienne, 191*(1), E16-E18. https://doi.org/10.1503/cmaj.181008.

Holzer, B. (1998). Everyone has something to give. Living with disability in Juchitan, Oaxaca, Mexico. In B. Holzer, A. Vreede, & G. Weight (Eds.) *Disability in different cultures: Reflections on local concepts.* De Gruyter.

Heumann, J., & Joiner, K. (2020). *Being Heumann: An unrepentant memoir of a disability rights activist.* Beacon Press.

Individuals with Disabilities Education Act, 20 U.S.C. §1414 (2004).

Individuals with Disabilities Education Act, 20 U.S.C. §300.8 (2004).

Jones, R. L. (1972). Labels and stigma in special education. *Exceptional Children, 38*(7), 553-564.

Kauffman, J. M. (2003). Appearances, stigma, and prevention. *Remedial and Special Education, 24*(4), 195-198.

Leigh, I., Andrews, J. F., & Harris, R. L. (2018). *Deaf culture: Exploring deaf communities in the United States.* Plural Publishing.

Morgan, P. L., Farkas, G., Millemeier, M. M., Mattison, R., Maczuga, S., Li, H., & Cook, M. (2015) Minorities are disproportionately underrepresented in special education: Longitudinal evidence across five disability conditions. *Educational Researcher, 44*, 278-292.

O'Neill, K. A., & McPeek, W. M. (1993). Item and test characteristics that are associated with differential item functioning. In P. W. Holland & H. Wainer (Eds.), *Differential item functioning* (pp. 255-276). Lawrence Erlbaum Associates, Inc.

Okoro, C. A., Hollis, N. D., Cyrus, A. C., & Griffin-Blake, S. (2018). Prevalence of disabilities and health care access by disability status and type among adults. *Morbidity and Mortality Weekly Report, 67*, 882-887.

Oliver, M. (1990). *The politics of disablement.* Macmillan.

Oliver, M. (1996). The social model in context. In *Understanding disability: From theory to practice.* St. Martin's Press.

Paris, D. (2012). Culturally sustaining pedagogy: A needed change in stance, terminology, and practice. *Educational Researcher, 41*, 93-97.

Pit-ten Cate, I. M., & Glock, S. (2018). Teacher expectations concerning students with immigrant backgrounds or special educational needs. *Educational Research and Evaluation, 24,* 277-294.

Reynolds, C. R. (2000) Methods for detecting and evaluating cultural bias in neuropsychological tests. In E. Fletcher-Janzen, T.L. Strickland, & C.R. Reynolds (Eds.) *Handbook of cross-cultural neuropsychology: Critical issues in neuropsychology.* Springer.

Riddell, S., & Watson, N. (2014). *Disability, culture and identity.* Routledge.

Shakespeare, T. (2010). The social model of disability. In L. J. Davis (Ed.), *The disabilities studies reader* (pp. 266-273). Routledge.

Shifrer, D, Muller, C., & Callahan, R. (2011). Disproportionality and learning disabilities: Parsing apart race, socioeconomic status, and language. *Journal of Learning Disabilities, 44,* 246-257.

Skiba, R., Artiles, A. J., Kozleski, E. B. Losen, D., & Harry, E. (2016). Risks and consequences of oversimplifying educational inequities: A response to Morgan et al. (2015). *Educational Researcher, 45,* 221-225.

U.S. Department of Education. (2000). Office of Special Education and Rehabilitative Services. History: Twenty-Five Years of Progress in Educating Children with Disabilities Through IDEA. Retrieved from https://www2.ed.gov/policy/speced/leg/idea/history.pdf

U.S. Department of Education. (2016). Fact Sheet: Equity in IDEA. Retrieved from https:// www.ed.gov/news/press-releases/fact-sheet-equity-idea

U.S. Department of Education. (2019). 41st Annual Report to Congress on the Implementation of the Individuals with Disabilities Education Act, p. 53. Retrieved from https://www2.ed.gov/about/reports/annual/osep/2019/parts-b-c/41st-arc-for-idea.pdf

Wright, P. W. D., & Wright, P. D. (2007). *Wrights law: Special education law* (2nd ed.). Harbor House Law Press.

PART 02

다문화교육과 특수교육의 교차점
: 이론과 실천

케빈 록사스(Kevin Roxas), 프란시스코 리오스(Francisco Rios)

학습목표

1. 문화적으로 지속가능한 교수-학습 접근방식의 중요성과 의미를 이해한다.
2. 특수교육과 다문화교육 사이의 역사적 관계를 설명한다.
3. 유색인종 학생과 장애학생이 학교에서 소외되어 온 역사적 관계를 인식한다.
4. 다문화교육 및 문화적으로 지속가능한 교수법의 원칙과 차원을 설명한다.
5. 장애상태나 인종 및 민족적 배경과 관계없이 모든 학생을 인정할 것을 주장하는 다문화
   교육의 역할을 설명한다.

　　알레한드라가 교사의 꿈을 꾸기 시작한 것은 초등학교 3학년 때였다. 그러나 그 이전까지만 해도 알레한드라는 학교에서 늘 소외감을 느꼈다. 처음 학교에 등교했을 때 받은 숙제들은 모두 영어로 되어 있었고, 알레한드라는 아직 영어를 구사할 수 있는 능력이 갖춰지기도 전에 특수교육에 의뢰되었다. 2주쯤 후, 특수교육 교사는 알레한드라에게 스페인어로 시험을 치르게 했고, 이후 특수교육 학급에서 일반학급으로 다시 돌아가게 되었다.

　　알레한드라는 1학년이 시작된 이후 주로 영어를 배우는 과정에서 어려움을 겪었다. 거기다가 선생님이나 급우들과 소통도 되지 않았고, 다른 학생들이 하는 것을 보고 배우라는 지적까지 받기도 했다. 알레한드라는 수업 시간에 읽은 글 속의 사람들이 사는 세상이, 이제껏 자신이 살아온 것과 달라서 어리둥절하고 낯설었던 기억이 있다. 그래서 학교생활 초기에는 낮은 수준의 읽기 그룹에 배치되었지만, 영어실력이 차차 향상됨에 따라 학업 능력도 향상되었다.

　　3학년 때 살세도 선생님을 담임으로 만나게 된 것은 큰 행운이었다. 선생님은 수업시간에 종종 알레한드라의 문화적·언어적 배경과 관련된 내용을 다루었다. 선생님은 알레한드라에게 학교의 영재교육 프로그램에 지원하라고 권했다. 이렇게 선생님으로부터 인정받으면서 하면서 알레한드라는 교사가 되고 싶다는 꿈을 키우기 시작했다. 그러면서 자신이 경험한 것처럼 '학교교육(schooling)'이 학생에 따라 다르게 경험된다는 것을 알아가기 시작했다.

　　알레한드라는 이후 중학교와 고등학교에 진학하면서 학생 고유의 언어나 문화, 그리고 학업지체 정도에 따라 다르게 대우받는 것을 계속 보았고, 특히 학교 내에서 분리 현상이 늘어나는 것을 눈여겨 보았다. 주요 과목 학급에서는 이러한 학생을 거의 보지 못했다. 그러던 중 주로 흑인, 원주민 그리고 유색인종 학생(Black, Indigenous, Students of Color, BISOCs)이 특수교육 대상으로 분류되는 비율이 평균보다 높다는 사실을 알게 되었다. 그는 이 학생들이 학업적·사회적·정서적 성장과 지원 측면에서 다른 학생들과 중요한 관계를 맺지 못하고 있다는 점을 가장 걱정스러워했다. 알레한드라는 이러한 BISOC 학생들과 친구가 되기 위해 노력했고, 때때로 교사와 상담자를 위해 통역도 하고, 특별한 도움이 필요한 학생들이 있는 교실에서 몇 차례 자원봉사를 하거나 이들의 숙제를 도와주기도 했다.

알레한드라는 대학에 입학해 교직과정을 이수하면서 학교의 이러한 불평등에 대해 계속 생각했다. 그는 특히 장애가 있는 BISOC 학생과 소수민족 출신으로 분류된 학생들을 위해 보다 포용적인 학급을 만드는 방법에 관심이 있었다. 교육과정 개발, 포용적 교육학, 학교에서 이루어지는 제반 활동에 대해 비판적인 고찰을 하는 것 등 자신이 배운 모든 것에 기대에 차 있었다.

졸업 후 교사가 된 알레한드라는 고등학교에서 일반 생물학을 가르치는 것으로 첫 번째 교직에 임했다. 처음 몇 주 동안, 다섯 개의 반을 대상으로 '생물학 입문' 수업을 했는데, 모든 학생의 이름과 학생이 가진 특별한 관심사를 적어도 하나씩이라도 기억하기 위해 열심히 노력했다. 그는 학생들과 친해지고, 학생의 가족과도 관계를 쌓으며, 매일 수업을 계획하고 가르치면서 의미 있는 진전을 해 나가고 있다고 느꼈다. 하지만 수업 3주차에 접어들면서 그녀는 생물학 수업에 특별한 도움이 필요한 BISOC 학생에 대해 우려할 만한 일이 생겼다.

그 중의 한 예를 들어보자. 알레한드라가 수업하는 반 중 하나에는 특수교육 대상 학생이 세 명 있었다. 세 학생 중 두 명은 몽(Mong)[1]족이었고, 이들은 영어 보충수업반에도 동시에 등록되어 있었다. 몇 주 동안 이 학생들과 함께 수업을 해 본 후 그녀는 이 학생들이 특수교육 대상으로 잘못 진단된 것은 아닌지, 그러니까 다국어 학습자로서 수업 중 주의 부족인지 아니면 정말로 정보처리 능력이 부족한 것인지 궁금했다. 알레한드라는 자신이 이 문제에 대해 더 관심을 갖고 행동하지 않으면 자신이 어렸을 때부터 문제의식을 갖고 있었던 이 분야의 문제있는 관행을 그냥 받아들이는 결과가 될까봐 깊이 고민했다.

이 장에서는 다문화교육 분야의 중대한 기초 작업을 소개하고, 알레한드라가 학생과 교사로서 겪었던 이러한 경험을 어떻게 더 문화적으로 지속가능한 방법으로 해결했을지에 대한 이론과 실천을 다룬다.

---

1) 역자 주: 베트남, 중국, 라오스 등지에 사는 종족 중 하나로 중국의 56개 공식 소수민족 중 하나임.

이 장에서는 다음과 같은 토론 질문을 고려해 보자.

① 학교에서 일어나는 제도적 또는 개인적 편견이 소외된 학생들의 교육경험에 어떤 영향을 미칠까?

② 자신의 초중고 시절의 경험을 되돌아보자. 수업에 사용된 교재나 교육과정에서 차별적인 표현이 있었던 것을 기억하는가? 학생의 배경과 성과와 관련해서 교실에서의 대표성이 중요한 이유는 무엇인가?

③ 교육 전반에 걸쳐 **다문화교육**이라는 용어는 무엇을 의미하는가?

④ 교육학을 근본적으로 문화적으로 지속가능한 교수법(culturally sustaining)으로 재구성한다면 모든 학생의 학교교육 경험에 어떤 영향을 미칠 수 있을까?

⑤ 초등학교 교사 채용면접에서 '교수-학습에 끼치는 문화의 역할에 대해 설명하라'는 질문을 받는다면, 어떤 점을 중점적으로 답변하겠는가?

서론

미국의 학교는 학생의 차이/다름에 대응해 온 오랜 역사와 복잡한 문제를 가지고 있다. 다양한 사회적 정체성에 따라 학생의 학업성취도에 상당한 격차(disparaties)가 발생하는 것은 어제오늘의 일이 아니다. 대부분의 교육학자[예: 래드슨 빌링스(Ladson-Billings), 2006 참조]와 마찬가지로, 우리는 이러한 격차가 역사적·현대적 체계 차원의 관행과 절차의 반영으로, 대체로 학업성취도를 측정하는 방식에 의해 상당 부분 왜곡된 결과로서의 학업 불평등을 만들어낸다는 데 동의한다(이에 대한 자세한 논의는

Rios & Longoria, 2021 참조).

인종(race) 또는 민족(ethnicity)과 학교교육의 경우를 생각해 보자. 수세기 동안 대부분의 흑인, 원주민 및 유색인종(BISOCs)은 학교에 다닐 수 없었다. 학교에 다닐 수 있게 되었어도 인종적으로 분리되어 자원이 현저히 부족한 학교에 다니게 되는 경우가 많았다. 특히 원주민 학생을 위한 기숙학교(residential school)는 악명이 높다. 이런 학교는 칼라일 기숙학교 설립자인 리처드 프랫(Richard Pratt, 1892)의 말처럼 "인디언을 죽이고 인간을 구한다(Kill the Indian, Save the Man)"는 악의적인 의도로 만들어졌다. 다시 말해 이런 학교의 목적은 원주민 학생들의 문화와 언어를 박탈하고 그들의 뿌리(문화적 및 언어적 지식의 원천)와 같은 원 공동체(home communities)로부터 분리시켜서, 유럽계 미국인의 언어인 영어와 이들의 가치관을 받아들이게 하는 것이었다(Spring, 2016). 교사들은 학생들의 긴 머리를 자르거나 전통 의상을 불태우고, 저임금 노동을 강요했으며, 심리적 및 성적으로 학대하는 것과 같은 물리적 위협도 서슴지 않았다. 상당히 많은 수의 학생이 이러한 기숙학교에서 사망했으며, 학교교육은 삶과 죽음의 문제였다.

법적으로 인종차별 대우가 폐지(때때로 강제로 이루어졌지만)된 후에도 이러한 관행은 학교 내에서 계속되었다. 흑인, 원주민 및 유색인종 학생에게 유럽 중심의 교육과정이 적용되었고, 교사들은 이 학생들의 문화와 언어에 무지한 사람들이었다. 교사들이 이들 학생들을 잘 이해하지 못한 결과 이들이 학업적으로 성취를 올리기는 더욱 어려웠다. 학생들이 학교 내에서 여러 갈래의 계열(직업 기술, 일반 또는 대학 진학)에 배정될 때, 피부색이 계열을 결정하는 요인이 되기도 해서 학교 내 분리가 빈번했다. 즉, 학교는 '인종차별 없이' 통합되었다고 하지만 사회적·문화적 통합은 이루어지지 않았다. 이러한 접근방식은 스프링(Spring, 2016)에 의해 '탈문화화(deculturalization)'로, 발렌주엘라(Valenzuela, 2010)에 의해 '뺄셈 학교교육(subtractive schooling)'으로 명명되었다. 따라서 우리는 흑인, 원주민 및 유색인종(BISOC) 학생의 학업성취가 주로 구조적 제약의 산물이라는 주장을 반복하고자 한다.

흑인, 원주민 및 유색인종 학생, 교사 및 학부모에게 영향을 미치는 이러한 제약은 현재에도 여전히 계속되고 있다. 더 구체적으로는 연구결과에 의해 다음과 같은 사항이 알려져 있다.

- BISOC 학생은 종종 학교에서 안전하지 않다는 보고가 있다(Lacoe, 2015).
- 유색인종 교사들은 종종 존중받지 못한다는 느낌이 들었고, 학교가 특별히 기회 격차 해소를 위해 많은 노력을 기울여야 한다고 생각한다(Souto-Manning & Cheruvu, 2016).
- 유색인종 학부모들은 존중받지 못한다는 느낌 외에도, 학교가 그들 가정에서의 가르침보다는 학교의 가르침에 더 중요한 가치를 두고 있는 것으로 느낀다(Achinstein et al., 2010)는 보고가 있다.

학교에서 일어나는 불평등 목록에 내용을 좀 더 추가한다면 자원 배분의 불평등, 학생의 수준에 아예 기대조차 하지 않는 교사의 태도와 여전히 남아있는 인종차별적 교육과정, 자격이 덜 갖춰진 교사, 학교자원담당관(School Resource Officer)은 있지만 BISOC 학생을 위한 학교 상담사는 없을 가능성이 높은 상황 등을 추가할 수 있다(National Center for Systemic Improvement, 2020).

이 장에서는 인종, 민족 그리고 장애에 따른 학교교육의 기회 격차를 해소하고자 하는 두 학문 분야의 교차점을 살펴보고자 한다. 먼저 특수교육 과정에서 BISOC 학생이 겪는 어려움에 대해 살펴본다. 다음으로 다문회교육과 문화감응성 교육(culturally responsive education)에 대한 중요한 연구를 소개한다. 그 다음, 특수교사가 포용적 환경에서 문화적으로 적합하고 지속가능한 교수법을 사용할 수 있는 방법을 설명한다. 특수교육과 다문화교육 이론에 대한 비판적 시각을 검토하여 제시한 것과 함께 실제 학급에서 이러한 교차점을 경험하는 교사가 활용할 수 있는 실천 원칙을 제공함으로써 이론과 실천을 연결하려고 한다.

BISOC 학생과 특수교육에 대한 간략한 개요

BISOC 학생과 장애학생은 학교에서 배제와 종속의 역사를 공유한다 (Connor & Gabel, 2010). 앞서 설명한 바와 같이 분리를 해소하려는 노력이 있어왔음에도 불구하고 BISOC 학생과 장애학생은 학교환경 내에서 지속적으로 분리되는 학교 기반 관행이 이어졌다. 즉, 학교에서 분리 해소에 관한 여러 가지 일들이 표면적으로는 이루어졌으나 교수법, 교육과정, 학교 분위기, 제도적 관행 등 여러 면에서 여전히 학교 내에서 완전한 통합으로 이어지지 않았다.

코너와 가벨(Connor & Gabel, 2010)은 특수교육 필요가 요구되는 BISOC 학생과 관련된 관행에 대한 다음과 같은 추가적인 문제를 제시한다.

• 유색인종 공동체와 특수교육 학생을 위한 옹호자들은 교육개혁의 필

요성에 대해 목소리를 높여 왔으며, 동시에 이들이 억압적으로 느끼는 학교의 관행에 저항해 왔다.

- 각 공동체의 옹호자들은 자녀교육에 대한 비전을 주장하면서 '단호하면서도 개혁적인'(p. 201) 태도를 보여 왔다.
- 특수교육 내에서 문제가 되는 정책, 관행 및 절차에 관여하는 프로그램으로 인해서 형평성에 관한 주목할 만한 문제가 나타났다.
- 특수교육은 인종차별을 유지하고, 차이를 낙인찍으며, 교육과정을 약화시키고, 소위 '학교에서 교도소로 직행하는 파이프라인(school-to-prison pipeline)'을 막아 내기는커녕 오히려 촉진해 왔다.
- 실증주의(positiviem)를 핵심적인 개념틀로 삼는 것은 지능검사에 지나치게 의존하고 학생의 강점이 아니라 결핍에 초점을 맞춘 중재를 권장한다는 점에서 상당한 문제가 있다.

더욱 문제가 되는 것은 BISOC 학생의 장애를 파악하려는 노력이 오히려 문제가 되어, BISOC 학생이 특수교육에 과도하게 대표되는 결과를 낳았다. 특히 주관적인 관점에서 정서적 또는 행동적 장애로 분류되는 경우가 많았다(Gordon, 2017; Hulse, 2021). 한편, 실제로 장애가 있는 BISOC 학생이 마땅히 받아야 할 지원을 받지 못하고, 학습 기회가 과소대표, 즉 기회가 더 적은 불균형의 결과가 초래되었다.(Annamma et al., 2013).

언어의 복잡한 역할을 또 다른 예로 생각해 보자. 우리가 관찰한 바에 따르면, 학교에 이중언어 특수교육이나 ESL(English as Second Language) 프로그램이 없던 시절, 막 미국으로 건너온 이주민 학생들은 영어를 못한다는 이유로 특수학급에 배치되는 경우가 많았다. 장애학생을 평가할 때 영어로만 된 측정 도구를 사용하거나 학생의 모국어를 전혀 모르는 평가자에 의해서 평가되는 경우가 많았다. 그 결과 영어에 능숙하지 않은 학생들은 특수교육에서 과대 대표(over-represent)되거나 반대로 과소 대표(under-represent)되는 경우가 많았다. 이렇게 복잡한 상호작용이 알려 주는 한 가지 시시점은 특수교육이 유색인종 희자뿐민 아니라 많은 BISOC 학생과 가족에게 오해를 사고 있다는 것이다. 에레벨스(Erevells, 2006)는 이를 다음 과 같이 지적한다.

> ······ 인종, 계급, 성별, 성적지향의 이론가들은 장애와의 공통점을 찾는 것보다는 오히려 거리두기를 더 적극적으로 해 왔으며, 장애와 연관되는 것이 장애의 차이가 마치 생물학적 일탈이나 결핍과 동일한 의미로 인식될까봐 두려워한다. 이것이 그들이 비판하기 훨씬 더 어려울 것이라고 가정하는 연관성이다. (p. 367)

간단히 말해, 특수교육과 BISOC는 공통적인 관계일지라도 문제를 안고 있었다고 정리한다.

 ## 다문화교육

다문화교육과 장애학의 교차점을 살펴보기 위해, 먼저 학문 분야로서의 다문화교육에 대해 간략히 검토해 보기로 한다. 이 글은 광범위하고 역동적이며 활기찬 학문 분야를 소개하는 입문서라는 점을 분명히 한다. 이를 위해 우리는 다문화교육이 소수민족 학생에게 억압적인 학교 관행에 대한 정치적 저항의 한 형태로 등장했다는 견해에 동의한다. 그러면서 다문

화교육의 목적과 목표를 포함한 기본 정의에 대한 개요를 제공하고자 한
다. 이를 통해 우리는 이러한 목적과 목표에서 형평성과 다양성을 위한
교육의 실천 원칙에 관한 요소를 도출할 것이다.

여기서 공유해야 할 몇 가지 핵심 아이디어가 있다(이에 대한 자세한 논
의는 Rios & Longoria, 2021 참조). 다문화교육의 선구자들은 소외된 집단
을 향한 결핍지향적 담론에 반대하고 타인을 인간적이고 긍정적으로 이
해하는 방향으로 나아갔다. 현대의 다문화교육에 대한 초기의 노력은 억
압에 맞선 저항에서 비롯되었으며, 가르쳐야 할 지식의 기반을 확대할 것
을 촉구했다. 동시에 다문화교육 분야의 초기 학자들은 학교의 정책, 절
차 및 관행에서 형평성을 고려할 것을 옹호했다. 마지막으로, 다문화교육
은 교육과정뿐만 아니라 제도적 수준, 더 나아가 사회적 수준에서 형평성
과 정의를 추구하기 위한 노력을 포함하는 훨씬 더 광범위한 분야에 초점
을 맞추고 있다.

정의, 목적 및 목표(Definitions, Aims, and Goals)

여러 학자는 다문화교육이 무엇인지 밝히고 이를 실행하기 위한 개념틀
을 제시하고있다. 우선, 우리는 니에토와 보드(Sonia Nieto & Patti Bode,
2007)가 제시한 정의가 특히 유용하다고 생각한다. 이들은 다문화교육을
이렇게 정의했다.

> **······ 모두를 위한 포괄적인 학교개혁과 기본교육의 과정**이다. 다문
> 화교육은 학교와 사회에서의 인종차별주의 및 여러 형태의 차별에 **도전
> 하고 이를 거부하며**, 학생과 지역사회 그리고 교사가 반영하는 다원주
> 의(인종, 민족, 종교, 언어, 경제, 성별 등)를 수용하고 긍정한다. 다문

화교육은 **학교의 교육과정과 교육전략은** 물론, 교사, 학생, 가족 간의
상호작용까지 학교가 교수-학습의 본질을 개념화하는 바로 그 방식으
로 보급되었다. **비판적 교육학을** 기본철학으로 삼고 사회변화의 기초로
서 지식, 성찰, 행동(실천)에 초점을 맞추기 때문에, 다문화교육은 **사회
정의의 민주적 원칙을 촉진한다.** (p. 44)

이 정의에서 주목할 점은 다문화교육의 몇 가지 핵심 요소를 나열하고
있다는 것이다. 즉, 다문화교육은 학교 차원의 개혁과정이며, 학생들이 무
엇을 배워야 하는지에 대한 광범위한 교육과정을 만들고, 모든 학생에게
각자가 필요한 지원을 제공하며, 반(反)억압적이고, 학교 전체에 스며들고,
비판적 교수법을 사용하며, 사회정의를 지향한다.

다른 학자들도 훌륭하지만 우리는 그 중에서도 제임스 뱅크스(James
Banks)를 다문화교육의 창시자로 생각한다. 뱅크스(2004)가 제시한 다문
화교육 차원은 다문화교육에 전념하는 사람들에게 매우 필요한 지침을
제공하는 명확한 목적을 보여 준다. 첫 번째 차원은 **내용 통합**(content
integration)으로, 다문화 사회를 적절하고 정확하게 반영한 내용을 학교
교육과정에 포함하여 확장하고자 한다. 이런 차원에서 우리는 유럽 중심
의 교육과정 사용이 바로 억압의 도구가 된다는 베넷(Bennett, 2001)의 주
장에 동의한다. 두 번째 차원은 **지식 구성**(knowledge construction) 과정
으로, 학생들이 자신을 단순한 지식 소비자가 아니라 가치 있는 지식의
적극적인 소유자이자 개발자로 볼 수 있도록 그들에게 권한을 부여해야
한다는 주장이다. 세 번째 차원은 **편견 감소**(prejudice reduction)로 학교
교육에서 편견, 고정관념, 선입견, 차별을 줄이는 데 중점을 둔다. 네 번째
차원은 **공평한 교수법**(equity pedagogy)으로, 모든 학생이 자신의 잠재력
을 최대한 발휘할 기회를 보장하는 방식으로, 특히 문화 중심의 교수-

학습 방법을 통해 가르치라고 요구한다. 마지막 차원은 학생의 **역량을 강화하는 학교문화**(empowering school culture)로, 모두가 성공할 수 있고 어떤 학생도 희생될 수 없다는 믿음에 기초한 학습 공동체를 만드는 동시에, 차이를 인정하고 축하하는 학교문화를 조성하려고 노력해야 한다고 주장한다.

다문화교육에 대한 문화중심적 접근 방식

문화적으로 적합한 교수법

다문화교육 분야의 선구적 연구는 글로리아 래드슨-빌링스(Gloria Ladson-Billings, 1995, 2009, 2014)가 발전시킨 교육적 개념틀이다. 래드슨-빌링스는 학생 및 가족과 함께 하는 작업과 교실에서의 교수 관행에 대한 교사의 이해를 알려 주는 문화적으로 적합한 교수법(Culturally Relevant Pedagogy)의 근거를 개발했다. 래드슨-빌링스(1995)에 따르면, "문화적으로 적합한 교수법'은 세 가지 기준 또는 명제에 근거한다. ① 학생은 학업적 성공을 경험해야 한다. ② 학생은 문화적 역량을 개발 또는 유지해야 한다. ③ 학생은 현재 사회질서 유지에 도전하는 비판적 의식을 개발해야 한다."(p. 160) 교사의 역할에 대해 생각할 때, 래드슨-빌링스는 문화적으로 적합한 교수법에서 교사는 다음을 실행해야 한다고 덧붙인다.

- 교실에서 학생의 기술, 지식, 문화를 소중히 여기고 학생이 교실과 학교에서 학업적 성공을 거둘 수 있도록 격려한다.
- 학생의 문화와 지식 및 존재방식을 학습의 수단으로 활용한다.
- 학생에게 사회적 불평등을 생산하고 유지하는 문화적 규범, 가치, 관습, 제도를 비판할 기회를 제공한다.

문화적으로 적합한 교수법에 대해 고민하고 실행하는 교육자는 수업시간에 학생에게 지식과 정보를 소비하는 것을 넘어서는 기회를 제공한다. 오히려 학생은 주변 세계와 지역사회에 대한 기존 지식을 활용하여 새로운 지식을 창출하는 데 적극적으로 참여하게 된다. 이를 통해 학생은 일상생활에서 경험하는 것과 수업에서 배운 내용을 실제로 연결한다.

또한 래드슨-빌링스(2006)는 학생이 교육과정과 현재 사건(current events)들을 비판적으로 분석·해석·이해하고, 그 지식을 자신의 삶에 활용할 수 있도록 정보를 해체하여 자신의 목소리를 낼 수 있는 학습 기회를 만들 것을 교사에게 권장하고 있다(Ladson-Billings, 2006). 그런 다음 교사는 학생들이 제시된 정보에 대해 질문하고, 현재 시행 중인 사회구조와 정책을 비판하며, 현재와 미래에 구조와 정책을 형성하는 새로운 방법을 상상할 수 있는 시간과 공간을 제공해야 한다.

문화감응교수법

게이(Geneva Gay)는 위에 제시된 문화적으로 적합한 교수법의 원칙을 바탕으로 교육자가 교실 환경에서 학생의 요구에 더욱 적극적으로 감응할 수 있는 실질적인 방법에 초점을 맞추었다. 게이는 이를 '문화감응교수법(Culturally Responsive Pedagogy)(2002a; 2002b)'이라고 명명했다. 그는 이 교수법을 "민족적으로 다양한 학생들의 문화적 특성, 경험, 관점을 사용하여 더 효과적으로 가르치는 통로로 사용하는 것"이라고 설명한다. 이는 학업적 지식과 기술이 학생들의 실제 경험과 참조 개념틀에 부합할 때 개인적으로 더 의미가 있고, 더 많은 관심을 끌며, 더 쉽게, 그리고 더 철저하게 학습한다는 가정에 기초한다(p. 106).

문화감응성을 갖추기 위해 교사는 교실에서 다양한 학생의 문화적 특

성, 기여도, 학습유형에 대해 적극적으로 연구하고 배워야 한다. 게이
(Gay, 2002a, 2002b)는 "문화감응적 교수를 위한 지식 기반은 특정 민족
집단(예: 아프리카, 아시아계, 라틴계, 아메리카 원주민)의 문화적 특수성에 대
한 상세한 사실 정보를 습득하는 것이다. 이는 민족이 다양한 학생들에게
더 흥미롭고 자극적이며, 그들을 대표하고 그들에게 반응하는 학교교육
을 만들기 위해 필요하다."(p. 107)라고 한다. 교사는 이러한 지식 기반을
습득하는 것 외에도 이러한 지식을 학생의 문화적 다양성과 강점을 반영
하는 교육과정 설계, 수업계획, 수업 안팎의 활동으로 전환하는 방법을
배워야 한다. 또한 교사는 학생이 그들의 기여와 고유의 문화 및 공동체
에서 얻은 지식이 인정받고 교사가 수업에서 요구하는 수업과 활동에 통
합되었다고 느낄 수 있는 학급 공동체를 만들어야 한다.

문화감응교수법을 사용하는 교사는 교실의 모든 학생에게 높은 기대
를 하고 있음을 명시해야 한다. 교실에 존재하는 학생의 문화와 교실
활동을 연결하면 모든 학생의 학업 성취도가 높아진다(Aronson &
Laughter, 2016). 학생과 학부모는 이러한 높은 학업적 기대치가 문화감
응성 교실의 중요한 부분임을 알아야 한다.

게이는 또한 문화감응교수법의 틀을 특수교육 대상자인 학생을 가르치
는 교사의 업무와 연결하고 있다(2002b). 그는 "유색인종 학생이 특수교
육에 불균형적으로 많이 배정되는 이유는 교육자가 학생의 문화적 가치
와 사회화 과정 그리고 이것이 학습행동에 미치는 영향에 대한 지식이나
인식이 부족하기 때문"(p. 613)이라고 한다. 한 가지 예로, 교사는 일부
라틴계 학생이 개별적이고 경쟁적인 학습 활동에 소극적인 이유를 찾을
때 종종 학생이 학습 동기나 열정이 부족한 것으로 생각할 수 있는데, 실
제로 이것은 협동학습과 상호부조를 보다 중요시하는 라틴계 문화의 영

향일 수 있다는 것이다.

그가 주장한 또 다른 주요 개념(2002b)은 "특수교육과 일반교육에서 유색인종 학생의 교육성과는 이들의 문화적 유산, 경험, 관점을 반영하는 교육 프로그램과 관행을 사용함으로써 크게 향상시킬 수 있다."라는 것이다(p. 613). 게이는 카메하메하 하와이 원주민 자녀 유아교육 프로그램(Kamehameha Early Education Programs for Native Hawaiian; KEEP)에 참여한 학생의 학업성취도가 향상된 사례를 언급한다. KEEP 프로그램의 교사들이 하와이 원주민 학생의 문화를 반영한 내용, 교육과정 그리고 관련 교수법을 포함하고 있다.

문화적으로 지속가능한 교수법(Culturally Sustaining Pedagogy)

파리스와 알림(Paris and Alim, 2014; 2017)은 교사와 교사양성 교육자들이 정체성과 문화에 대한 단일적 개념을 넘어 학교와 지역사회에서 어린이와 그 가족이 지닌 다양한 정체성과 문화를 인정할 것을 장려함으로써 다문화교육 분야를 더욱 발전시켰다. 파리스(2012)는 다음과 같이 주장한다.

> '**문화적으로 지속가능한**'이란, 우리의 교수법이 젊은이들의 문화적 경험과 관행에 반응하거나 관련된 것 이상으로서, 젊은이들이 그들의 문화적·언어적 역량을 유지하는 동시에 주류사회의 문화에 접근하도록 지원할 것을 요구한다. 따라서 문화적으로 지속가능한 교수법은 학생과 교사가 실천과 관점에서 다국어와 다문화주의를 지원하는 것을 명시적 목표로 삼고 있다. 즉, 문화적으로 지속가능한 교수법은 학교교육의 민주적 과업의 일환으로 언어적·문해적·문화적 다원주의를 지속하고 발전시키는 것을 목표로 한다. (p. 95)

　파리스와 알림은 교사들에게 학생들의 문화에 대해 더욱 혼합적이고 유동적이며 복잡하고 교차적인 관점에서 바라보고 비판적으로 사고하도록 장려하고 있다. 학생들은 점점 더 혼합적이고 다양한 문화를 학교로 가져온다. 그렇다면 교육자로서 우리도 점점 더 혼합적이고 유동적이며 복잡하고 교차적인 방식으로 대응할 수 있을까?

문화적으로 지속가능한/활력을 불어넣는 교수법

　문화적으로 적합하고, 문화적으로 감응하며, 문화적으로 지속가능한 교수법에 대한 선행 연구를 분석하면서 맥카티와 리(McCarty & Lee, 2014)는 "현시대의 미국 원주민 공동체의 언어적·문화적·교육적 현실을 고려할 때, 이러한 환경에서 문화적으로 지속가능한 교수법은 문화적으로 활력을 불어넣는(revitalizing) 교수법으로도 이해되어야 한다."라고 제안한다(p. 101). 미국 원주민 학생과 공동체는 비대칭적 권력 관계와 원주민 공동체에 해를 끼치려했던 식민지화 관행으로 인해 소외되어 왔다. 따라서 문화적으로 지속가능한/활력을 불어넣는 교수법(Culturally Sustaining/Revitalizing Pedagogies: CSRP)은 "식민화로 파괴되고 강제로 추방된 것을 되찾고 되살리기 위해" 필요하며 "해당 공동체가 정의한 대로 원주민 공동체의 요구를 충족"시켜야 한다(p. 103).

　미국 원주민 문화와 언어의 중요성에 대해 명확하게 가르침으로써, 교사는 부족국가의 구성원과 협력하여 학생과 가족을 원주민 지식 방식으로 다시 연결할 수 있다. 이러한 작업을 통해 CSRP는 학생의 학업성취와 학교생활 참여에 긍정적인 영향을 미칠 수 있다(Lee & McCarty, 2017).

　이 절을 마치기 전에, 서로 다른 문화중심 교육개념이 서로 차이가 있어보여도 사실은 서로 보완적이고 몇 가지 중요한 핵심은 같다는 점을 강

조하고자 한다. 어떤 면에서 이러한 성장은 동료들의 연구를 기반으로 구
축하고 개선하려는 학자들의 역동적이고 반응적인 특징을 보여 주는 증
거이다. 래드슨-빌링스(Ladson-Billings, 2014)는 이를 다음과 같이 가장
적절하게 표현한다. "이러한 검토는 원래의 주장이 부족했다는 것을 의미
하지 않으며, 오히려 변화하고 진화하는 요구에 잘 대응하는 역동적인 시
스템의 성격을 보여 준다"(p. 76).

비판적 인종이론

다문화교육이 각광을 받는 동시에, 학교교육에서 인종중심적 역할을
이해하는 것을 목적으로 하는 이론적이고도 개념적인 운동이 평행하게
일어나고 있었다. 법학 분야에서 시작된 비판적 인종이론(Critical Race
Theory, 이하 CRT)은 미국의 사법제도가 중립적이지 않고 여러 차원에서
인종차별적이라는 점을 탐구하기 시작했다. 확실히 CRT는 민족연구, 비
판적 교육, 문화적 민족주의, 식민지 간(間)/탈(脫)식민지화 등 기존 학문
의 영향을 받았다.

교육 연구자들은 동일한 개념을 바로 탐구하기 시작했고, 학교교육에
적용했다. 래드슨-빌링스(Ladson-Billings, 1998)는 아이러니하게도 그의
논문 제목을 '교육에서의 비판적 인종이론 탐구'라고 붙이고 다음과 같이
물었다. **"비판적 인종이론이란 무엇이며, 교육이라는 좋은 분야에서 어떤
일을 하는 걸까**(Just what is critical race theory and what's it doing in
a nice field like education)**?"** 그는 교육이 지나친 다수결주의이며, 극히
보수적이고 너무 자족적이어서 이러한 '급진적인' 학교교육 접근 방식에
과연 CRT가 설 자리가 있는지 의문을 가졌다. 실제로 교육에서의 CRT
는 "학교 자체, 학교과정과 구조가 인종, 민족, 성별적 종속성을 유지하는

데 어떤 역할을 하는가?"와 같은 질문을 던진다. 이와 마찬가지로 중요한 질문은 또 있다. "학교가 인종, 성별, 민족적 종속을 종식하는 데 도움이 될 수 있는가?"이다(Solórzano & Yosso, 2000).

CRT가 교육 분야에서 매우 유용한 이유는 인종차별의 근간이 되는 다양한 이데올로기를 포함하여 학교에서 작동하는 억압의 조건을 밝혀내고 명명하는 데 유용한 분석도구로 사용되기 때문이다. 또한 인종이 중심이 되는 교육과 학습을 위한 생산적인 가이드를 제공한다는 점에서 그 위력이 대단하다.

CRT는 다섯 가지 핵심 원칙(Yosso, 2002)에 기반을 두고 있다. 이러한 원칙은 교육자인 우리에게 다음과 같은 참여를 요구한다.

① 교과과정의 구조, 과정, 담론에서 불평등을 유지하는 데 있어 인종차별, 성차별, 계급주의 및 기타 종속 형태의 중심적이고 교차하는 역할에 주목한다.
② 문화와 지능, 언어와 능력, 객관성, 능력주의 등에 관해 지배적인 사회적 및 문화적 가정에 이의를 제기한다.
③ 교육과 사회 불평등 사이의 연관성을 명확히 설명하기 위해 역사 및 현대적 분석의 학제 간 방법을 활용한다.
④ 스토리텔링, 내러티브, 연대기, 가족사, 시나리오, 전기, 비유를 통해 BISOC 학생이 교실로 가져온 생생한 경험을 바탕으로 반대 담론을 발전시킨다.
⑤ 정규 교육과정은 사회정의의 교육목표를 지향하고, 잠재적 교육과정은 프레이리(Freire, 1973)의 비판의식 교육목표를 지향한다.

이와 관련하여 이 장에서는 이러한 집단이 경험하는 인종차별이라는 고유한 사회적 정체성 문제를 파악하기 위해 CRT를 적용한다.

- **라트크릿**(Latina & Latino Critical Legal Theory: LatCrit)은 라틴계 집단의 이민, 언어, 민족 및 문화, 정체성, 피부색/외모, 성적 취향에 초점을 맞추고 있다.
- **트라이벌크릿**(Tribal critical race theory: TribalCrit)은 주로 원주민의 식민지, 토지, 정체성, 주권, 자치, 자기결정권, 정부 대 정부 관계 등에 초점을 맞추고 있다.
- **아시안크릿**(Asian Critical Theory: AsianCrit)은 아시안 인종의 '모범적 소수자', 이민, 언어, 권리박탈에 초점을 맞추고 있다.
- **디스크릿**(Disability Critical Race Theory: Discrit)은 장애와 능력주의에 중점을 둔다(이 부분은 이어서 다음 절에서 설명한다).

다문화교육 및 장애에 대한 고려 사항

다문화교육, 특히 문화 중심의 교육 접근 방식은 주로 인종과 민족을 사회적 정체성의 주요 지표로 삼아왔다. 다문화교육 분야의 뿌리가 시민권 운동과 민족연구 운동에서 비롯되었음을 기억해야 한다. 동시에 일반적으로 장애학은 신체적·심리적(정신적·정서적)·행동적 차이에만 국한했으며, 학생을 진단 및 분류하고 이들의 치료와 재활에 개입하는 과정에서 매개요인으로서 인종, 계층, 성별의 역할을 최소한으로 인식하고 있다.

예를 들어, 장애의 많은 범주, 특히 식별에서 더 주관적이라고 여겨지는 범주에 바로 BISOC 학생이 가장 많이 분포한다는 점을 고려해야 한다(Annamma et al., 2013). 동시에, 백인 학생은 장애가 있는 것으로 식별된다고 해도 주류학급에 그대로 남아 필요한 지원을 받을 가능성이 더 높은 반면, 동일한 장애로 식별된 BISOC 학생은 종종 분리된 특수교육 학급으로 이동하도록 권장된다. 다시 말해 다중적으로 소외될 수 있는 학생들의 실제 경험에서 인종 및 민족과 장애가 어떻게 교차하는지 더 철저하게 이해해야 할 필요가 절실하다.

확실히 이 두 분야 내에 핵심 원칙과 관련하여 중요한 중복성이 존재해 왔다. 두 분야 모두 이러한 정체성 결정 조건과 관련된 '문제(problems)'를 개인적이라기보다는 사회적인 것으로 식별해 왔다. 예를 들어, 코너와 가벨(Connor & Gabel, 2010)은 사회가 특정 신체적·심리적 또는 행동적 차이가 있는 학생에게 장애 조건을 부여한다고 지적한다. 그렇게 함으로써 초점은 사회가 억압하는 방식에 맞춰진다. 다문화교육의 맥락에서 그 것은 인종차별, 계급차별 그리고 성차별이고, 장애의 맥락에서는 능력차별로 이어진다. 다문화와 장애, 이러한 억압의 두 경우 모두 백인(인종 차별주의)과 비장애인(능력 차별주의)에 비해 열등성에 대한 믿음이 존재한다.

두 학문 분야에서 발전한 또 다른 원칙은 무엇이 규범적인지 의문을 제기하려는 욕구이다. 즉, 이념적으로나 사회적으로 지배적인 사회 정체성 집단에 속한 사람들이 가지고 있는 지배적인 개념에 뿌리를 둔 '정상(normal)'의 개념은 '백인'이거나 '비장애인(able-bodied)'으로 설정되어 왔다. 이러한 규범과 다른 모든 것은 부정적인 특성, 비극 또는 궁극적으로는 비정상(abnormality)으로 간주된다(Stiker, 1999). 그리고 다르다는 이유로 이러한 지배적인 개념(백인과 비장애인)에 사람들이 동화될 것을 권장한다. 그러나 교육과 장애 연구에 대한 다문화적 또는 문화중심 접근

방식은 모두 차이를 긍정적으로 받아들일 것을 옹호한다. 여기서 '차이'는 해결해야 할 '문제'가 아닌 '자원'으로 간주한다.

최근 학자들은 인종 또는 민족과 장애 연구 간의 교차점을 보다 직접적이고 명시적으로 연구하기 시작했다. 예를 들어, 아니미 등(Annamma et al., 2013)은 인종과 장애를 독립적으로 분리하는 것에 대한 한계점을 자세히 설명하고 있다. 그들의 연구는 인종과 장애의 교차점을 보다 완벽하게 설명하기 위한 개념틀에 대한 근거를 제시할 뿐만 아니라 개념틀 자체를 탐구한다. 디스크릿, 즉 장애에 관한 비판적 인종이론(Disability Critical Race Theory: DisCrit)을 옹호하는 이 연구자들은 인종과 장애의 교차점을 이해하도록 설득력 있는 비전을 제시한다.

디스크릿

디스크릿(DisCrit) 이론의 중심 원칙 중 하나는 교차성에 주목하는 것이다. 비판적 인종이론(CRT) 및 장애학 연구를 바탕으로 디스크릿은 인종과 장애가 모두 사람들의 삶에 실질적이고 구체적인 영향을 미치는 사회구조라는 점을 인식한다. 디스크릿은 "인종에 대한 인식이 개인의 능력(사고, 학습, 행동에서)을 상상하고, 감시하고, 평가하는 방식에 어떻게 영향을 미치는지"(Annamma & Handy, 2020, p. 42)에 주목한다. 이들은 디스크릿 이론이 "인종차별주의와 능력주의가 상호의존적이며, 이로 인해 여러 억압의 교차점에 있는 사람들이 대인 및 국가폭력에 취약하다는 것을 인식하기 때문에 특히 관계와 마찰에 주목해야 한다."(p. 42)라고 말한다.

인종과 장애의 교차성을 살펴보는 가치는 차이에 대한 다양한 정의의 개념과 여기서 파생되는 구제책에 대한 더 큰 정치적 명확성을 높일 수 있는 기회에 있다(Annamma & Handy, 2020). 우선 디스크릿 학자들은 차이를 비정상으로 생각하는 것에서 벗어나 오히려 차이를 긍정해야 할 자산으로 보기를 권장한다. 따라서 이는 문화적 제국주의를 대표하며, 개인에게 피해를 입히는 주류사회로의 동화를 강요하려는 노력을 거부하는 것이다(Annamma & Handy, 2020).[2] 오히려 차이를 소중하고 가치 있는 자원으로 보아야 할 필요성을 주장한다.

정의(justice)와 관련하여 장애학 학자들(Lewis, 2017; Mingus, 2017; 자세한 개요는 Annamma & Handy, 2020 참조)은 이러한 정의의 개념이 권력과 부의 재분배를 위한 법적이거나 경제적인 요구를 넘어 인정과 대표의 역할(의사결정이 내려질 때, 소외된 사람들을 테이블로 초대하고 그들의 목소리를 들을 수 있도록 하는 것)까지 확장되어야 한다고 생각해 왔다. 이 학자들에게 정의란, ① 자기결정권과 자기개발권을 옹호하고, ② 억압받는 집단에 초점을 맞추고(단순히 그들을 테이블에 앉히는 것이 아니라), ③ 개인의 경험이 공동체와 사회 전체에 반영되고 영향을 미친다는 것을 인식함으로써 공동체 의식을 발전시키고, ④ 행복을 늘리고 교차적 정의를 위한 기회를 찾아 집단적 해방을 촉진한다.

궁극적으로 디스크릿에서의 사회정의의 개념은 "교육과정(예: 징계, 특수교육, 영재 및 재능교육, 조기진급 관행)에서 다중 소외계층의 권리를 부정하여 권력이 있는 사람에게 백인성과 능력을 재산권으로 확보해줌으로써 불의가 어떻게 공고화되는지"(Annamma & Handy, 2020, p. 46) 명확하게 할 것을 요구한다.

---

2) 아나마와 핸디 (Annamma & Handy, 2020)는 "문화적 제국주의는 지배집단이 자신들의 존재방식을 하나의 규범으로 확립하는 반면 다른 집단을 일탈자로 위치시킬 때 발생한다."라고 주장한다(p. 43).

실천 원칙

이 절에서는 인종 또는 민족 그리고 학습장애의 교차점과 관련하여 교사교육 프로그램의 일환으로 학습하는 이론과 학교에서의 실제 실천을 교사가 적극적으로 연결할 수 있는 다양한 방법을 제시한다. 학교에서 교육자로서 업무를 수행할 때 학생에게 상당한 영향을 미칠 뿐만 아니라 교사 자신의 자기효능감에도 큰 영향을 줄 실천 원칙에 대한 개요를 제공한다. 물론 이것이 교사가 실천할 수 있는 모든 원칙과 이의 관련된 활용도가 높은 실천 원칙의 전체 목록이라고는 볼 수 없다. 오히려 교사의 자기효능감을 좀 더 자세히 살펴보기 위한 안내 기준을 제공하는 정도이다. 자신의 작업을 더 자세히 검토해서 특수 요구 사항이 있는 것으로 확인된 아동을 위한 더 큰 포용성, 형평성 그리고 정의를 지향하는 학교에서 일하는 사람들의 생각과 자신의 생각을 바꿀 수 있는 하나의 지침으로 제공한다. 이에 우리는 교사로서 성장하고 발전함에 따라 참여해야 할 중요한 작업 중 일부를 밝혀주는 네 가지 실천 원칙에 초점을 맞출 것이다.

첫째, 비판적인 입장과 방향을 취하자

우리가 권장하는 중요한 실천 원칙 중 하나는 모든 교육자가 특수 요구 사항이 있는 것으로 확인된 BISOC 학생과 함께 일하는 데 대한 비판적 접근 방식과 방향을 갖는 것이다([그림 2-1] 참조). 비판적 접근방식을 확립하는 한 가지 방법은 자신의 개인 업무와 교수-학습에서 명시적 및 암묵적 편견의 역할에 대해 더 깊게 생각하는 것이다. 장애가 있는 것으로 확인된 BISOC 학생을 오히려 소외시키고 불이익을 줄 수 있는 방식으로 일하는 교사가 되고 있지는 않은가? 교사로서 우리의 목표는 이러한 학생과 그 가족을 지원해서 학생이 학교에서 학업적으로 발전하고 성공할 수 있도록 여러 기회와 경로를 제공하는 것이다. 따라서 우리는 교사로서 다만 실수로라도 BISOC 학생에게 이러한 기회와 경로를 빼앗고 있지는 않은지 묻고자 한다. 특수 요구 사항이 있는 유색인종 아동을 교육하면서 강점과 자산 기반 접근방식이 아닌, 결핍 기반이나 문제행동에 주목하는 방식에 중점을 두고, 무의식적인 선입견에 이끌리도록 조건화된(그리고 아마도 교육된) 것은 아닌가?

[그림 2-1] 특수 요구 사항이 있는 BISOC 학생을 교육하는 데 필요한 실무원칙

예를 들어, 각자 학생일 때 학교에서의 경험을 떠올려 보자. 특수 요구 사항이 있는 것으로 확인된 BISOC 학생이 일반 교실에서 수업을 받았던 적이 있었나? 혹은 장애가 있는 BISOC 학생이 별도의 교실에서 하루 종일 머물렀던 적이 있었나? 그 당시의 학교생활에서 여러분이 이런 특수

요구 사항이 있는 유색인종 학생과 교류하는 것을 제한했던 교사가 있었는가? 교류가 있었다면, 학기에 한 번, 특별히 지정된 기간(예: Black History Month, 흑인 역사의 달) 동안에만 있었는가? 그렇다면, 여러분의 학생 시절의 이러한 제한된 경험이 혹시 지금 여러분이 가르치는 학생을 위한 학급을 만들어가는 과정에서 그저 과거와 같은 관행을 정당화해서 되풀이하는 데 영향을 주는 것은 아닌지 살펴보자. 비판적 접근방식은 BISOC 학생에 대한 이러한 배제적 관행이 정착된 이유(인종이나 민족 또는 장애 또는 둘 다 때문)의 사회적·정치적·역사적 맥락이 무엇인지 그리고 이러한 관행이 학교에 그렇게 단단하게 고착된 이유는 무엇인지 더 깊게 생각해 보도록 요청한다. 우리는 교사로서 특수 요구 사항이 있는 BISOC 학생을 포함한 학교의 모든 학생을 대상으로 억압적인(예: 능력주의, 성차별주의, 인종차별주의, 계급주의 및 이러한 억압이 상호 작용하고 겹치는 방식) 관행을 어떻게 해야 되풀이하지 않을 것인지 묻는다. 교사로서 우리는 어떻게 하면 우리 자신의 교육경험을 넘어 특수 요구 사항이 있는 BISOC 학생이 그들의 요구가 잘 반영되지 않은 교실 속에서 직면하는 도전에 대해 더욱 광범위하고 포괄적으로 생각해 볼 수 있는가?

아나마와 핸디 (Annamma & Handy, 2020)는 우리가 교실에서 특수 요구 사항이 있는 학생의 과대 대표 또는 과소 대표되고 있는지에만 주목하는 것을 넘어서야 할 필요가 있다고 제안한다. 그들은 우리에게 BISOC 학생의 경험에 영향을 주는 이념적·역사적·법적 맥락을 살펴보라고 촉구한다. 교사는 어려움을 겪고 있는 BISOC 학생에게 불의/불공정(injustice)과 장애물이 교차하는 시스템이 형성되는 여러 가지 수렴적 방식에 세심한 주의를 기울여야 한다. 아나마와 핸디는 그들이 디스크릿 교실 생태학에 대해 쓴 글에서 교사들이 단지 말로만이 아닌 비판적 반성과 행동으로 나아가길 권장하며, 우리가 인식해야 할 점을 다음과 같이 강조하고 있다.

> …… 사람들에게 다가가 그들이 기뻐하는 것과 바라는 사회정의가
> 무엇인지에 대한 생각을 경청하며 대인 폭력(interpersonal violence) 및
> 국가 폭력(state violence)을 불러오는 여러 억압구조를 이해해야 한다.
> 누구의 지식이 타당한지에 대한 논쟁의 경계를 넘어설 때, 소외된 커뮤
> 니티와 함께 필요한 지식을 쌓아 갈 수 있다.   (p. 47)

교사는 BISOC 학생의 요구 사항에 밀접하게 초점을 맞춤으로써 학생
들이 서로를 지원하는 교실 환경과 생태계를 구축하는 데 전념해야 하며,
일상적으로 일어나고 있는 잘못된 일들이 오랫동안 굳어져 온 선례에 기
반을 두고 있다는 것을 깨닫고 문제가 있는 관행을 바꾸는 방법을 만들어
내는 데 관심을 기울여야 한다. 아나마와 핸디(Annamma & Handy, 2020)
는 "디스크릿 교실의 생태계는 상호의존성을 구축하는 데 집중하고, 소외
와 배제를 거부하며, 현재 일어나고 있는 일들이 역사적으로 축적되어 온
잘못된 일의 영향임을 인식하는 데 초점을 맞춘다."(p. 47)라고 주장한다.

사폰-셰빈(Sapon-Shevin, 2014)은 포용적 접근방식이 교사로 하여금
전통적으로 소외된 차이에 대한 자신의 고정관념이 무엇인지 체계적으로
검토하는 비판적 분석을 하도록 강조한다는 점에서 유용한 제안이라고
했다. 그는 우리 각자는 다중 정체성을 가지고 있으며, 종종 학생들을 소
외시키는 데 사용하는 차이점을 사회적으로 구성한다는 점을 강조한다.

중요한 점은 이러한 차이점이 사회적 구성물이기 때문에 그로 인해 생
기는 장애물과 도전도 사회적으로 해체되고 재개념화될 수 있다는 것이
다. BISOC 학생이 본질적으로 다른 방식으로 학습한다는 중요한 개념을

교사는 어떻게 알고 내면화할 수 있을까? 교사로서 우리는 어떻게 더욱 유연하게 계획하고 다양한 교육방법론을 활용해서 차이를 인정하고 개별화를 중시하는 수업을 할 수 있을까? 또한 BISOC 학생을 포함한 모든 학생이 학교에서의 학습에 대한 자기결정권을 가지고 있다는 것을 어떻게 인정할 수 있을까? 어떻게 이러한 자기결정권을 모든 교육과정의 설계, 교수법 전략의 활용 그리고 BISOC 학생들과의 관계 형성 등 다양한 작업의 기반으로 삼을 수 있을까?

둘째, 자산 기반 접근방식을 채택하자

교사가 BISOC 학생 및 그 가족과 함께 교육 및 관계적 작업의 일부로 구축해야 하는 두 번째 실천 원칙은 자산 기반 접근방식이다. 교사는 특수한 요구 사항이 있는 것으로 확인된 BISOC 학생과 함께 수행할 작업에 대해 긍정적인 접근방식을 취해야 한다. 교사는 해당 학생과 가족이 교실 및 학교 사회에 가져올 수 있는 강점과 기여할 수 있는 점에 집중해야 한다. 그 중 하나는 교사가 해당 학생의 가정 및 해당 문화공동체에서 얻을 수 있는 다양한 지원을 식별하고 활용할 수 있는 방법을 아는 것이다. 학생은 아주 끈끈한 가족 및 민족공동체에서 자라온 경우가 종종 있으며, 이러한 공동체는 교사가 학교업무에 관한 지원방법을 결정하는 데 있어 좋은 원천이 된다. 학생의 가족과 공동체의 구성원은 이 학생이 학교에서 그리고 삶에서 성공하기를 누구보다도 원하는 사람들이다. 교사는 학생의 가족과 공동체 구성원을 적극적으로 교실로 초대하여 이들이 학교에서 진행되는 지속적인 교육과 학습과정에 참여하도록 독려할 필요가 있다.

리베라(Rivera, 2020)는 교사가 유색인종 장애학생의 강점과 능력을 확인하고 편견과 고정관념을 넘어 "회복력에 중점을 두고, 학생의 가족과 친지들이 미국교육 시스템을 개선하는 데 필요한 귀중한 전문성과 다양한 강점"에 집중할 것을 권장한다(p. 291). 교사는 유색인종 장애학생이 학교생활에 적응하는 방식이나 각 학생이 가진 구체적이고 고유한 요구사항에 주의를 기울여, 학생과 그 가족의 현실적이고 시급한 요구에 창의적이고 유연하게 대응해야 한다.

셋째, 문화중개를 추구하자

교사는 자신이 담당하는 학생의 소속 집단과 다른 문화배경을 가지고 있는 경우가 많다. BISOC 학생 및 그 가족과 학교가 위치한 지역사회의 구성원들과 소통하기 위해 노력하는 과정에서 교사가 해당 민족공동체 출신이 아닌 경우 여러 가지로 낯설기 마련이다. 이런 경우, 교사들은 실천원칙으로서 이러한 유색인종 공동체 안에서 활발히 일하고 봉사하는 내부인사들, 즉 문화중개자(cultural broker)와 긴밀히 협력할 수 있어야 한다. 이러한 문화중개자는 BISOC 학생 본인이나 가족일 수도 있고, 해당 공동체 출신의 관련 분야 종사자, 지역 종교기관의 지도자 또는 지역사회 비영리 단체 관계자 등 해당 지역사회의 구성원이다.

팡 등(Pang et al., 2020)은 문화중개자가 어떻게 다양한 정체성과 요구를 가진 장애아동과 문화적으로 다양한 가족을 지원하는 데 필요한 접근방식을 제공할 수 있는지에 대한 연구를 통해 좋은 사례를 제공한다. 그들은 미국 주 차원의 가족지원 프로그램을 살펴본 후, 지역사회의 문화중개자가 장애아동을 둔 문화적으로 다양한 가족을 지원하는 데 중요한 역할을 하고 있음을 확인했다. 교사는 각 가족마다 특수 요구 사항이 있는 아동의 발달 및 학습에 관한 요구 사항을 다르게 처리하고 반응한다는 것을 분명하게 알고 있어야 한다. 어떤 가족은 아이가 장애로 진단받는 것을 가족의 수치로 여기는 반면, 어떤 가족은 아이를 통해 다가온 '장애'의 존재를 가족과 지역사회에서 해결해 나가야 할 중요하고 특별한, 어쩌면 '선물' 같은 과업으로 여길 수도 있다. 이렇게 서로 다른 생각은 각 가족의 역사와 그들이 속한 민족공동체의 문화에 의해 형성되는 것이다. 문화중개자는 해당 가족과 지역사회가 특수 요구 사항이 있는 아동을 대하고 지원하는 방법에 대해, 교사가 받아들이고 이해하며 이에 따라 행동할 수 있도록 도와준다.

리베라(Rivera, 2020)의 연구는 교사가 학생의 모국어를 이해하지 못해서 발생할 수 있는 다양한 의사소통 문제를 문화중개자가 어떻게 도와주는지 보여 준다. 리베라는 교사가 해당 공동체의 고유하고 독특한 문화적 생활방식을 이해해야 하며, 그저 일반적인 기준에 의해 가정해서는 안된다고 권고한다(Gutiérrez & Rogoff, 2003 참조). 문화중개자의 역할을 제시한 이런 연구를 통해 우리는 무엇을 어떻게 배울 수 있을까? 마찬가지로, 이러한 권장사항을 학교업무와 지역사회에 거주하는 가족 구성원에게 다가가는 데 직접 적용할 수 있는 방법은 무엇일까?

넷째, 개인과 구조 양쪽 시각으로 사고하자

교사들에게 권장하는 마지막 실천 원칙은 교사가 개인적 및 구조적 접근 방식 양쪽 모두의 중요성을 알고 업무를 수행해야 한다는 것이다. 다시 말하면, 교사는 BISOC 학생이 학교에서 배우고 발전할 수 있도록 보다 공평하고 문화적으로 반응하며, 문화적으로 지속가능한 환경을 조성하기 위해 교사 각자의 개인 업무를 수행해야 한다. 교사는 그들 자신이 과거에 학생으로서 그리고 현재는 교사로서 지금껏 내재화된 그들의 편견이나 가정, 고정관념을 비판적으로 검토하기 위해 개인적인 노력을 기울여야 한다. 교사는 이러한 작업을 수행해서 교실, 학교 및 지역사회 차원에서 드러나는 여러 가지 불공정한 부분과 사회문제를 해결해야 한다.

이러한 개별적 방식에 초점을 맞추는 것 외에도 교사는 변화를 이루기 위해 사회구조 전체를 바라보는 시각을 가질 필요가 있다. 여기서 말하고자 하는 것은 개인의 활동만으로는 BISOC 학생과 그 가족을 위한 학교의 변화를 이루기에 충분하지 않다는 것이다. 교사가 해야 할 가장 중요한 일 중 하나는 장애물을 줄이고 양질의 교육에 대한 모든 학생의 접근성을 확대하기 위해 현행 체계에 대한 자신의 목소리를 내는 것이다. 이러한 도전에는 학교의 정책과 절차 및 관행에 대한 비판적 분석이 포함되어야 한다. 교사가 교실에서 개별적으로 하는 일만으로는 충분하지 않다. 정리하면 교사는 학생에게 상처가 되는 학교의 관행을 비판적으로 바라보고 무엇이 문제인지 조사하고 이를 중단하기 위해 노력해야 한다. 그러면서 다른 한편으로는 구조적 접근을 통해 교수-학습에 대한 새로운 사고방식을 보여 주는 자신의 대응 및 교수 전략을 만들어야 한다.

 ## 알레한드라의 사례로 돌아가기

알레한드라는 교사양성과정을 통해 배운 것과 함께 학생으로서의 자신의 경험을 되짚어보며, 문화적으로나 언어적으로 소수자이며 특수 요구사항이 있는 학생이 학교에서 다르게 대우받고 있다는 점을 알아차리는 것이 이에 대한 대응방법을 생각해 내는 데 필요한 첫 단계임을 깨달았다 **(현상에 대한 비판적 자세 취하기)**. 알레한드라는 자신이 돕고 있는 세 학생

의 자원을 파악했다. 예를 들어, 몽족 출신인 두 명은 여러 언어(몽어, 태국
어, 영어)를 구사할 수 있을 뿐만 아니라 종종 학교 관계자 및 지역사회
관계자와 부모를 위한 비공식적인 통역자 역할을 했으며, 그러는 가운데
이들이 학교와 지역사회에 대해 더 잘 알게 되었음을 파악하였다(**학생이
가진 자원 기반 접근방식 채택하기**). 이 학생들의 학습능력을 정확하게 이해
하는 데 문화적·언어적 장벽이 있을 수 있다는 것을 깨달은 알레한드라는
몽족 공동체를 지원하는 지역사회 기관에 연락을 취했다. 그리고 그 기관
을 통해 교육-학습 과정에서 자칫 오해를 일으킬 수 있는 몽족의 문화적
스타일에 대해 이야기해 줄 수 있는 사람을 만나게 되었다. 또한 이 두
학생의 학교생활을 위해 지원해 줄 수 있는 사람을 파악했다(**문화중개 추구
하기**). 알레한드라는 이 학생들이 생물학 수업을 듣는 모든 다른 학생들과
의미 있는 상호작용을 할 수 있도록 지원하는 것이 중요하다는 것을 깨달
았다. 또한 몽어와 몽족의 문화에 관해 학교 직원 모두가 공동 학습을 할
필요가 있다는 점도 알게 되었으며, 특수 요구 사항이 있는 BISOC 학생
에게 지원이 필요하다는 것을 깨달았다(**개인적 및 구조적으로 사고하기**).

요약하면 알레한드라는 이미 자신이 담당하는 이 학생들을 위해 최선
의 교사이자 옹호자가 되기 위해 무엇을 해야 하는지 벌써 이해하고 있는
것이다. 특수 요구 사항이 있는 BISOC 학생들이 그간 학교에서 겪었던
오래된 불의(injustice)를 회상하면서 알레한드라는 교사로서 자신이 이런
관행을 되풀이하지 않도록, 그래서 잘못된 관행이 이 학생들의 미래를 결
정하지 않도록 하는 데 전념하겠다고 다짐했다.

참고문헌

Achinstein, B., Ogawa, R., Sexton, D., & Freitas, C. (2010). Retaining teachers of color: A pressing problem and a potential strategy for "hard-to-staff" schools. *Review of Educational Research, 80*(1), 71–107.

Annamma, S. A., Connor, D., & Ferri, B. (2013). Dis/ability critical race studies (DisCrit): Theorizing at the intersections of race and dis/ability. *Race, Ethnicity, and Education, 16*(1), 1–31.

Annamma, S. A., & Handy, T. (2020). Sharpening justice through DisCrit: A contrapuntal analysis of education. *Educational Researcher, 50*(1), 41–50.

Aronson, B., & Laughter, J. (2016). The theory and practice of culturally relevant education: A synthesis of research across content areas. *Review of Educational Research, 86*(1), 163–206.

Banks, J. A. (2004). Multicultural education: Historical development, dimensions, and practice. In J. A. Banks & C. A. M. Banks (Eds.), *Handbook of research on multicultural education* (2nd ed., pp. 3–29). Jossey-Bass.

Bennett, C. (2001). Genres of research in multicultural education. *Review of Educational Research, 71*(2), 171–218.

Connor, D. J., & Gabel, S. L. (2010). Welcoming the unwelcome. In N. Hobbel, & T. Chapman (Eds.), *Social justice pedagogy across the curriculum: The practice of freedom* (pp. 201–238). Routledge.

Erevelles, N. (2006). Deconstructing difference: Doing disability studies in multicultural education context. In S. Danforth, & S. L. Gabel (Eds.), *Vital questions facing disabilities in education* (pp. 363–378). Peter Lang.

Freire, P. (1973). *Education for critical consciousness*. Continuum.

Gay, G. (2002a). Preparing for culturally responsive teaching. *Journal of Teacher Education, 53*(2), 106‒116.

Gay, G. (2002b). Culturally responsive teaching in special education for ethnically diverse students: Setting the stage. *International Journal of Qualitative Studies in Education, 15*(6), 613‒629.

Gordon, N. (2017). *Race, poverty, and interpreting overrepresentation in special education*. Brookings Institution. Downloaded September, 2323 2017.

Gutiérrez, K. D., & Rogoff, B. (2003). Cultural ways of learning: Individual traits or repertoires of practice. *Educational Researcher, 32*(5), 19‒25.

Hulse, E. C. D. (2021). Disabling language: The overrepresentation of emergent bilingual students in special education in New York and Arizona. *Fordham Urban Law Journal, 48*(2), 381.

Lacoe, J. R. (2015). Unequally safe: The race gap in school safety. *Youth, Violence and Juvenile Justice, 13*(2), 143‒168.

Ladson-Billings, G. (1995). But that's just good teaching! The case for culturally relevant pedagogy. *Theory into Practice, 34*(3), 159‒165.

Ladson-Billings, G. (1998). Just what is critical race theory and what's it doing in a nice field like education? *International Journal of Qualitative Studies in Education, 11*(1), 7‒24.

Ladson-Billings, G. (2006). From the achievement gap to the education debt: Understanding achievement in U.S. Schools. *Educational Researcher, 35*(7), 3‒12.

Ladson-Billings, G. (2009). *The dreamkeepers: Successful teachers of African American children*. John Wiley & Sons.

Ladson-Billings, G. (2014). Culturally relevant pedagogy 2.0: Aka the remix.

Harvard Educational Review, 84(1), 74-84.

Lee, T. S., & McCarty, T. L. (2017). Upholding indigenous education sovereignty through critical culturally sustaining/revitalizing pedagogy. In D. Paris, & S. Alim (Eds.), *Culturally sustaining pedagogies: Teaching and learning for justice in a changing world* (pp. 61-82). Teachers College Press.

Lewis, T. (2017). *Emmett Till and the pervasive erasure of disability in conversation about White supremacy and political violence.* Retrieved from https://www.talilalewis.com/blog/emmett-till-disabilityerasure

McCarty, T., & Lee, T. (2014). Critical culturally sustaining/revitalizing pedagogy and indigenous education sovereignty. *Harvard Educational Review, 84*(1), 101-124.

Mingus, M. (2017). *Access intimacy, interdependence and disability justice.* Retrieved from https://leavingevidence.wordpress.com/2017/04/12/access-intimacy-interdependenceand-disability-justice/

National Center for Systemic Improvement. (2020, November 10). *Pursuing equity for Black students in K-12 schools: Exploring the intersection of race and disability thought leader conversation series.* Retrieved from https://ncsi.wested.org/news-events/new-webinarseries-pursuing-equity-for-black-students-in-k-12-education-exploring-the-intersectionof-race-and-disability-thought-leader-conversation-tlc-series/

Nieto, S., & Bode, P. (2007). *Affirming diversity: The social-political context of multicultural education* (5th ed.). Pearson.

Pang, Y., Dinora, P., & Yarbrough, D. (2020). The gap between theory and practice: Using cultural brokering to serve culturally diverse families of children with disabilities. *Disability & Society, 35*(3), 366-388.

Paris, D., & Alim, H. S. (Eds.). (2017). *Culturally sustaining pedagogies:*

Teaching and learning for justice in a changing world. Teachers College Press.

Paris, D. (2012). Culturally sustaining pedagogy: A needed change in stance, terminology, and practice. *Educational Researcher, 41*(3), 93–97.

Paris, D., & Alim, H. S. (2014). What are we seeking to sustain through culturally sustaining pedagogy? A loving critique forward. *Harvard Educational Review, 84*(1), 85–100.

Pratt, R. H. (1892). The advantages of mingling Indians with whites. In I. C. Barrows (Ed.), *Proceedings of the national conference on charities and correction, 19th annual session* (pp. 45–59).

Rios, F., & Longoria, A. (2021). *Creating a home in schools.* Teachers College Press.

Rivera, C. (2020). Review of affirming disability: Strengths-based portraits of culturally diverse families. *Research and Practice for Persons with Severe Disabilities, 45*(4), 291–293.

Sapon-Shevin, M. (2014). *Condition critical.* Teachers College Press.

Solórzano, D., & Yosso, T. (2000). Toward a critical race theory of Chicana and Chicano education. In C. Martinez, Z. Leonardo, & C. Tejada (Eds.), *Charting new terrains of Chicana(o)/Latina(o) education* (pp. 35–65). Hampton Press.

Souto-Manning, M., & Cheruvu, R. (2016). Challenging and appropriating discourses of power: Listening to and learning from early career early childhood teachers of color. *Equity & Excellence in Education, 49*(1), 9–26.

Spring, J. (2016). *Deculturalization and the struggle for equality: A brief history of the education of dominated cultures in the United States.* Routledge.

Stiker, H. J. (1999). *A history of disability.* Love.

Valenzuela, A. (2010). *Subtractive schooling, caring relations, and social capital in the schooling of US-Mexican youth.* State University of New York Press.

Yosso, T. J. (2002). Toward a critical race curriculum. *Equity & Excellence in Education, 35*(2), 93-107.

PART 03

장애가 있는 학생들의
대안적 교육배치

케말 아파칸(Kemal Afacan), 킴버 L. 윌커슨(Kimber L. Wilkerson)

학습목표

1. 미국의 여러 학군에서 제공하고 있는 다양한 대안교육배치 방법에 대해 이해할 수 있다.

2. 다양한 유형의 대안교육 학교와 인구분포에 따른 각 학교의 대상 수요를 설명할 수 있다.

3. 각 유형으로 진단 및 분류된 학생들이 일반학교에서 대안학교로 진학하기까지의 과정을 파악하고 토론할 수 있다.

4. 다양한 유형의 대안교육배치의 장점과 단점을 인식할 수 있다.

5. 유색인종 학생과 장애학생을 위한 대안교육을 사회정의 관점에서 조망할 수 있다.

사례 에린(Erin)의 경우

에린은 난독증(dyslexia)이라는 학습장애를 가진 아시아계 미국인 고등학생이다. 난독증은 글을 읽는 데 어려움이 있는 비교적 흔한 유형의 학습장애이다. 중학교 졸업 후 에린은 다른 학생들과 마찬가지로 일반 고등학교로 진학했다. 이 학교는 집 근처에 있었고 규모도 컸지만 에린이 필요로 하는 지원과 장애 관련 서비스를 제대로 갖추고 있지 않았다. 결국 에린은 학년이 올라갈수록 다른 친구들에 비해 학업 면에서 뒤처졌다. 학교가 지나치게 크고 혼잡해서 도무지 안전하다는 느낌을 받지 못하고 불편한 날들이 계속되었다. 에린과 부모는 소규모 그룹으로 학습할 수 있는 따뜻하고 편안한 학교 환경과 에린이 가진 장애와 관련된 요구를 충족시킬 수 있는 대안학교를 찾아보기로 결정했다.

에린은 자신이 사는 도시 내 여러 학교를 알아보고 그 학교에 다니고 있는 재학생들과도 이야기를 나누어 보았다. 또한, 현재 에린이 다니고 있는 학교에서 에린을 편하게 대해 주던 교사들에게 대안학교로 전학하고 싶다는 의사를 전했다. 이렇게 여러 갈래로 방법을 찾는 과정 중에, 일반학교에서 잘 적응하지 못하고 어려움을 겪는 학생들을 위해 학업 및 사회적·행동적 지원을 제공하는 대안 고등학교를 찾을 수 있었고 온라인으로 지원한 후 교장 선생님의 면접을 거쳐 최종 합격하게 되었다.

그래서 에린은 2년 동안 '센트럴 대안학교(Central Alternative School)'를 다니면서 교사들로부터 일대일 지원을 받았다. 이전에 다니던 학교에 비해 이 학교는 보다 안전하게 느껴졌고 보살핌을 많이 받았다. 무엇보다도 학생 수가 적은 소규모 환경이 에린에게 잘 맞았다. 에린은 자신이 관심 있는 과목을 공부하는 데 집중할 수 있었고, 예술적 성향을 향상시키는 데 많은 시간을 쓸 수 있었다. 또한 에린은 특별하고도 다양한 학습 요구를 가진 다른 장애학생들을 많이 만날 수 있었고 이들과 친하게 지냈다. 이 학교가 교육의 초점을 학생의 강점에 맞추어 준 덕분에 에린은 자신감을 가질 수 있었다.

센트럴 대안학교는 이런 좋은 점이 있는 반면, 단점도 있었다. 이 학교는 스포츠나 동아리 활동과 같은 프로그램이 없었으며, 학과목 선택의 폭도 제한적이었다. 에린은 미술 프로그램은 좋아했지만 학교에 다른 동아리와 오케스트라가 없는 것에 실망했고, 이전 학교에서 배웠던 스페인어 수업이 없는 것을 아쉬워했다. 때로는 이전 학교에서 만난 친구들이 보고 싶었고, 규모가 큰 학교에 비해 새로운 친구들을 만날 기회가 없는 점도 마음에 들지 않았다. 에린은 물론 그의 부모도 센트럴 대안학교에서 제공하는 장애학생을 위한 서비스와 지원에도 다소 실망하게 되었다. 결국 2년 만에 에린은 다시 다른 일반 고등학교로 전학하여 원하던 동아리 활동, 악기연주, 현장학습의 기회를 누리고 학교 스포츠 팀에 들어가기도 했다. 에린은 일반 고등학교를 졸업하고 현재 돌봄 전담 복지사로 일하고 있다.

이처럼 지역사회는 학생들이 다양한 유형의 학교를 선택할 수 있는 기회를 제공한다. 에린의 사례에서 보여진 것과 같이 대안학교는 장애학생에게 좋은 점도 있지만 그렇지 않은 면도 있다. 이 장에서는 대안학교에 다니는 유색인종 학생 및 장애학생의 교육과 관련된 중요한 주제를 다룬다.

다음에 주어진 질문을 토대로 토론해 보자.

① 대안교육이 어떻게 다른 학생들로부터 특정 학생집단을 사실상 분리할 수 있는가?

② 자신의 초중고 시절의 경험을 되돌아보자. 소속 학군에서 대안교육 배치를 제공했는가? 만약 그랬다면, 대안학교와 그곳에 다니는 학생들에 대한 고정관념은 어떠했나?

③ 대안교육이 학생의 발전에 어떻게 도움이 될 수 있는가? 또한 대안교육이 학생의 발전을 저해하는 측면이 있다면 그건 어떤 것일까?

④ 대안교육배치에서 일어나는 각종 편중(disproportionality) 현상과 관련된 문제는 무엇인가? 대안교육에서 어떤 집단이 더 많거나 적

게 나타나는 이유는 무엇인가?

⑤ 현직 교사이거나 앞으로 교사가 될 사람으로서 또는 학교 관계자
로서 학업적인 면에서나 행동적으로 어려움을 겪는 학생이 대안학
교를 선택하기 전에 어떤 도움을 줄 수 있을까?

 ## 서론

학생들의 교육적 요구는 다양하기 때문에 일반 공립학교가 학생들의
요구를 효과적으로 해결하지 못할 수도 있다. 지역사회의 많은 학군에서
는 일반학교에서 잠재력을 제대로 발휘하지 못하는 학생들의 특별한 요
구를 해결하기 위해 대안교육을 마련하고 있다. 일부 학생들은 스스로 대
안학교를 선택하기도 하지만, 어떤 학생들은 일반학교에서 해결할 수 있
는 범위를 벗어난 학업 또는 행동장애로 인해 대안학교로의 진학을 권고
받기도 한다. 그러나 특정 유형의 대안학교 추천은 성별이나 인종, 장애
등에 따른 불균형적인 비율이 뚜렷하게 드러나는 교육 서비스 제공 시스
템의 잠재적 편견이 있을 수 있음에 주목해야 한다.

이 장의 목적은 유·초·중·고를 망라한 K-12 공교육에서 장애학생을 대
안교육에 배치하는 것에 관한 선택사항을 소개하고 논의하는 것이다. 이
장은 크게 네 부분으로 구성되어 있다. 첫 번째 절에서는 세 가지 대안교육
배치 선택사항과 그 특징을 제시한다. 이 세 가지는, ① 혁신(innovative)학
교, ② 행동중심(behavior-focused) 대안학교, ③ 학업교정중심(academic
remediation-focused) 대안학교이다. 이 세 가지 대안학교 유형은 지역사
회에서 흔히 볼 수 있는 일반학교와 매우 다르다. 일반학교는 자신의 선택

으로 다니는 학생이 대다수이고, 특정 학생이나 특정 기술영역을 대상으로 하지 않으며, 학업이나 행동교정에 초점을 맞추지 않는다. 두 번째 절에서는 대안학교에 다니는 학생의 특성을 살펴보고 주로 어떤 학생이 다니는지를 논의한다. 세 번째 절에서는 기존 연구문헌을 바탕으로 대안교육배치가 학생 성과에 미치는 효과를 살펴보고, 장애학생을 위한 대안교육배치의 장단점을 짚어본다. 마지막 네 번째 절에서는 대안교육 환경에서 실천에 필요한 권장사항을 이야기해 본다. 따라서 이 장의 목표는 특수교사가 일반학교로부터 대안교육배치에 이르기까지, 학교 선택사항과 함께 학교선택이 장애학생의 학업성과에 미치는 영향을 이해하는 것이다.

 ## 대안교육배치에 관한 선택

대안교육배치에 관한 선택은 1950년대 초부터 미국 공교육 시스템에서 존재해 왔다. 이런 학교의 이름은 다양하다. 담장 없는 학교, 학교 안의 학교, 다문화 학교, 계속 학교, 학습센터, 기초 학교(fundamental school), 마그넷 학교[1] 등, 공교육 시스템 내에서 다양한 명칭과 형태를 보인다(Lange & Sletten, 2002). 오늘날 지역교육청(Local Education Agencies: LEAs)은 일반학교에서 학업 또는 행동장애를 보이는 학생들에게 대안학교 선택을 제공하고 있다(Lehr et al., 2009). 때때로 지역사회의 일반학교는 학업 또는 행동에 어려움을 겪는 학생들의 개별적인 요구를 효과적으로 해결하지 못한다. 따라서 이러한 학생들은 대안교육 환경에서 집중적이고 개별

---

[1] 역자 주: 특별한 서비스를 제공하는 공립학교를 지칭함.

화된 교육을 받을 수 있도록 한다. 카버와 루이스(Carver & Lewis, 2010)
에 따르면 전체 공립학교 학군의 64%가 학업 및 행동문제를 보이는 학생
에게 대안교육을 권유한다고 한다. 대안학교는 일반학교와 여러 가지 면
에서 다르다. 예를 들어, 대안학교는 일반적으로 작은 규모(소규모 학급, 전
체 학생 수, 학생 대 교사의 낮은 비율), 혁신적인 교육, 개별화된 프로그램,
학교구조, 일정 및 프로그램의 유연성, 학생들을 위한 학업 또는 행동교
정을 제공하는 것으로 알려져 있다(Lehr et al., 2009).

다양한 대안학교를 유형별로 분류하는 것은 이들 학교의 여러 가지 변
화 가능하고 독특한 특성 때문에 연구자와 교육자에게 어려운 과제이다.
이 장에서는 윌커슨과 동료들이 제안한 분류틀을 사용하여 미국 공교육
시스템에서의 대안학교를 분류한다(Perzigian et al., 2017; Wilkerson et
al., 2016a; 2016b). 윌커슨과 동료들은 오늘날 교육 시스템에서 적용 가
능한 대안학교 유형을 크게, ① 혁신학교, ② 행동중심 대안학교, ③ 학업
교정중심 대안학교 이렇게 셋으로 분류하고 있다.

다른 분류틀도 한 번 알아보자. 메리 앤 레이위드(Mary Anne Raywid,
1994)는 위의 세 학교 유형을 각각 선택형(유형 I), 마지막 기회(last
chance)형(유형 II), 그리고 교정 중심형(유형 III)으로 정의하였다. 장애학
생들은 이러한 대안학교 유형 중 혁신학교를 스스로 선택하거나 행동중
심 또는 학업교정중심의 대안학교로 진학할 것을 추천받는다. 다음은 각
학교 유형에 대한 간략한 개요와 특징이다. [그림 3-1]은 이 세 가지 학교
유형을 고유한 특징과 함께 보여 준다.

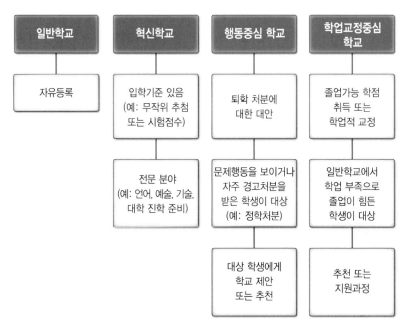

[그림 3-1] 일반 교육 및 대안교육배치 옵션

학생들이 선택할 수 있는 대안학교 유형 중 하나는 **혁신학교**이다. 혁신학교는 학생들을 위한 특화된 교육과정이나 프로그램을 제공한다. 대안학교는 일반적으로 추첨제 또는 특정 등록요건을 만족하는 학생을 받아들이는 형식을 취한다. 혁신학교는 종종 한 학년도에 신청하는 학생이 학교가 수용할 수 있는 학생 수를 초과하는 경우가 많아서 선발을 위한 요건을 마련한다. 예를 들어, 입학 기준으로 읽기나 수학 등 특정 영역의 성취도 시험 점수 또는 해당 주 차원의 평가 점수를 요구할 수 있다. 일부 교육청에서는 이와 같은 유형에 해당하는 여러 학교를 운영한다. 예를 들면, 기술, 대학 진학 준비, 예술(예: 창작 글쓰기, 무용, 연극, 음악, 시각 예술), 언어 몰입, IB 교육과정(International Baccalaureate: IB), 경영, 자동차 기술 또는 도시농업에 중점을 둔 혁신학교를 제공할 수 있다(Afacan,

2018). 또한, 지역사회 기반 학교와 몬테소리 학교도 혁신학교로 분류할 수 있다. 이 학교 명칭에서 볼 수 있듯이 혁신학교는 일반학교와는 달리 일반적으로 학생들에게 제공하지 않는 과목이나 집중영역을 제공한다. 따라서 앞서 언급한 학습영역이나 학교유형 가운데 어느 것 하나라도 관심이 있는 학생은 혁신학교에 지원할 수 있다. 혁신학교는 남다른 접근 방식을 사용하여 학생 개개인의 고유한 요구를 해결하는 데 관심을 둔다. 그러나 이러한 학교는 학생의 학업이나 행동교정을 주된 목표로 하지 않는다(Lange & Sletten, 2002).

또 다른 대안교육배치 옵션은 **행동중심 대안학교**이다. 교육청은 지역의 일반학교를 그만두는 학생들에게 교육을 제공하는 방안으로 행동중심 대안학교를 마련하고 있다. 일반학교에서 징계나 정학을 여러 번 받은 학생은 대안학교로 전학 보낼 수 있다. 미국에서는 매년 수백만 명의 어린이가 정학이나 퇴학으로 인해 학습 시간을 잃게 되므로(Losen & Gillespie, 2012; 미국 교육부, 시민권 사무국, 2018) 행동중심 대안학교는 이런 학생들이 교육 체계 안에 머물도록 도와주는 역할을 한다. 이 범주에 속하는 학교는 해당 학군에서 비전통적 교육 환경으로 식별되며, 행동장애로 판정해서 의뢰 혹은 배정받은 학생에게 행동교정을 제공한다(Wilkerson et al., 2016a). 대안학교 등록은 대개 일반학교에서 의뢰하는 방식에 따른다. 진학을 제안 또는 권고 받은 학생은 일정 기간 동안 집중적인 행동중재 돌봄을 받는다. 일부 학생은 집중적인 행동중재를 위해 한 학기 정도만 다니기도 하고 어떤 학생은 행동문제의 강도나 교육청의 정책으로 인해 1년 이상 대안학교를 다녀야 될 수도 있다. 대안학교에 학생을 배치하는 궁극적인 목표는 학생의 문제행동 교정이다. 행동중심 대안학교에서 일련의 과정을 완료한 학생은 원래의 학교로 복귀하도록 허용되거나 권장된다.

또 다른 대안교육배치 옵션은 **학업교정중심 대안학교**이다. 여기에 속하는 학교는 해당 학군에서 비전통적 교육환경으로 분류되며, 학업을 계속하거나 학점 만회를 원하는 학생들이 배정받거나 자발적으로 선택해서 다닌다(Wilkerson et al., 2016b). 예를 들어, 고등학교 졸업장을 취득하거나 또래와의 학업격차를 줄이기 위해 추가 학점이 필요한 학생은 이 유형의 학교에 다닐 수 있다. 또한 지역 일반학교의 복잡한 학업과정을 감당할 수 없는 학생, 학업에 어려움을 보이는 학생, 안전하면서 개별적인 지원을 제공하는 학습 환경이 필요한 학생, 건강 또는 가정 문제로 일반학교를 중퇴한 학생도 이 유형의 학교에 지원할 수 있다. 학업교정중심 대안학교는 일반적으로 각 학생의 개별적인 필요에 맞춘 개별화된 교육을 제공한다. 이런 학교는 대면교육, 온라인교육, 야간학교를 통한 교육 등 유연하고 다양한 형식의 교육이 이루어진다. 학업교정중심 대안학교 전 과정을 이수 완료한 학생은 일반학교의 학생들과 마찬가지로 고등학교 졸업장을 받거나 고등학교 동등 학력으로 인정된다.

앞에서 설명한 대안학교의 특성은 대체로 많은 학교에서 유사하게 지켜지고 있지만, 다양한 유형의 대안교육 허용과 배치에 관한 입학 또는 추천 절차는 학군과 주에 따라 달라진다. 혁신학교를 선택할 때는 학생의 개별적인 관심사에 따라 학생이나 가족이 선택하는 것과는 달리 행동중심 대안학교의 입학결정은 학생과 가족, 학군 또는 일반학교 책임자, 일반 또는 특수 교사, 사회복지사, 보호관찰관 또는 청소년 법원 판사가 같이 의논하는 절차과정을 통해 결정한다. 중요한 것은 학생들이 선택을 했든 또는 권고를 받았든 모든 대안학교는 학생들에게 동등한 교육 기회를 제공한다는 데 있다. 다음 절에서는 성별, 인종, 능력 및 사회경제적 지위(Socio-Economic Status: SES)와 같은 사회적 조건이 복잡하게 얽히고 교차하며 대안학교에서 교육을 받을 가능성이 높은 학생을 결정하는 데 영향을 준다는 내용의 연구를 소개한다. 특히 성별, 인종, 능력 및 SES의 교차점은 대안학교에 다니는 장애학생의 교육경험에 부정적인 영향을 미치는 경우가 종종 있다. 따라서 교육자는, ① 어떤 학생이 대안학교에 다니라는 권고를 받는지 ② 대안학교가 학생의 단기 및 장기 교육경험에 어떤 영향을 미치는지 이해하는 것이 중요하다. 기존 연구를 기반으로 이 두 가지 중요한 주제에 초점을 맞춘다.

대안학교에 다니는 학생들의 특성

공교육 체제 안에서 대안교육배치에 관한 논란은 수십 년 동안 이어져 왔다. 학교생활에 실패하거나 부적응의 위험에 처한 학생들을 도와주고 교육혜택을 계속 받을 수 있도록 하는 데 대안교육은 중요한 역할을 한다고 주장하는 사람들이 많다. 또 다른 일부 연구자들은 대안학교가 소수민족 출신 학생, 저소득층 가정의 학생 그리고 장애학생을 의도적으로 차별한다고 주장하고 있다(Davis, 2014; Saporito, 2003). 연구에 따르면 남학생과 장애학생, 특히 정서 및 행동 장애(Emotional and Behavioral Disorders: EBD)를 가진 학생이 일반학교에 비해 대안학교에 더 많이 다니는 것으로 나타난다(Foley & Pang, 2006; Lehr & Lange, 2003; Lehr et al., 2009; Wilkerson et al., 2016a). 또한 국가통계에 따르면 대안 고등학교에 다니는 학생 중 상당수가 저소득층 가정 출신이며, 흑인, 히스패닉, 아시아 또는 태평양 섬 주민이거나 아메리칸 원주민 학생으로 나타난다(Carver & Lewis, 2010). 이러한 연구에 따르면 대안학교는 일반학교보다 더 다양한 배경의 학생을 교육할 가능성이 높은 것으로 보인다. 연구결과를 면밀히 살펴보면 대안학교에서 특정 학생집단이 과도하게 대표되는 것이 분명하다. 예를 들어, 페르지언과 동료 연구자들은(Perzigian et al., 2017) 남학생의 비율이 행동중심 대안학교에서는 재학생의 70% 이상인 반면, 다른 유형의 학교에서는 약 50%에 그친다는 사실을 발견했다. 또한 인종과 민족 역시 대안교육배치에 관련된 또 다른 지표로 보인다. 예를 들어, 행동중심 대안학교와 학업교정중심 대안학교에 다니는 학생의 80% 이상이 아프리카계 미국인으로 나타났다(Perzigian et al., 2017).

마찬가지로 특수교육 자격 여부도 특정 유형의 대안학교에 다녀야 할 예상 요인인 것이다. 예를 들어, 행동중심 대안학교에 다니는 학생 중 57%가 장애가 있는 것으로 확인되었다. 반면, 다른 유형의 학교에 재학 중인 학생 중 장애가 있는 학생의 비율은 20% 미만에 불과했다. 특정 장애범주를 분석한 결과에 따르면, 정서 및 행동 장애(EBD)를 가진 학생과 다른 종류, 즉 건강장애(Other Health Impairment: OHI)를 가진 학생이 혁신학교나 일반학교보다 행동중심 대안학교나 학업교정중심 대안학교에 보내질 가능성이 더 높은 것으로 나타났다(Perzigian et al., 2017). 반면, 지적장애학생은 행동중심 대안학교나 학업교정중심 대안학교보다는 일반학교나 혁신학교에 보내질 가능성이 더 높았다(Afacan, 2018).

장애학생들은 학교배정과 관계없이 개별화되고 전문화된 지도가 필요하기 때문에 대안교육 환경에 장애학생이 많아지는 일에는 특별한 주의가 필요하다. 따라서 대안교육 환경은 장애학생의 고유한 요구를 해결하기 위해 필요한 모든 도구와 적절한 지원을 제공해야 한다. 그러나 연구에 따르면 많은 대안학교가 장애학생들을 받아들일 준비가 되지 않은 것으로 밝혀졌다. 훈련된 특수교육 인력이 부족하거나 구조화되지 않은 교육환경과 깊게 관련되어, 장애학생의 교육경험이 제한되는 접근성 문제가 있기 때문이다(Lange, 1998). 마찬가지로, 자격을 갖춘 교사가 부족하고, 퇴학 관련 절차가 불분명한 것과 적절한 서비스 제공여부 등이 대안학교에서 특수교육을 제할 때 문제점으로 지적되는 사항이다(Lehr et al., 2009). 또한 적절한 교육과정, 컴퓨터, 소프트웨어와 같은 교육자원의 부족도 대안교육 환경에서 장애학생을 위한 효과적인 교육을 실시하는 데 장벽이 될 수 있다(Wilkerson et al., 2016c). 따라서 장애학생들이 대안학교에서 계속 교육을 받을 경우, 이들에게 일반학교에 다니는 학생들과 마찬가지로 평등한 교육기회가 주어진 것인지를 파악해야 하며, 이를 위해 학생성과에 대한 면밀한 검토가 필요하다. 다음 절에서는 대안교육 배정으로 인한 학생 성과 결과에 관한 연구를 종합해서, 대안학교 진학의 장점과 단점을 중점적으로 살펴볼 것이다.

 ## 대안학교의 장점과 단점

  학교 관계자 및 관련 연구자, 가족 그리고 이와 관련된 모든 사람은 대안 교육배치가 장애학생의 사회적·학업적·행동적 결과에 어떤 영향을 줄 것인지 알아야 한다. 또한, 장애학생에게 대안학교가 역사적으로 어떤 기능을 했는지 아는 것도 중요하다. 역사적으로 장애학생들은 비전통적인 교육환경에 배치되는 경우가 많았다. 1960년대와 1970년대까지만 해도 장애를 가진 사람은 별도로 마련된 학교나 시설에서 교육을 받았다. 특히 중등도에서 중증에 이르는 장애학생은 이러한 환경에서 자주 소외되고 비인간적인 대우를 받았다. 다행히도 이러한 관행은 1970년대 미국에서

부모와 전문가들의 옹호활동을 통해 변화가 시작되었다. 1975년 '전장애아 교육법(The Education for All Handicapped Children Act of 1975)'은 장애학생의 교육배치에서 일어나는 관행을 바꾸는 기틀을 마련했다. 장애학생들은 시설에서 벗어나 일반학교에 다니기 시작했다. 이러한 교육배치의 변화는 다문화사회 형성과 가장 의미있는 교육환경 활용은 물론 주변에 있는 학교에 가족들이 쉽게 접근할 기회가 되었으며, 장애학생이 비장애학생과 폭넓은 사회적 관계를 형성하는 데 도움이 되었다(Brown et al., 1989).

오늘날의 공교육 시스템에서는 장애학생과 그 가족에게 다양한 배치 선택이 주어진다. 앞서 설명한 것처럼 선택의 폭은 동네에 있는 일반학교부터 대안학교(학생과 가족의 관심사와 우선순위에 맞는 전문 프로그램을 제공하는 학교)에 이르기까지 다양하다. 그러나 연구자와 교육자 그리고 관할 지역교육청은 이러한 대안교육 환경 안에 있는 학생성과에는 별 관심이 없었다. 약 20년 전, 랭과 슬레텐(Lange & Sletten, 2002)은 기존 연구에서 대안교육배치가 학생들의 학업 및 행동적 결과를 개선하는 데 효과적이라는 증거를 제공하지 못한 것으로 보고했다. 마찬가지로 플라워와 연구진(Flower et al., 2011)은 대안교육 환경에서 시행된 대부분의 행동중재가 효과적인 절차를 포함하지 않았음을 발견했다. 그럼에도 불구하고 학업실패의 위험에 처한 학생이나 고등학교 졸업장이 필요한 학생에게 대안교육배치는 사회·정서적인 혜택을 줄 수 있다. 대안학교가 없다면 이러한 학생들은 졸업장을 취득하거나 취업 또는 독립생활의 기회를 얻기가 더 어려웠을 것이다. 따라서 대안교육배치는 장점과 단점이 동시에 존재한다. 가장 최근의 문헌을 바탕으로 장애학생을 위한 대안교육배치의 장점과 단점을 제시하고자 한다.

첫째, 대안교육배치가 학생에게 미치는 이점을 설명하기 위해 질적연구 방법론을 사용한 연구들을 요약하면 다음과 같다. 연구자들은 대안교육 환경의 일상적인 활동을 관찰하거나 대안학교 재학생들과 인터뷰를 진행했다. 두 사례 모두 대안학교 배치가 긍정적인 영향도 있었지만, 일부 사례에서는 부정적인 측면이 강조되기도 했다. 예를 들어, 왓슨(Watson, 2011)은 비판적 에스노그래피(ethnography, 민속연구) 방법론을 사용하여 중서부 도시의 한 대안학교에서 학생학습, 담론, 관계 및 과제와 관련된 문화를 연구했다. 그는 대안학교가 유연한 학습 환경을 제공하고 학생과 교사사이에 신뢰와 단단한 관계가 만들어졌다고 보고했다. 반면, 대안학교에 다니는 학생들은 일반적인 교육관행에서 소외되거나 배제된다는 점을 더불어 지적했다. 예를 들어, 어떤 학생들은 일반학교에 가볼 수조차 없었고, 일반학교에 다니는 또래들이 빈번히 이용하는 도서관과 같은 공공 자원을 사용할 수 없었다.

맥키와 코너(McKee & Conner, 2006)는 버지니아주에서 학업 성취도가 낮은 학생들을 대상으로 읽기, 수학, 과학, 사회 과목의 점수를 향상시키는 데 성공한 대안교육 프로그램을 조사하였다. 이들은 대안학교의 유연한 환경과 교육과정, 소규모 학급, 학생에 대한 개별적인 관심 등을 성공의 핵심요소로 꼽았다. 라가나-리오단 등(Lagana-Riordan et al., 2011)의 연구는 학업실패 위험(예: 학생 또는 가족의 알코올이나 약물 문제, 슬픔이나 상실, 가족 문제, 정신건강 문제, 경찰과의 문제, 학습 및 건강 문제, 임신 등)이 있는 공립 대안학교 재학생들을 인터뷰하여 그들의 교육경험을 조사했다. 이 대안학교에 다니는 학생들은 교사와 긍정적인 관계를 맺고, 성숙과 책임감에 대한 자기인식이 개선되었으며, 사회문제에 대한 이해가 향상되는 등 긍정적인 경험을 했다고 답했다. 또한 그들은 이전에 다니던 일반학교에서 가졌던 관계에 비해 지지해 주는 분위기에서 또래와 더 나은 관계를 맺었다고 보고했다. 아민과 연구진(Amin et al., 2006)이 볼티모어 시에서 임신 또는 육아 중인 청소년을 위해 설계된 대안학교의 성과를 검토한 결과에 따르면, 대안학교가 청소년의 교육적 열망과 성과를 높이는 전략, 학습 환경 지원, 임신 및 정신건강과 관련된 사회 서비스를 제공한 것으로 나타났다.

또 다른 연구들은 대안교육배치가 학생의 학업(예: 독서 및 수학) 및 행동결과(예: 징계 및 정학)에 미치는 영향을 정량적으로 조사했다. 이러한 연구는 대안교육배치가 학생에게 긍정적이거나 부정적인 영향을 모두 미쳤다는 점을 지적했다. 예를 들어, 치앙과 길(Chiang & Gill, 2010)은 필라델피아 시의 전통 일반학교와 대안학교 재학생들의 주 전체 표준화 읽기 및 수학 점수를 분석했는데, 대안학교에 다니는 학생들의 성적이 더 낮은 것으로 나타났다. 또 다른 연구에서 프랑코와 파텔(Franco & Patel, 2011)은 대안 교정 프로그램에 참여한 학생들의 학업성과를 조사했는데, 해당 프로그램이 학생들의 학점취득을 높이는 데 도움이 되었으나 학생의 평균학점(Grade Point Average: GPA)까지 높아지는 것으로 이어지지는 않았다. 마찬가지로 프랭클린 등(Franklin et al., 2007)은 대안학교에 다니는 학생들의 학점취득, 출석률 그리고 졸업률을 조사했다. 연구자들은 대안학교 학생들이 일반학교 학생들보다 훨씬 더 많은 학점을 취득한 반면, 일반학교 학생들보다 출석률과 졸업률이 낮았다는 점을 제시하였다. 또 다른 연구에서 드람(Drame, 2010)은 도시의 공립 대안학교에 다니는 장애학생과 비장애학생의 독해 및 수학시험 점수를 조사했다. 그는 이 두 학생집단 간의 4학년과 5학년 독해 및 수학의 표준화 점수를 비교한 결과, 1년간 대안학교에 다닌 이후의 장애학생들의 독해 및 수학 점수가 비장애학생들의 점수와 큰 차이가 없다는 점을 제시하였다.

월커슨 등(Wilkerson et al., 2016a)은 행동중심 대안학교가 다양한 학생의 학업 및 행동결과에 미치는 영향을 조사했다. 연구자들은 행동중심 대안학교에 다니는 학생들과 비슷한 특성을 가지고 있으면서 일반학교에 다니는 학생들을 비교한 연구 결과, 행동중심 대안학교에 다닌 학생들은 일반학교에 다니는 학생들에 비해 중등학교 출석률이 현저히 낮고, 학점을 더 적게 취득했으며, 정학 처분을 당한 횟수가 훨씬 적었다. 또 다른 연구에서 월커슨 등(Wilkerson et al., 2016b)은 학업교정중심 대안학교가 학생들의 학업 및 행동결과에 미치는 효과를 조사했다. 학업교정중심 대안학교와 일반학교 양쪽에서 비슷한 특성을 지닌 학생들을 확인한 결과, 학업교정중심 대안학교 학생들이 일반학교 학생들보다 훨씬 더 많은 학점을 취득하고, 징계권고(Office Discipline Referral: ODR)를 훨씬 적게 받은 사실을 발견했다. 반면, 일반학교 학생들은 학업교정중심 대안학교 학생들에 비해 출석률이 훨씬 높았다.

후향적 코호트 설계 연구를 사용한 아파칸과 월커슨(Afacan & Wilkerson, 2019)은 행동중심 대안 중학교 학생들이 일반 중학교 학생들과 비교했을 때 읽기평가와 정학 판정에서 유의미한 차이가 있는지 조사했다. 그 결과 행동중심 대안학교 학생들이 8학년 읽기 평가에서 현저히 낮은 성적을 거두었으나 두 집단 간 정학 횟수에는 유의미한 차이가 없는 것을 발견했다. 아파칸(Afacan, 2018)은 연구에서 중서부 지역의 일반학교와 혁신학교에서 지적장애가 있는 학생들의 학업 및 행동결과를 조사했다. 그는 혁신학교에 다닌 지적장애학생들이 일반학교에 다닌 학생들에 비해 유의미하게 더 많은 징계제의를 받았다는 것을 발견했다. 이 연구의 결과는 혁신학교에 다니는 것이 주(州) 전체 평가에서 5학년부터 8학년까지 읽기

점수의 향상이나 중등학교 출석률 그리고 지적장애학생들의 학점 취득과
아무런 관련이 없다는 것을 보여 주었다.

 이러한 연구결과는 대안교육 환경에서 인종과 장애에 따른 교육의 형
평성과 정의와 관련된 전반적인 문제를 생각해 보게 한다. 예를 들어, 쉬
르머와 애플(Schirmer & Apple, 2016)은 학교선택 과정이 학군 내 및 학
교 유형에 따른 인종차별을 악화시킨다고 비판했다. 지역교육청이 '선택
권'을 제공하는 경우, 실적이 저조한 도시 학교에 불균형적으로 많은 장
애학생과 유색인종 학생이 주로 등록되어 있다(Perzigian et al., 2017). 또
한 학교 선택 설명회에 참석하거나 지원에 필요한 서류를 준비할 시간과
사회적 자본이 부족한 학부모는 등록과정에서 불리한 처지에 놓일 수 있
다(Schirmer & Apple, 2016). 더 중요한 것은 행동중심 대안학교는 일반
학교에서 배제된 장애학생과 유색인종 학생에게 사실상 분리된 환경을
제공함으로써 차별적인 교육관행을 조장할 수 있다는 점이다. 비효율적
인 교육관행과 행동중심 대안교육 환경과 관련된 열악한 결과가 결합해
서 편향적으로 나타나는 교육기회에 대한 불평등을 만들 수 있다. 따라서
인종 또는 사회정의의 관점에서 교육청의 관행을 감안할 때 대안환경에
서의 등록, 교육결과, 학생경험을 모두 고려해야 한다.

 이 절의 목적은 대안교육배치가 여러 학생의 결과에 미치는 영향에 대
한 과거 연구결과를 제시하는 것이었다. 여기에서 제시한 모든 연구사례
는 대안교육배치가 다양한 학생집단에게 이익과 불이익을 모두 제공한다
는 것을 시사한다. 장애학생을 대안교육 환경에 배치하는 목적은 일반학
교에서 제공하기 어려운 개별적이고 집중적이며 효과적인 사회적·학업
적·행동적 개입을 제공하는 것이다. 그러나 이러한 과거 연구결과에서 대
안교육배치가 장애학생에게 직접적인 혜택을 준다는 결론을 내리기는 어

렵다. 〈표 3-1〉은 K-12 학생을 위한 대안교육배치효과에 대한 연구를 검토해서 얻은 몇 가지 주요 결과를 제공한다.

〈표 3-1〉 대안교육배치의 장점과 단점

장점	단점
• 긍정적인 학교 문화 • 교사와 학생 간의 강력하고 긍정적인 관계 • 유연한 학습 환경 • 소규모 교실 규모와 개별적 관심 • 또래와 더 나은 관계를 구축할 기회 • 지원적인 학습 환경 • 정신건강 및 임신과 관련된 사회 서비스 • 향상된 학점 취득 • 징계 문제 감소	• 일반교육 관행에서 제외 • 낮은 표준화된 독해 및 수학 점수 • 낮은 졸업률 • 낮은 출석률 • 성적 향상 안됨 • 저조한 학점 취득

 관행에 대한 시사점

앞서 언급했듯이 대안교육배치가 장애학생에게 항상 긍정적인 학교교육 경험으로 이어지는 것은 아니다. 이러한 상황은 학업 및 행동 영역에서 효과적이고 증거에 기반한 의미있는 교육 실행의 중요성을 일깨워준다. 앞서 설명했듯이 대안교육 환경은 지역 일반학교에 비해 정서 및 행동 장애를 가진 학생(EBD), 소수민족 출신 학생, 저소득층 가정 학생 등보다 다양한 학생 집단에게 더 많은 도움을 주는 경향이 있다. 이러한 상황은 학생들의 다양한 교육적 요구로 인해 효과적인 교육이 되는 것을 어렵게 만들 수도 있다. 따라서 교육자는 대안교육 환경에서 학생들을 위한 효과적인 교육을 계획할 때 학생의 특성을 고려해야 한다.

간과할 수 없는 또 다른 점은 대안교육을 받는 학생들 중 다수가 읽기 및 쓰기와 같은 학업영역에서 성취도가 낮다는 점이다. 예를 들어, 행동 중심 대안학교에 다니는 학생들은 독해력, 어휘 이해력, 해석 능력에 부족함을 보이고 있다(Barber & Gagnon, 2020). 또한 이들은 지역 일반학교에 다니지만 비슷한 특성을 가진 다른 학생들에 비해 주(州) 전체 읽기 평가에서 시험 점수가 현저히 낮았다(Afacan & Wilkerson, 2019). 대안교육 환경에서 읽기에 어려움을 가진 학생들을 돕기 위해 연구자들은 **교정적 독해**(Corrective Reading)이나 **오튼-길링엄**(Orton-Gillingham)과 같은 유망한 읽기 프로그램과 **리드 180**(READ 180) 및 **패스트 포 워드**(Fast For Word)와 같은 혼합형(blendid) 방식이나 100% 컴퓨터 방식 교육 프로그램을 사용할 것을 권장했다(Barber & Gagnon, 2020). 게다가 여러 읽기 구성요소(예: 음소 인식, 음성학, 어휘, 유창성 및 이해력의 조합 포함)를 포함한 읽기 도움을 대안교육 환경의 읽기교육에 권장할 수 있다. 다중 구성요소 읽기 프로그램은 여러 읽기 구성요소에 장애가 있는 학생의 읽기 능력을 향상시키는 데 기대할 만한 것으로 나타났다(Afacan et al., 2018; Edmonds et al., 2009; Foorman & Torgesen, 2001).

또한 효과적인 쓰기 교육이 대안교육 환경에 있는 장애학생들에게 제공되어야 한다. 예를 들어, 자기조절 전략개발은 대안교육 환경에서 쓰기에 어려움이 겪는 학생들에게 유망한 교육이라고 밝혀졌다(Barber & Gagnon, 2020). 이 전략을 활용한 쓰기 교육에는 두 가지 주요 교육목적이 있다. ① 텍스트를 계획하고, 쓰고, 수정하기 위한 효과적인 전략을 개발하고, ② 이러한 전략을 실행하고 모니터링하기 위해 자기조절 기술을 사용하는 것이다(Barber & Gagnon, 2020). 특별히 고려할 점은 궁극적으로 대안교육 환경에서 일할 교사를 위한 교육이다. 대안교육 환경에서 교육받은 학생들은 일반학교 학생들보다 읽기 및 쓰기 능력이 부족할 가능성이 더 높기 때문에 읽기 및 쓰기와 관련된 구체적인 교육 지식과 기술 기반이 교육자에게 특히 중요하다.

훈육 문제는 대안교육 환경에서 학업을 방해할 수 있다. 선택을 했든 권고에 의해서든 대안학교를 다니는 학생은 계속해서 배타적인 징계 조치를 받을 수 있다. 대안교육 환경의 교육자가 '부적절하다'고 판단함으로써 학생이 학습 환경에서 배제되는 경우가 많이 생긴다. 예를 들어, 로젠 등(Losen et al., 2016)의 연구에 의하면, 차터 스쿨[2]에 다니는 학생들의 행동결과에 상당한 격차가 있는 것으로 보인다. 연구진은 차터 스쿨에 등록한 장애학생 가운데 최소 절반 이상이 정학 처분을 받았다는 사실을 발견했다. 또한 이 학생들은 일반학교에 다니는 장애학생에 비해 정학 처분을 받을 가능성이 더 높았다. 여기서 한 가지 분명히 짚고 넘어갈 문제는 대안학교가 엄격한 징계규칙과 정책을 시행함으로써 장애학생의 교육 경험에 부정적인 영향을 줄 수 있다는 점이다. 이러한 배타적인 징계조치의 관행은 결국 장애학생의 수업시간 손실로 이어져서, 급기야 사회 및 학업 성취도에 영향을 미치게 된다. 따라서 대안교육 환경에서는 효과적인 문해력 교육과 동시에 효과적인 행동중재를 반드시 잘 실행해야 한다.

배타적 징계에 대한 대안으로서 긍정적 행동중재 및 지원(Positive Behavioral Interventions and Supports: PBIS)과 같은 학교 전체 행동지원 시스템을 대안교육 환경에서 사용할 것을 권장한다(Simonsen & Sugai, 2013). PBIS는 문제가 발생하기 전에 이를 해결하고 궁극적으로 학교에서 배타적 징계조치 시행을 줄일 수 있는, 잘 정립된 체계적이며 데이터

---

[2] 일종의 자율형 공립학교임.

기반, 다중 수준의 지원 시스템이다(Sugai & Horner, 2009). PBIS는 ①
보편적 개입(즉, 1차 개입), ② 전문 집단개입(즉, 2차 예방), ③ 전문 개별개
입(즉, 3차 예방)의 세 가지 수준으로 구성된다. 일반적으로 장애학생과 아
프리카계 미국 학생의 등교중지 징계기 줄어드는 효과를 가져왔다는 연
구결과가 있다.(예: Gage et al., 2019; Grasley-Boy et al., 2019). 그러나
배타적 징계 시행의 불균형에 대한 차이는 격차가 있어 해당 주와 지역
교육청에 따라 다를 수 있다. 위스콘신주(예: Bal et al., 2019b)와 플로리
다주(Gagnon et al., 2017) 등 일부 주에서는 장애학생과 소수민족 출신 학
생이 그렇지 않은 학생에 비해 정학 처분을 받을 위험이 더 높을 수 있다.
따라서 학교와 지역교육청은 대안교육 환경 내에서 **문화감응성(culturally
responsive)**이 높은 PBIS를 개발하고 시행할 것을 권장해야 한다.

연구자들은 적극적으로 문화감응성이 높은 PBIS 시행을 제안하고 있
다. 예를 들어, 발(Bal, 2011)은 문화감응성 PBIS를 설계하고 궁극적으로
장애학생과 소수민족 출신 학생에 대한 배타적인 징계조치의 불균형한 상
황을 개선하기 위해 형성적 개입전략인 '러닝 랩(Learning Lab)'을 개발하
고 시행했다. 러닝 랩은 문화감응성 PBIS의 조작적 정의(operational
definition)에 해당한다. 러닝 랩에서는 교육자, 가족, 지역사회 대표, 학
생, 대학 연구자 등 다양한 민족과 직업배경을 가진 이해관계자들이 협력
하여 배타적 징계의 사회적·역사적 요인을 이해하고 문화감응성 학교의
징계 시스템을 개발한다(Bal et al., 2016). 형성적 개입 방법론과 확장적
학습이론을 사용하여(Engeström, 1987; Engeström et al., 2013) 구성원들
은, ① 학교징계의 결과 차이를 낳는 기존 학교 징계체계에 대한 **의문제기**,
② 기존 도구, 규칙, 분업으로 이루어진 기존 학교 활동체계 **분석**, ③ 문화
감응성 PBIS **모델링**, ④ 새로 개발된 문화감응성 징계모델 **검토**, ⑤ 문화감

응성 모델 **실행**, ⑥ 전체 변화과정에 대한 **성찰**에 참여한다. 발과 동료들은 학교의 징계시스템을 문화감응성 PBIS로 성공적으로 전환했다(Bal et al., 2018; 2019a). 장애학생과 소수민족 학생은 대안교육 환경에서 문화적 감응성이 높은 PBIS 실행을 통해 혜택을 받을 수 있다.

학생들의 대안교육 재학 기간도 주목해 볼 사항이다. 학교에 다니는 기간이 다 다를 수 있으며 이는 교육자에게 또 다른 어려움을 줄 수 있다. 어떤 학생은 단기간(예: 한 달) 동안 대안학교에 머물 수 있지만, 어떤 학생은 한 학기 또는 몇 년을 다닐 수 있다. 이러한 상황은 학업, 행동 또는 사회적 영역의 계획과 교육의 질에 영향을 미칠 수 있다. 따라서 교육자는 대안학교에서 장애학생들에게 적절한 '대안교육의 정량'을 제공할 준비가 되어있어야 한다. 일반학교와 대안학교 모두 장애학생을 효과적으로 교육할 수 있는 실행계획을 준비해야 하며, 두 가지 유형 모두 학교교육자는 학생의 이동성을 효과적으로 관리하기 위해 협력해야 한다.

 # 결론

이 장에서는 초·중·고 공교육에서 장애학생을 위한 세 가지 대안교육 배치 옵션에 대해 설명했다. 이 장에서 설명한 대안학교는, ① 혁신학교, ② 행동중심 대안학교, ③ 학업교정중심 대안학교이다. 각 학교는 고유한 특성을 가진다. 장애학생은 혁신학교를 선택할 수도 있고, 일반학교에서 행동중심 또는 학업교정중심의 대안학교로 진학할 수도 있다. 많은 학군이 대안교육 환경에 장애학생의 교육을 의존하고 있지만 지금까지의 연구결과에 따르면 이러한 교육환경이 장애학생에게 항상 긍정적인 학교교육경험을 제공하지는 않았다. 대안교육배치가 장애학생에게 항상 효과적이지 않다면, 교육자는 이러한 학생을 대안교육으로 보내는 이유를 다시 생각해 볼 필요가 있다. 대안교육을 경험하는 학생집단은 학업, 행동 및 사회적 영역에서 개별화되고 효과적이며 문화감응성 있는 교육을 필요로 할 수 있다. 그러므로 교육자는 이러한 특정 영역에서 효과적인 교수기술을 개발해야 한다. 학업, 행동, 사회적 영역에 걸쳐 효과적인 교수기술을 개발할 수 있는 교육자는 대안교육 환경에서 장애학생들에게 보다 높은 수준의 교육 기회를 제공할 가능성이 높다.

참고문헌

Afacan, K. (2018) *Examining the impact of early reading achievement, individual, and school characteristics on later outcomes of students with intellectual disability*(Doctoral thesis). University of Wisconsin-Madison.

Afacan, K., & Wilkerson, K. L. (2019). The effectiveness of behavior-focused alternative middle schools for students with disabilities. *Behavioral Disorders, 45,* 41–52.

Afacan, K., Wilkerson, K. L., & Ruppar, A. L. (2018). Multicomponent reading intervention for students with intellectual disability. *Remedial and Special Education, 39,* 229–242.

Amin, R., Browne, D. C., Ahmed, J., & Sato, T. (2006). A study of an alternative school for pregnant and/or parenting teens: Quantitative and qualitative evidence. *Child and Adolescent Social Work Journal, 23,* 172–195.

Bal, A. (2011). *Culturally responsive school-wide positive behavioral interventions and supports framework.* Wisconsin Department of

Public Instruction.

Bal, A., Shrader, E., Afacan, K., & Mawene, D. (2016). Using learning labs for culturally responsive positive behavioral interventions and supports. *Interventions in School and Clinic, 52*, 122–128.

Bal, A., Afacan, A., & Cakir, K. (2018). Culturally responsive school discipline: Implementing learning lab at a high school for systemic transformation. *American Educational Research Journal, 55*, 1007–1050.

Bal, A., Afacan, K., & Cakir, H. I. (2019a). Transforming schools from the ground-up with local stakeholders: Implementing learning lab for inclusion and systemic transformation at a middle school. *Interchange, 50*, 359–387.

Bal, A., Betters-Bubon, J., & Fish, R. (2019b). A multilevel analysis of statewide disproportionality in exclusionary discipline and the identification of emotional disturbance. *Education and Urban Society, 51*, 247–268.

Barber, B. R., & Gagnon, J. C. (2020). Alternative educational settings. In R. T. Boon, M. D. Burke, & L. Bowman-Perrott (Eds.), *Literacy instruction for students with emotional and behavioral disorder: Research-based interventions for classroom practices* (pp. 209–245). Information Age Publishing.

Brown, L., Long, E., Udvari-Solner, A., Davis, L., VanDeventer, P., Ahlgren, C., & Jorgensen, J. (1989). The home school: Why students with severe intellectual disabilities must attend the schools of their brothers, sisters, friends, and neighbors. *Research and Practice for Persons with Severe Disabilities, 14*, 1–7.

Carver, P. R., & Lewis, L. (2010). *Alternative schools and programs for public school students at risk of educational failure: 2007–08* (NCES 2010–

026). U.S. Department of Education, National Center for Education Statistics. Government Printing Office.

Chiang, H., & Gill, B. (2010). *Student characteristics and outcomes in alternative and neighborhood high schools in Philadelphia.* Mathematica Policy Research.

Davis, T. M. (2014). School choice and segregation "tracking" racial equity in magnet schools. *Education and Urban Society, 46*, 399–433.

Drame, E. R. (2010). Measuring academic growth in students with disabilities in charter schools. *Education and Urban Society, 42*, 379–393.

Edmonds, M. S., Vaughn, S., Wexler, J., Reutebuch, C., Cable, A., Tackett, K. K., & Schnakenberg, J. W. (2009). A synthesis of reading interventions and effects on reading comprehension outcomes for older struggling readers. *Review of Educational Research, 79*, 262–300.

Engeström, Y. (1987). *Learning by expanding.* Cambridge University Press.

Engeström, Y., Rantavuori, J., & Kerosuo, H. (2013). Expansive learning in a library: Actions, cycles and deviations from instructional intentions. *Vocations and Learning, 6*, 81–106.

Flower, A., McDaniel, S. C., & Jolivette, K. (2011). A literature review of research quality and effective practices in alternative education settings. *Education and Treatment of Children, 34*, 489–510.

Foley, R. M., & Pang, L. S. (2006). Alternative education programs: Program and student characteristics. *The High School Journal, 89*, 10–21. https://doi.org/10.1353/hsj.2006.0003

Foorman, B. R., & Torgesen, J. (2001). Critical elements of classroom and small group instruction promote reading success in all children. *Learning Disabilities Research & Practice, 16*, 203–212.

Franco, M. S., & Patel, N. H. (2011). An interim report on a pilot credit recovery program in a large, suburban Midwestern high school. *Education, 132*, 15–27.

Franklin, C., Streeter, C. L., Kim, J. S., & Tripodi, S. J. (2007). The effectiveness of a solution-focused, public alternative school for dropout prevention and retrieval. *Children and Schools, 29*, 133–144.

Gage, N. A., Grasley-Boy, N., Peshak George, H., Childs, K., & Kincaid, D. (2019). A quasiexperimental design analysis of the effects of school-wide positive behavior interventions and supports on discipline in Florida. *Journal of Positive Behavior Interventions, 21*, 50–61.

Gagnon, J. C., Gurel, S., & Barber, B. R. (2017). State-level analysis of school punitive discipline practices in Florida. *Behavioral Disorders, 42*, 65–80.

Grasley-Boy, N. M., Gage, N. A., & Lombardo, M. (2019). Effect of SWPBIS on disciplinary exclusions for students with and without disabilities. *Exceptional Children, 86*, 25–39.

Lagana-Riordan, C., Aguilar, J. P., Franklin, C., Streeter, C. L., Kim, J. S., Tripodi, S. J., & Hopson, L. M. (2011). At-risk students' perceptions of traditional schools and a solution focused public alternative school. *Preventing School Failure, 55*, 105–114.

Lange, C. M. (1998). Characteristics of alternative schools and programs serving at-risk students. *The High School Journal, 81*, 183–198.

Lange, C. M., & Sletten, S. J. (2002). *Alternative education: A brief history and research synthesis.* For full text: https://nasdse.org/docs/115_0fb 117db-a3df-4427-bae7-3226541d3e34.pdf

Lehr, C. A., & Lange, C. M. (2003). Alternative schools serving students with and without disabilities: What are the current issues and challenges? *Preventing School Failure, 47*, 59-65.

Lehr, C. A., Tan, C. S., & Ysseldyke, J. (2009). Alternative schools: A synthesis of state-level policy and research. *Remedial and Special Education, 30*, 19-32.

Losen, D. J., & Gillespie, J. (2012). *Opportunities suspended: The disparate impact of disciplinary exclusion from school.* The Civil Right Project, The Center for Civil Rights Remedies.

Losen, D. J., Keith, M. A., Hodson, C. L., & Martinez, T. E. (2016). *Charter schools, civil rights and school discipline: A comprehensive review.* The Civil Right Project, The Center for Civil Rights Remedies.

McKee, J., & Conner, E. (2006). Alternative schools, mainstream education. *Principal Leadership, 8*, 44-49.

Perzigian, A. B., Afacan, K., Justin, W., & Wilkerson, K. L. (2017). Characteristics of students in traditional versus alternative high schools: A cross sectional analysis of enrollment in one urban district. *Education and Urban Society, 49*, 676-700.

Raywid, M. A. (1994). Alternative schools: The state of the art. *Educational Leadership, 52*, 26-31.

Saporito, S. (2003). Private choices, public consequences: Magnet school choice and segregation by race and poverty. *Social Problems, 50*, 181-203.

Schirmer, E., & Apple, M. W. (2016). Democracy, charter schools, and the politics of choice. In T. L. Affolter, & J. K. Donnor (Eds.), *The charter school solution distinguishing fact from rhetoric* (pp. 19-40). Routledge.

Simonsen, B., & Sugai, G. (2013). PBIS in alternative education settings: Positive support for youth with high-risk behavior. *Education and Treatment of Children, 36*, 3-14.

Sugai, G., & Horner, R. H. (2009). Responsiveness-to-intervention and school-wide positive behavior supports: Integration of multi-tiered system approaches. *Exceptionality, 17*, 223–237.

U.S. Department of Education, Office for Civil Rights. (2018). *2015–16 civil rights data collection: School climate and safety.* Author.

Watson, S. L. (2011). Somebody's gotta fight for them: A disadvantaged and marginalized alternative school's learner-centered culture of learning. *Urban Education, 46*, 1496–1525.

Wilkerson, K. L., Afacan, K., Perzigian, A. B., Justin, W., & Lequia, J. (2016a). Behavior focused alternative schools: Impact on student outcomes. *Behavioral Disorders, 41*, 81–94.

Wilkerson, K. L., Afacan, K., Yan, M., Justin, W., & Datar, S. (2016b). Academic remediation focused alternative schools: Impact on student outcomes. *Remedial and Special Education, 37*, 67–77.

Wilkerson, K. L., Yan, M., Perzigian, A. B., & Cakiroglu, O. (2016c). Supplementary reading instruction in alternative high schools: A statewide survey of educator reported practices and barriers. *The High School Journal, 99*, 166–178.

PART 04

모든 청소년을 위한 문화감응적 긍정적 행동중재 및 지원: 실무자 프레임워크와 러닝 랩의 소개

디안 모웬(Dian Mawene), 아이딘 발(Aydin Bal),
소피아 C. F.(Sophia C. F.), 도지(Dodge),
모건 메이어 조침센(Morgan Mayer-Jochimsen)

학습목표

1. 문화감응적 긍정적 행동중재 및 지원(Culturally Responsive Positive Behavioral Interventions and Supports: CRPBIS) 프레임워크에 따른 문화감응성의 개념을 이해할 수 있다.

2. 문화-역사적 활동이론(Cultural-Historical Activity Theory: CHAT)과 문화감응적 긍정적 행동 중재 및 지원(CRPBIS) 프레임워크가 제공하는 문화감응성의 패러다임 전환을 설명할 수 있다.

3. 학교 행동지원을 시스템을 변화하는 데 있어 러닝 랩(Learning Lab)의 방법론과 그 유용성을 이해할 수 있다.

4. 모든 청소년을 위한 문화감응적 긍정적 행동지원 시스템에 기여하는 (예비)교사의 중요한 역할을 인식할 수 있다.

5. 교육에서 사회정의의 맥락을 통해 긍정적 행동중재 및 지원을 정의할 수 있다.

어떤 걱정거리가 있는가

　미국에서는 역사적으로 소수자였던 학생(예: 아프리카계 미국인, 라틴계 학생, 아메리카 원주민 학생)이 정학, 퇴학, 정서/행동장애와 같은 사건 때문에 일반 교육환경에서 불균형적으로 분리되는 일이 벌어지고 있다[E/BD; American Psychological Association (APA), 2008; Bal et al., 2017; Skiba et al., 2002]. 예를 들어, 아프리카계 미국인 학생은 전국 공립학교 학령기 등록학생의 15%에 불과하지만, 정학을 받은 학생의 거의 40%를 차지한다(Office for Civil Rights, 2018). 마찬가지로 아프리카계 미국인 학생과 아메리카 원주민 학생이 정서행동장애로 식별될 가능성은 각각 2배와 1.6배 더 높다(Office of Special Education Program, 2018). 따라서 이 장의 목적은 행동결과(정서/행동장애 및 학교 규율위반)에서 인종적 불균형을 일반교육 등록비율과 비교했을 때 정서/행동장애 및 학교규율위반에서 특정 인종집단이 과대 또는 과소 대표되는 것으로 파악하고자 한다.

　인종적 불균형은 학생들의 교육기회에 부정적인 영향을 미친다(APA, 2008; Losen & Gillespie, 2012). 미국 교육부(2020)에서 발표한 가장 최근 통계에 따르면 정학만으로도 학습 기회가 심각하게 상실되는 것으로 나타났다. 2015~2016학년도에 정학으로 인해 전국 모든 유·초·중·고 학생의 수업 시간 손실이 무려 총 천백만 일에 달했다(Losen & Gillespie, 2012). 이 중 아프리카계 미국인 학생들은 정학으로 인해 수업 시간을 5,116,846일 손해를 봤는데, 이는 모든 인종의 학생이 손실한 총 일수의 45%에 해당한다(미국 교육부, 2020). 수업시간 손실을 넘어 주류 교육환경에서 제외된 학생들은 중퇴 및 법집행 기관으로 넘겨질 위험도 더 높았다(Bacher-Hicks et al., 2019; Gregory et al., 2010).

문화감응성(cultural responsivenes)이라는 개념은 이제 미국교육 시스템과 관행에서 꼭 필요한 것이 되었다. 교사가 학생요구와 문화에 충분히 반응한다면 행동결과에서 인종격차가 해소될 희망이 있다. 따라서 학교는 종종 외부 전문가를 초대하여 문화감응성에 관한 교사교육을 실시하고 있다. 외부 전문가는 문화적으로 감응하는 것에 관한 나름의 해결방법을 가지고 있으며, 교사에게 이러한 지식을 제공한다. 한편 지역사회 구성원, 부모, 학생 특히 전문가의 조사대상이 되는 역사적으로 소수자 배경을 가진 사람들은 문화감응성이 무엇인지에 대한 논의에서 종종 제외된다. 많은 교육기관은 여전히 행동결과에서의 인종적 불균형의 격차를 줄이는 것과 역사적으로 소수자였던 부모와 지역사회 구성원을 학교 의사결정에 참여시키는 것의 두 가지 문제로 어려움을 겪고 있다. 이러한 어려움을 극복하기 위해 문화감응성을 기반으로 한 많은 노력이 이루어졌지만, 여전히 개인 수준에 머물러 있어서 이런 문제들이 사라지지 않는다. 예를 들어, 역사적으로 소수자 배경을 가진 학생들을 가르치는 방법에 대한 지식이 부족한 개별 교사에게만 교육을 제공하는 경우가 많은 반면, 교사들이 속해 있는 학교 시스템은 변화하지 않고 그대로 남아 있다.

우리는 인종적 불균형이 미국의 교육, 건강, 정의 그리고 경제체제에서 지속되는 구조적 불의와 기회 격차의 결과라고 주장한다(Bal, 2017). 따라서 문화적으로 소수인 학생을 가르치는 데 있어서 역량이 부족하다고 인식되는 교사나 행동문제가 있다고 판단되는 개별 학생에게 책임을 넘긴다면, 개별화된 해결책이 되어 개인을 더 넓은 사회적·역사적·문화적 맥락에서 분리시키기에 인종 불균형의 체계적·역사적·다차원적 특성을 다루는 데는 한계가 있다(Bal, 2017). 이 장에서 우리는 인종 불균형의 체계적 성격을 다루는 문화감응성을 바탕으로 문화-역사적 관점을 갖춘 새로운 접근방식을 제안한다. 우선 학교에서의 행동문제를 해결하기 위한 기존의 노력 몇 가지를 간략하게 소개하고자 한다.

행동결과에서의 인종적 불균형을 해결하기 위한 노력

학교의 행동문제를 해결하기 위해 긍정적 행동중재 및 지원(Positive Behavioral Interventions and Supports: PBIS), 중재반응 모델(Response to Intervention: RtI)과 같은 다층지원체계(Multi-Tiered System of Support: MTSS)가 등장했다. 다층지원체계는 학생이 중재에 적응하도록 통합하기 위해 학생의 다양한 지원요구가 필요하다고 가정하는 동시에(Collins et al., 2004), 학생의 학업, 행동, 사회·정서적 요구를 설명하는 통합모델로서의 특징이 있다(Eagle et al., 2015). 예방적 중재는 다층지원체계의 핵심이다. 따라서 이 체계를 실행하는 학교는 행동 및 학업 문제의 발생을 예방하고, 학생의 능력수준과 관계없이 개별 학생이 필요로 하는 자원에 공평한 접근을 제공하기 위한 환경조정을 궁극적 목표로 한다.

긍정적 행동중재 및 지원 모델은 학교환경을 개별 학생의 요구에 맞게 조정한다고 주장하지만, 역사적으로 소수자 배경을 가진 학생들은 행동결과에서 계속 불균형하게 구분되었다. 긍정적 행동중재 및 지원이 학교징계회부(Office Discipline Referrals: ODR)의 숫자를 줄이는 것으로 밝혀졌지만, 유색인종 학생이 더 많은 징계(ODR)를 받는 과대 대표 현상은 긍정적 행동중재 및 지원이 시행되는 학교에서도 여전히 충격적인 현실로 남아있다(Vincent et al., 2015). 긍정적 행동중재 및 지원은 학교에 내재된 문화의 복잡성을 다루는 데 어려움이 있으며, 이는 학교의 규범적 행동 기준에 영향을 미친다. 최근에서야 문화감응성에 주목하기 시작했지만 엄격한 수준으로 실시하는 것은 제한적이고(Bal et al., 2016; Rose et al., 2020), 문화감응싱이 무엇을 포함하는지에 대한 명확한 정의도 부족하다(Bal et al., 2016). 긍정적 행동중재 및 지원은 학교 시스템 차원에서 작동하지만 시스템 내의 개인과 구조는 여전히 사회적·문화적·역사적 맥락과 별개로 취급된다. 수십 년간의 연구 및 지역센터 형평성 사업에 수백만 달러를 투자했지만 행동결과의 인종적 불균형은 계속해서 지속되고 있다. 특히 역사적으로 소수자인 학생들에게 여전히 심각한 결과를 초래하고 있다(Vincent et al., 2015).

새로운 가능성: 행동문제에 대한 문화-역사적 접근

지속적인 인종 불균형을 해결하기 위해 학자들은 다음과 같은 방법을 고안했다. 바로 행동문제, 체계적 전환, 학교의 역량강화를 위한 문화-역사적 활동이론(Cultural-Historical Activity Theory: CHAT)이란 새로운 접근 방식이다. 심리학, 교육, 조직 연구 및 학습과학 분야에서 비고츠키(Vygotsky, 1978; 1993)와 그의 이론을 이은 유럽 및 미국의 학자들(Cole, 1996; 2005; Engeström, 2016)의 연구에 뿌리를 둔 문화-역사적 활동이론은 행동문제의 중요한 두 가지 방식으로 문화적 맥락을 포함한다. 첫째, 문화-역사적 활동이론은 분석과 중재의 단위로 개인의 신체, 마음, 심리에서 문제의 원인을 찾거나 지역적으로 의미있는 문화를 배제한 학교 차원의 중재를 시행하기보다는 집단활동 시스템(collective activity system)을 분석 및 중재의 단위로 사용한다(Bal, 2011). 분석단위로서 활동 시스템을 사용하면 행동 발생의 여러 구성요소와 역사적이고 경험적인 근본 원인을 포괄적으로 이해할 수 있다. 둘째, 문화-역사적 활동이론은 개인을 가족, 지역사회, 전문가, 친밀한 집단과 같은 다양한 문화활동 시스템의 참여자로서 학습하고 발전하는 사람으로 생각하고 사회적·역사적·지리적 맥락에서 분리할 수 없는 존재로 생각한다(Engeström, 2016; Rogoff, 2003).

문화-역사적 활동이론은 행동문제, 행동발생 및 장애판별 안에서 사회적·역사적으로 구성된 제도적 문화를 조사한다. 예를 들면, 문화-역사적 활동이론 중심 프레임워크는 행동발생이 마치 개별적인 행동처럼 보일 수 있지만, 실제로 결정은 문화적 이해와 일련의 요소(예: 학교의 기대행동, 행동발생 과정에 대한 규칙, 프로세스 관련 담당자, 분업, 인종차별, 성차별, 장애인차별, 뿌리 깊은 반(反)흑인주의와 같은 외국인 혐오)에 기반한다고 설명한다.

문화-역사적 활동이론은 인종화된 행동결과를 복잡하고 다면적인 체계적 문제로 간주하며, 이에 대한 해결책은 개인주의적인 문제 파악이나 획일적인 학교 차원의 시스템을 넘어서야 한다고 주장한다. 따라서 행동결과는 먼저 행동이 나타나는 문화-역사적 맥락 내에서 검토해야 한다. 미국에서 특수교육과 학교징계 관행은 인종차별이라는 사회적 시스템과 뗄 수 없는 관계에 있다. 장애는 오랜 시간 동안 인종적 소수자 집단과 이민자들을 학습, 자기관리 또는 미국 시민권을 취득할 능력이 없는 것으로 간주하는 문화적 유물로 사용했다(Baynton, 2001; 2005; Nielsen, 2012). 현대의 학교징계 관행은 문화적으로 규칙을 위반하고 학습을 방해하는 학생을 퇴학시키기 위한 방식으로 배제적 처벌을 정당한 것처럼 사용해왔다(Casella, 2003; Skiba, 2014). 문화-역사적 활동이론의 목적은 행동문제가 발생하는 역기능적이고 부당하며 장애를 유발하는 조직적 맥락을 수정하거나 중재하는 것이다(Bal, 2017). 기관의 문화가 보이면 시스템이 눈에 보이고, 따라서 인종 불균형의 기원을 찾는 근본적인 분석이 가능하다(Bal, 2017). 인종 불균형의 지속성은 지역적으로 특정한 사회-역사적 또는 학교의 지리적 맥락, 상호작용 시스템(예: 학군, 가족, 시민단체, 좀 더 광범위한 공동체)과 같은 의미있는 시스템의 변화를 요구한다.

이 장의 나머지 부분에서는 행동 결과에서 인종적 불균형이라는 문제를 해결하기 위한 실용적이면서 이론적으로 견고한 문화감응성의 가능성을 제공하고자 한다. 우리는 문화감응적 긍정적 행동중재 및 지원(CRPBIS) 프레임워크와 체계적인 변화를 위한 연구 기반 역량구축 방법론인 러닝 랩(Learning Lab)을 제시한다. 러닝 랩(Learning Lab)은 실무자, 학생, 가족 구성원 그리고 미국 내의 다른 이해관계자들에 의해 실제 교육현장에 적용하고 개선하는 도구이다.

문화감응적 긍정적 행동중재 및 지원

문화감응적 긍정적 행동중재 및 지원 프레임워크(Bal, 2011)는 과정 중심의 체계적 전환이다. 이것의 목표는 긍정적이고, 포용적이며, 학생을 지원하는 학교로 재설계하는 것으로서 지역 이해관계자를 **위해서가 아니라** 특별히 학교의 의사결정이나, 문제 해결 행동에서 배제되어 온 사람들과 **함께**하는 것이다. 문화감응적 긍정적 행동중재 및 지원의 프레임워크 안에서는 '문화감응성'을 '열린 기표(floating signifier)'로 다룬다(Bal, 2018). 즉, 지역 이해관계자에 대한 일련의 문화감응성 정의를 규정하는 대신, 지역 이해관계자가 지역적으로 의미있고 그들의 특별한 요구에 유용한 문화적 감응성에 대한 자체 정의를 귀납적이고 집합적으로 개발할 수 있는 플랫폼과 구조를 제공한다(Bal, 2018). 특히 체계적 불공정성을 경험한 이해관계자는 학교 시스템이 그들의 필요에 부응하도록 노력하기 위한 토론에 참여하여 동등한 목소리를 낼 수 있도록 한다. 문화감응적 긍정적 행동중재 및 지원의 프레임워크 안에서 문화감응성을 갖추려면 분석단위와 문제식별 및 문제해결에서 가족과 지역사회 구성원의 주도적인 역할이라는 두 가지 이상의 영역에서 패러다임 전환이 필요하다.

분석단위

문화감응적 긍정적 행동중재 및 지원의 프레임워크는 행동문제를 해결하는 데 있어 분석단위를 학교와 지역사회의 조직문화로 파악하여 문화-역사적 활동이론을 실행한다. 문화감응적 긍정적 행동중재 및 지원은 행동과 규범에 대한 해석, 사용되는 도구 및 상징, 행동 기대, 결과 그리고 성과를 정의하고 협상하는 학교의 준비와 같은 행동 판별에 영향을 주는 문화적 및 체계적 요인에 중점을 둔다(McDermott et al., 2006). 일상적인 학교 관행에서 문제행동 식별은 일반교사, 특수교사, 학교심리학자, 체육관 및 학교식당 직원에 이르기까지 모든 교직원이 공동으로 참여한다. 문제행동의 식별은 학교 행동 시스템과 규칙과 같은 유형의 문화적 도구뿐만 아니라 추측, 인식, 규범과 같은 무형적 도구에 의해 성립된다. 따라서 문화감응적 긍정적 행동중재 및 지원은 개인의 행동과 마음 대신 지역사회 체계를 분석단위로 삼는다.

문제해결을 위한 부모와 지역사회 구성원의 역할

문화감응적 긍정적 행동중재 및 지원 패러다임 변화의 두 번째 측면은 인종화된 행동결과의 체계적인 변화를 위해서 학교 이해관계자의 역할을 개념화해야 한다는 것이다. 일반적으로 교사, 부모, 지역사회 구성원 그리고 학생은 문제해결을 위한 전문가의 처방을 기다리는 시스템에서 수동적 위치에 있다(Bal et al., 2018). 학교를 **위한** 학교 시스템은 전통적으로 외부 전문가(예: 컨설턴트 및 기술지원센터)에 의해 설계된다. 그래서 '대학의 전문가들은 당신에게 무엇을 하라고 하던가요?'와 같은 질문은 '누가 더 많은 지식을 갖고 있는가?' 따라서 학교문제의 해결책을 제공할 특권을 가진 사람이 누구인가?'와 같은 전통적인 서사를 말해준다. 소위 전문가라 불리는 사람들이 현장에 대한 전문지식과 해당 문제에 대한 맥락적 이해가 부족하다는 점을 고려할 때, 그들의 해결책은 학교 공동체가 경험하는 조직문화와 구조에 의해 만들어진 인종적 불균형을 해결하지 못한다. 그래서 문화감응적 긍정적 행동중재 및 지원은 함께 모여 연합을 형성한 조직과 기관에 투자하는데, 이는 이해관계자의 경험과 관점을 근본적인 지식의 원천으로 여기기 때문이다. 시스템의 의미있는 변화가 일어나기 위해서는 하향식이 아닌 상향식으로 변혁이 일어나야 한다(Bal, 2011). 문화감응적 긍정적 행동중재 및 지원에서는 학부모, 지역사회 구성원, 교사, 학생 그리고 지역사회 기관과 같은 학교 이해관계자의 경험, 가치 및 관점, 특히 비주류 문화적 배경을 가진 사람들과 학교 시스템에 의해 삶에 큰 영향을 받은 사람들의 경험을 자산으로 여긴다. 학교 관계자들은 그들의 풍부한 경험과 관점을 활용하여 인종적 불균형이라는 시스템적 문제의 근본 원인을 종합적으로 파악하고 학생들의 요구와 관련된 새로운 시스템을 (재)설계한다.

포괄적인 문제해결 및 시스템 재설계 방법론으로서의 러닝 랩

두 가지 패러다임을 실천하기 위하여 Bal(2011)은 포괄적 문제해결 (inclusive problem solving)의 방법과 러닝 랩(Learning Lab)이라 불리는 체계적 설계 방법론을 개발했다. 러닝 랩은 형성적 개입모델(Engeström, 2011)로써 학교를 대표하는 다양한 구성원인 학부모, 학생, 지역사회 구성원, 학교 전문가들이 학교, 학생, 지역사회의 맥락과 자원에 문화감응성을 반영한 행동지원 시스템 등 자체 시스템을 공동으로 개발하는 방식이다.

러닝 랩의 구성원은 한 학년 또는 한 학기 동안 매월 혹은 격주로 만나 근본 원인을 분석하여 시스템적 문제(예: 학교규율 위반 또는 특수교육에서의 인종적 불균형)를 파하고 기존 시스템을 검토하여 문화감응성을 반영한 새로운 시스템을 설계하고, 새로 설계된 시스템의 실행을 모니터링한다. 그렇게 함으로써 구성원들은 학교 시스템(예: 학교 행동체계)을 보다 정의롭고, 지역적으로 의미있으며, 문화감응성을 반영한 방식으로 혁신한다. 이러한 러닝 랩은 가족-학교-지역사회 파트너십을 통해 시스템을 근본부터 혁신함으로써, '문화감응적 긍정적 행동중재 및 지원에서 문화감응성의 실행정의'을 실천한다(Bal te al., 2016; Bal, 2016; Bal et al., 2018). 이제 위스콘신주 소재 학교에서 진행된 여섯 개의 러닝 랩 사례를 통해 러닝 랩의 과정을 자세히 살펴보고자 한다.

교내 러닝 랩

러닝 랩은 위스콘신주의 도시, 교외, 지방에 있는 초등학교, 중학교, 고등학교 각각 2개교와 플로리다주의 한 학군 내의 중학교 5개교, 인디애나주의 동일 학군 내 중학교 5개교, 브라질 리우데자네이루 시의 시각장애학교 1개교에서 시행되었다. 위스콘신주에서는 문화감응적 긍정적 행동중재 및 지원 연구팀이 MLK 고등학교, 노스우드 고등학교, 로고프 중학교, 콜 초등학교의 4개 학교에서 연구 목적으로 자료를 수집했다. 사례별 맥락을 파악하기 위하여 각 학교에 대한 간단한 설명과 함께 인종에 따른 행동결과와 관련된 내용을 다룰 것이다.

MLK 고등학교

MLK 고등학교는 매년 약 2,000명의 학생이 재학하는 도시의 고등학교이다. MLK 고등학교의 백인 학생은 졸업 후 좋은 대학을 선택하기 위해 매우 바쁘지만, 아프리카계 미국인같이 역사적 소수자인 학생은 부정적인 학업 및 행동결과로 교실에서 퇴출당하여 교육기회를 잃는 등 많은 어려움을 겪고 있다. MLK 고등학교의 아프리카계 미국인 학생들은 학교 징계를 압도적으로 많이 받았다(Bal et al., 2018). 이들은 전체 학생의 13.5%에 불과하지만 이 학교 전체 정학 건수의 60% 이상을 차지한다. 또한 아프리카계 미국인 재학생의 78%는 모종의 처벌을 받은 경력을 갖고 있다(Bal et al, 2018).

노스우드 고등학교

위스콘신주 북부 시골에 있는 노스우드 고등학교도 MLK 고등학교와 매우 비슷한 상황이다. 이 학교는 위스콘신주 북부 아메리카 원주민 보호구역에 거주하는 원주민 학생을 포함한 5개 학군과 12개의 거주구역의 학생을 대상으로 한다. 수십년 동안 노스우드 고등학교의 아메리카 원주민 공동체는 그들의 문화적 관습과 존재 및 행동 방식을 부정당하는 트라우마를 여러 세대에 걸쳐 경험했다. 아메리카 원주민 학생들은 이 학교가 여전히 고통을 주는 식민지 제국주의의 장소로 경험할 수 있는 상황이다. 2018년 아메리카 원주민 학생은 전체 학생의 20%에 불과했지만, 정학 징계를 받는 학생은 총 정학 건수의 40% 이상을 차지한다. 또한 아메리카 원주민 학생들은 백인 학생들보다 훨씬 낮은 수능시험(American College Testing: ACT) 점수를 받으며 학업에 어려움을 겪고 있다.

로고프 중학교

로고프 중학교는 도시 지역에 있다. 로고프 중학교의 전체 학생 중 백인 학생이 35.1%, 라틴계 학생이 27.8%, 아프리카계 미국인 학생이 19.4%, 아시안 학생이 7.1%였다. 로고프 중학교는 다양한 요구를 가진 학생들에게 교육 서비스를 제공해 왔다. 전체 학생 중 18%가 특수교육을 받고 있었고, 전체 학생의 4분의 1이 영어를 배우는 학습자로 확인되었다(Ko et al., 2021). 가족-학교-지역사회 파트너십에 참여하려는 학교의 노력과 학교 내 인종 불균형의 격차를 인정하려는 노력에도 불구하고 아프리카계 미국인의 학교징계는 더욱 두드러지게 나타났다(Ko et al., 2021).

콜 초등학교

마지막으로 콜 초등학교는 교외 지역에 있는 초등학교로 수십 년 동안 학군 내 인종적·경제적으로 소수인 학생들 대부분에게 서비스를 제공해 왔다. 즉, 이 학교에 인종적·민족적·경제적으로 소수인 학생의 등록률은 학군 평균보다 2배 이상 높았다. 콜 초등학교의 교사들은 특수교육과 배타적 징계에서 인종적 불균형에서 나타나는 것처럼 점점 더 다양해지는 학생을 지원하는 데 어려움을 겪고 있다. 러닝 랩이 도입되었을 때 학교는 이미 긍정적 행동중재 및 지원을 시행하고 있었다. 하지만 콜 초등학교에서의 아프리카계 미국인 학생은 전체 학생 중 15.7%에 불과하지만, 37%가 정학 징계를 받았다.

러닝 랩 실행하기

러닝 랩의 과정은 학교 또는 학군이 문화감응적 긍정적 행동중재 및 지원 연구팀과 연계되며 시작한다. 우리가 대학과 지역사회의 관계를 구축하는 데 시간과 자원을 투입하고, 학교의 리더십 팀이 프로젝트에 전념하면 러닝 랩이 시작된다. 연구팀과 학교 리더십 팀은 러닝 랩 현장과 진행자(연구팀) 간의 의사소통을 원활히 연결하는 담당자(자원에 따라 1~2명의 연락담당자)를 두기로 결정한다. 러닝 랩은 **러닝 랩 구성하기, 질문하기, 분석, 모델링, 검토, 실행계획, 러닝 랩 과정과 성과 돌아보기, 실행**이라는 변화 주기를 따른다([그림 4-1] 참조).

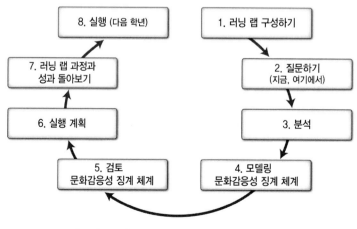

[그림 4-1] 러닝 랩 변화 주기(Bal, 2016)

이러한 변화 주기는 기존 학교체계를 검토할 때 다양한 관점을 활용하고 문화감응적 시스템을 새롭게 설계할 수 있는 단계를 제공한다. 문화감응적 긍정적 행동중재 및 지원팀이 각 러닝 랩을 지원하지만, 학교마다 체계전환에 대한 접근방식은 다르다. 예를 들어, 우리는 어떤 학교에서는 다른 학교보다 특정 단계(예: 질문 및 분석)에 더 많은 시간을 할애하는 것을 관찰했다. 러닝 랩 구성원들은 격주 또는 월간으로 회의하는데, 대략 총 8~10회이다. 회의 시간은 구성원의 시간에 따라 유동적이었다.

각 회의는 변화 주기에서 집단행동에 의해 정보를 제공받는 고유한 목표가 있다. 다음에서는 각 단계의 구체적인 예를 들어 설명하고자 한다.

1단계: 러닝 랩 구성하기   러닝 랩을 시작하는 첫 번째 단계는 러닝 랩 구성원을 식별하고 모집하는 것이다. 러닝 랩을 구성할 때 공식적으로 정해진 구성원의 수는 없지만, 연구에 따르면 비판적 토론이 포함된 체계적 설계를 하기 위해서는 10~15명의 구성원이 가장 효과적이라고 알려졌다(Bal et al., 2018). 일반적으로 구성원은 다양한 역할(예: 교사, 학교 관리자, 학부모, 지역사회 대표, 학생)과 인종/민족, 성별, 연령의 다양성을 가진 사람들로 구성된다. 특히 체계적인 변화를 위해 중요한 것은 각 러닝 랩에서 그동안 소외되었던 이해관계자와 배타적이고 반응적인 규율에 노출됐던 사람들을 포함하는 것이다(Bal, 2011). 학교 리더십(교장, 긍정적 행동중재 및 지원 코디네이터, 교감)은 체계적 전환을 위해 헌신하는 학부모, 학생, 지역사회 구성원, 교사가 누구인지 파악하는 것부터 시작한다. 먼저 구성원들은 연구팀에 날카롭고도 다양한 관점을 포함하기 위해 처음 몇 회기 동안은 "누구의 목소리가 빠졌을까?" "또 누가 포함되어야 할까?"라는 질문을 던지며 연구팀에 초대할 사람들을 더 찾아본다. 사례로

MLK 고등학교가 구성원의 대표성을 확보하고자 했던 회의록을 발췌하여 제시한다.

> 엘리스(학부모): 제가 기억하기론 우리가 지난 시간에 학생의 대표성에 대해 말했던 거 같아요. 이것은 우리가 실행할 수 있는 무언가를 마련하는 데 있어 매우 중요한 요소에요.
>
> 레지나(교장): 우리는 모두 각자 관점을 가지고 있지만, 실제로 그들의 입장이 되지는 않아요. 그래서 우리가 시행하고 있는 징계체계를 그들이 어떻게 생각하는지, 그것이 실제인지, 어떻게 인식되는지, 그들이 어떻게 대우받고 있다고 느끼는지 살펴보는 것이 중요하다고 생각해요. 이 점은 아주 중요하다고 생각합니다.
>
> 크리스(학부모): 저는 개인적으로 학부모로서 성적이 나쁘고 문제가 많은 학생의 학부모와 학교에서 힘든 시간을 보내고 있는 학생의 학부모 입장을 정확하게 대변하지 못한다고 생각해요. 그들은 아마 제가 모르는 무엇인가 있을 거예요. 학교에서 이런 어려움을 겪고 있는 학생의 부모를 더 많이 파악할 수 있다면 학부모 입장에서 더 나은 관점을 제시할 수 있을 거예요.
>
> 산드라(학부모): 저는 아프리카계 미국인 학부모의 대표성이 충분하지 않다고 생각합니다. …… 특히 그들이 우리가 이야기하고 싶어하는 주요 집단이기 때문에 더욱 그렇습니다.

앞서 살펴본 바와 같이 비판적인 관찰력을 가진 구성원들은 그들 스스로 대표성을 검토한다. 다시 말해 러닝 랩의 과정은 내부에서 집단적으로 만들어진다. MLK 고등학교의 러닝 랩 구성원은 인종적 불균형이 다수의 아프리카계 미국인 학생에게 미치는 영향에 관해 이야기하면서, 정작 그들을 대표할 아프리카계 미국인 학부모 대표 또는 학생 대표가 팀에 없다는 것을 대화하는 동안 깨달았다. 이 논의를 통해 구성원들은 최근 졸업한 라틴계 학생과 지역사회의 아프리카계 미국인 주민을 모집했고, 이들의 관점과 경험이 연구팀에 크게 이바지했다.

2단계: 질문하기 두 번째 단계는 학교징계, 학교 분위기, 행동문제, 행동결과의 인종적 격차와 관련하여 구성원이 경험하는 긴급한 문제(걱정 갈등, 이중 삼중의 곤경)를 파악하는 것이다. 이 단계에서 구성원들에게 일상적인 관행, 매일 직면하는 문제, 행동문제 및 학교 분위기와 관련한 인종중립적인 결정, 규칙 및 가정으로 보일 수 있는 것에 대해 질문하도록 요청한다. 러닝 랩 구성원들은 기존 학교체계를 분석하고 수면 위로 보이지 않는 시스템을 가시화한다. 이 단계는 구성원들이 기존 시스템을 향한 긴장, 두려움, 분노를 공유할 수 있는 장이 된다(Bal, 2016). 예를 들어, 구성원들은 '무례함' 또는 '불복종'이 어떻게 정의되고 적용되며, 어떤 결과를 가져오는지 자신들의 경험을 공유하면서 살펴보았다. 또한 구성원은 인종별 행동자료를 세분화하여 평가한다. 로고프 중학교에서 한 위원은 배타적 징계를 줄이기 위해 학교의 노력과 그 결과를 조사했다.

> 바라바라(교사): 같은 건물 안에 있는 그 어떤 학생과 비교해도 여전히 아프리카계 미국인 학생이 징계에 더 많이 회부됩니다. 이 자료는 여전히 우리가 해결하지 못한 불균형이 존재한다는 것을 보여주네요. 이것이 우리가 여기 있는 이유입니다. 우리는 무엇이 이러한 단절을 만드는지, 왜 비행 건수는 줄어들고 있는데 불균형 문제는 여전히 높은지 알아내야 합니다.

로고프 중학교의 연구팀은 인종별로 세분화된 학교의 행동결과 자료를 분석함으로써 개별 학생을 보는 것에서 벗어나 체계, 즉 특정 인종/민족 집단의 학생에게는 효과가 있지만 다른 학생에게 효과가 없는 현 체계의 결함이 무엇인지에 관심을 돌리게 되었다. 구성원은 전체 학교 징계학생 (ODRs) 회부의 수는 감소했지만, 아프리카계 미국인 학생들은 여전히 불균형적인 비율로 징계에 회부되고 있다는 사실을 깨달았다. 이 단계를 통해 러닝 랩 구성원들은 개인의 결함만 집중하지 않고 그들이 해오던 관행에도 의문을 제기하기 시작했다.

3단계: 분석하기 의문을 제기한 이후, 러닝 랩 구성원들은 '분석하기' 단계에 들어선다. 이 단계에서는 산포도를 작성하고, 과거와 현재과정을 모두 분석하여 기존 학교체계를 종합적으로 파악한다([그림 4-2] 참조). '분석하기' 단계는 러닝 랩 구성원들이 현재 징계체계를 이해하고 그 체계가 소수자 배경을 가진 학생들에게 불합리하게 적용되는 방식을 알아보기 위한 충분한 시간과 자원을 할애한다.

[그림 4-2] 러닝 랩 구성원이 기존 행동지원체계에 대한 체계도를 그리는 과정

콜 초등학교에서는 다음과 같이 러닝 랩 구성원들이 그들의 체계를 시
각적으로 만들어 학교징계회부의 일반적인 현실에 관한 토론을 한다.

> 산디(교사): 학교 징계의뢰를 위한 공식적인 서류가 있는데요. 불복종이
> 나 무례함 정도는 그 건수도 많지만 그래도 교사가 관리합니다.
> 선생님들이 교실 내에서 매우 잘 관리하고 있고, 공식적인 징계
> 의뢰서가 작성되지 않도록 하고 있습니다. 하지만 신체적 공격은
> 기록으로 남기지 않기 어려워 문서로 작성하여 아이들이 교장 선
> 생님 방에 불려가게 됩니다.
>
> 마리아(교사): 징계의뢰가 적용되는 장소는 우리가 주목해서 분류해 놓
> 은 모든 곳입니다. 공식적인 징계의뢰서는 놀이터, 교실, 식당,
> 복도, 화장실, 음악실, 체육관, 버스, 교무실, 컴퓨터실, 주차장
> 그리고 버스까지 매우 광범위한 장소를 포함합니다. 우리 학교는
> 많은 학생이 버스를 이용하지 않아서 공식적인 징계 의뢰가 많이
> 일어나는 장소는 대부분 놀이터입니다. 교실은 두 번째 장소고
> 요. 시간대별로 보면, 징계에 의뢰되는 행동은 대부분 쉬는 시간
> 이나 점심시간에 가장 큰 폭으로 증가합니다.

콜 초등학교의 연구팀은 어떤 종류의 행동으로 인해 징계의뢰가 가장
많이 발생하는지, 또 문제행동이 가장 많이 발생하는 장소가 어디인지 산
포도로 확인함으로써 사건의 발생 원인을 파악할 수 있었다. 이러한 체계
적인 분석은 교사-학생 관계의 중요성, 학교 교직원 대상 교육의 필요성,
학생이 공간을 이동하는 방식에 대한 문제를 강조했다. 행동문제가 주로
발생하는 시기와 장소를 파악함으로써 연구팀 구성원들은 이러한 문제가
발생하는 원인을 파악하고 이러한 시스템적 문제를 해결할 수 있는 해결

방안을 공동으로 개발한다.

4단계: 모델링 모델링 단계에서는 구성원들이 인종, 역할, 공간에 따른 기존 체계의 문제점을 수면 위로 드러내는 것을 넘어서 체계를 개선하는 단계로 접어든다. 구성원들은 "우리가 무엇을 하면 좋을까?" "우리가 무엇을 바꿀 수 있을까?"와 같은 질문에 답과 해결책을 제시하였다. 또한 그들은 이상적인 해결방법에 대해 처음 생각할 때 창의적이고 제약 없이 행동할 수 있도록 권장하였다. 그림 그리기나 다이어그램 작성은 학교에서의 문제에 대한 접근 방식을 다르게 생각할 수 있도록 도와주었다. [그림 4-3]은 MLK 고등학교에서 구성원들이 새로운 행동지원체계를 설계한 방식을 보여 준다. 이 그림에서 연구팀 구성원은 이상적인 체계적 해결방안을 도출하기 위해 모두를 위한 기대행동을 설정하는 것에서 시작한다. 이를 통해 징계체계의 시작점을 '문제 학생'에 두는 관행에서 멀어지게 하고, 학생을 위한 구조적 지원과 학부모와의 체계적인 관계를 구축할 필요가 있다는 점이 제기되었다.

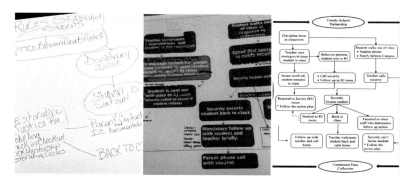

[그림 4-3] MLK 고등학교의 러닝 랩 구성원들이
새로운 행동지원체계를 모델링한 과정

5단계: 검토 검토는 모델링 단계와 거의 동시에 진행될 수 있으며, 구성원들이 실제 상황에서 시도해 봄으로써 새로운 문화감응체계의 역동성, 가능성, 한계를 충분히 파악한다. 그런 다음 구성원들은 "새로운 체계를 개발하면서 놓친 점은 무엇인가?" "실용적인가, 아닌가?" 등을 질문한다. 다시 말하면 이 작업이 바로 '현장 점검'이다. 더 나아가 구성원은 새로운 문화감응성 체계에 필요한 자원과 업무분담에 대해서도 논의한다. 노스우드 고등학교의 러닝 랩에서는 새롭게 개발된 문화감응적 학교징계 체계를 검토하면서 특수교육 사례관리사는 자신의 경험을 통해 학생이 교실에서 퇴출된 후 교직원과 교사 간의 이상적인 의사소통 과정에서 누락된 내용을 확인하였다.

> 그웬윈(특수교육 사례관리사): 특수교육 사례관리사도 이 과정에 참여해야 해요. 학생이 교무실에 보고되어도 사례관리사는 그 사실도 그리고 최종결과가 무엇인지도 모르는 경우가 많아요. 그리고 학생과 함께 이러한 문제를 해결하고 이 일을 처리하는 데 가장 적합한 사람이 누구인지에 대해 이야기할 때, 그것은 학생이 가장 신뢰하는 사람, 그러니까 원주민 멘토, 상담사, 사례관리사예요. 그런데 많은 경우 이들이 이 과정에서 소외되고 있어요.

처벌체계는 문제행동이 발생했을 때 학생을 처벌하기 위해 만들어진 것이다. 그 과정에서 학생은 문제대상으로 취급되기 때문에 학생을 옹호하는 지원은 종종 누락된다. 하지만 우리는 이 체계에서 누락된 것이 무엇인지 인지한 특수교육 사례관리사의 경험적 지식을 통해 일반학급으로부터 배제당한 학생을 지원하기 위해 새롭게 행동지원체계를 개선할 수 있었다. 즉, 학생이 일반교실에서 퇴출될 때 특수교육 사례관리사나 원주민 멘토 같은 사람이 의사소통 과정에 참여하도록 하는 것이다.

6단계: 실행계획 연구팀 구성원은 인종차별 문제를 드러낸 후, 구조적인 원인을 탐색하여 새로운 체계를 개발하였다. 하지만 여전히 학교에 새로운 체계를 구현해야 하는 과제가 남았다. 노스우드 고등학교 러닝 랩은 대학 기반의 연구팀 지원을 받아 새롭게 설계된 체계를 구현하기 위한 최초의 문화-역사적 활동이론 기반 형성적 중재시도이다. 이 글을 쓰는 시점에서 노스우드 교장의 약속에 따라 2021년 가을 시행에 앞서 제도적 준비를 진행하고 있다. 실행계획을 위해 노스우드 고등학교는 학교의 다층지원체계(MTSS) 코디네이터, 학생 2명 그리고 6명의 기존 러닝 랩 구성원으로 실행팀을 구성하였다. 이 시기 발생한 코로나19 팬데믹으로 인해 실행팀은 새로운 문화감응성 행동지원체계의 실행계획을 위한 회의를 비대면으로 진행하였다. 실행팀은 2가지 목표를 세웠다. ① 더 큰 공동체의 참여를 끌어내고, ② 새롭게 개발된 문화감응적 행동지원체계를 운영하는 것이다. 첫 번째 목표에는 교직원, 학생, 부족공동체 대표 및 지역사회, 학부모, 학교 이사회 위원 등 학교 이해관계자에게 새로운 체계를 소개하고 피드백을 받는 등의 활동이 포함된다. 두 번째 목표인 문화감응적 체계 운영에는 학교 전반의 가치 정의하기와 같은 활동이 포함된다.

이 장을 집필하던 중 실행팀은 새로운 체계의 측면(진정한 관계구축, 보편적인 기대행동)을 추가로 운영하는 과정을 거치고 있었다. 실행팀은 노스우드 고등학교 교장의 지원으로 두 차례 전문성 개발 회의와 한 번의 담임 회의를 통해 새로운 체계를 알리고 교직원과 학생으로부터 문화감응적 보편적 기대행동에 대한 피드백을 받았다. 이 두 가지 목표가 달성되면 학교는 새로운 체계를 전면적으로 시행할 것이다. 우리는 새 체계를 시행한 후에 학교 분위기와 불균형 비율에 미치는 영향을 측정하기 위해 자료를 수집할 계획이다.

7단계: 러닝 랩 과정과 성과 돌아보기 러닝 랩의 변화 주기가 일단락 되면 구성원들은 "무엇이 효과가 있었는지(또는 없었는지)?" 등의 질문을 주제로 토론하면서 과정을 돌아본다. 여러 곳에서 러닝 랩 구성원들은 러닝 랩이 집단적 주체성을 구축하고 협력적 의사결정에 참여하며, 역사적으로 소외된 사람들의 목소리를 의미 있게 포함할 수 있는 효과적인 방법론이라고 인식했다. 러닝 랩은 역사적으로 소외된 학생을 위해 더 나은 지원을 제공하는 방향으로 체계를 변화시키는 최초의 의미 있는 노력이다. 노스우드 고등학교의 한 학생은 이렇게 말했다.

> 대런(학생): 이 경험은 달랐어요. 제가 예측했던 것과 아주 많이 달랐죠. 우리가 하는 방식을 바꾸고, 저뿐만 아니라 제 뒤에 올 모든 친구와 후배 학생을 위해 더 나은 세상을 만들고 싶어 하는 사람이 있다는 사실이 정말 멋졌어요. 그래서 저는 그곳에서 의견을 주신 모든 분의 의견을 듣고 배우는 것을 즐겼고, 제 의견도 최선을 다해 말씀드리려고 노력했습니다. 아주 특별한 경험이었습니다. 저는 무언가 이 과정의 일부가 된 느낌이 드네요. 제 나이 또래 많은 애들이 일반적으로 자신을 도와주려는 사람들에게 익숙하지 않거든요. 대부분 모든 것을 스스로 해야 하고 모든 것을 스스로 알아내려고 노력해야 하는데, 다행히도 저는 많은 사람이 도와주려고 노력했습니다. 사람들이 저를 아끼고 제가 잘 되기를 원한다는 것을 알게 되어서 좋았어요.

러닝 랩은 아메리카 원주민 학생에게 반응적이었던 체계 수준에서 그들을 지원하는 체계, 즉 그들의 존재와 삶을 중요시하는 체계로 변화하고 있다는 희망을 주었다. 학생뿐만 아니라 교육자도 집단적 주체성과 포용적 의사결정의 이점에 대해 언급하였다. 로고프 중학교 교장은 다음과 같이 말했다.

> 레인 B(교장): 사실은 학교 안 사정만 알고 지내는 나의 관점과 학부모의 관점이 다르기 때문에 이번에 학부모로부터 많은 것을 배울 수 있었습니다. 이것은 매우 특별했고, 많은 교사와 사람들이 실제 교실에서 이상을 구현하기 위해 함께 노력하게 되어 기쁩니다. "이걸 교실에서 이렇게 해야 한다"라는 관점이 아니라 "내 교실에서 이걸 실제로 어떻게 구현할 수 있을까?"라는 것으로 변화한 거죠. 그래서 저에게 효과가 있었던 것들에 대해 이야기할 때, 사람들의 다양한 목소리가 도움이 되었습니다.

이러한 이야기들은 러닝 랩이 대화와 협력을 위한 하이브리드 공간을 제공했고 개별 구성원, 즉 교사, 관리자, 학부모, 학생 지역사회 구성원이 서로의 관점을 배울 기회를 제공했다는 것을 알게 해 준다. 학교-부모-지역사회-대학의 협력 노력에는 '누가 지식을 소유하였는가?'에 대한 (비)가시적 위계가 존재하며, 의견 불일치는 때론 변화의 장애물로 작용하고 부정적 인식을 낳는다. 러닝 랩은 이러한 우려를 불식하는 데 도움을 주었다. 이는 다양한 목소리를 불협화음이 아닌 다양성으로 바라보며, 모든 정체성/역할은 매우 중요한 지식을 제공한다고 생각했고, 각 관점에는 고유한 무게와 타당성 그리고 이야기가 있다고 여겼기 때문이다(Bakhtin, 1981).

실무와 정책에 대한 시사점

러닝 랩은 교사, 지역사회 구성원 그리고 학교가 학교 시스템을 근본부터 혁신할 수 있도록 공동의 목소리를 내어 체계적으로 전환할 수 있는 플랫폼을 제공한다. 러닝 랩의 과정을 안내하는 변화 주기는 경영, 컴퓨터 과학, 건강, 교육과 같은 다양한 분야에서 활용된다. 이 러닝 랩 모델의 보편성과 유연성 덕분에 체계적인 변화가 필요한 거의 모든 환경에 적용할 수 있다. 하지만 우리는 러닝 랩이 인종적 불균형과 같은 수 세기 동안 이어진 문제에 '만병통치약'이 될 수는 없다는 것도 알고 있다. 이 장에서는 비록 하나의 러닝 랩이 조직적인 차별과 억압을 뒤집을 수는 없지만, 역사적으로 소수인종 학생들에 대한 차별을 고착화하고 지속시키는 가시적·비가시적 관행을 총체적으로 인정하고 논의할 수 있는 공간을 제공함으로써 기여해 온 점을 확인할 수 있을 것이다. 러닝 랩은 다양한 이해관계자, 학교 관리자, 제도적 불공정을 경험하는 공동체에 동기부여, 조정, 헌신을 요구하는 작지만 의미 있는 시도이다.

예비교사를 위한 러닝 랩의 시사점

러닝 랩에서 교사는 공평한 교육체계를 위한 긍정적인 변화를 위해 중요한 역할을 한다. 교사는 교실, 학교, 공동체에서의 불공정과 삶의 경험에 대한 중요한 지식을 가지고 있다. 러닝 랩에서 강조하듯, 불공정을 인식하고 지역 이해관계자들이 이에 맞서 싸우기 위해 노력할 때 체계적 전환이 근본적으로 철저하게 일어날 수 있다. 이 중요한 작업에 참여하기 위해 (예비)교사는 다음 두 가지 활동에 참여할 것을 권장한다. 첫째, 그들이 일하는 지역사회에 대한 문화적·역사적 인식에 귀를 기울이고 세워나 간다. 둘째, 그들이 실천하는 교육체계를 비판적으로 질문하고 항상 성찰 하여 불공정이 어떻게 강화되고 유지되는지 살펴본다.

러닝 랩에서 제안한 것처럼 다양한 관점을 가진 사람들의 이야기를 듣 는 것은 자신이 일하는 공동체에 대한 인식을 구축하는 여러가지 방법 중 하나이다. 교사는 학급, 학교, 지역사회 전반의 다양한 이해관계자들과 관계를 맺음으로써 학교의 기능과 구성원들의 행동 및 협업 방식에 영향 을 미치는 요인에 대해 더 깊은 문화적·역사적 이해를 할 수 있다. 또한 때로 침묵당하는 소수자가 목소리를 높이고, 존중받을 수 있도록 지원할 수 있다. 이러한 성찰은 이 장의 처음에 다루었던 패러다임 전환을 확립 하는 데 도움이 된다.

자신이 직무를 수행해 온 체계에 의문을 제기하는 것은 불평등한 체계 를 바로잡는 데 도움이 되는 또 하나의 행동이다. 러닝 랩에서 교사들은 다양한 이해관계자와 대화를 통해 징계정책, 의사소통 채널, 기타 학교정 책의 모순이나 인종적 불평등을 인식하게 된다. 이러한 논의가 이루어지 는 공간을 찾고 옹호하는 것은 교육계에서 공평한 시스템을 새롭게 구축 하기 위한 행동을 촉진하기 위해 취할 수 있는 중요한 조치이다. 러닝 랩 은 다른 사람의 이야기를 경청하고 토론에 참여하는 것이 차별과 억압처 럼 불평등을 지속시키는 가시적 또는 비가시적인 관행을 인식하는 데 영 향을 미친다는 사실을 드러냈다. 따라서 이러한 과정에 참여함으로써 교 사들은 억압과 불공정한 체계가 어떻게 강화되고 유지되는지 더 잘 인식 할 수 있게 된다. 이러한 지식을 바탕으로 교사는 체계적 불평등을 영속 화하는 보이지 않는 관행에 더 잘 대응할 수 있다.

결론

학교의 구조적 인종차별은 국가적인 문제지만 그 뿌리는 각 지역에 있다. 인종적 불균형 해결을 위해 지역 기술지원센터에서 다양한 노력과 막대한 예산을 사용하였음에도 불구하고 이 문제가 현재도 지속되고 있다. 지속적인 인종 불균형의 현실은 교육 시스템이 문화감응전략을 개발하도록 강력히 요구하고 있으며, 문화감응교육이 불공정을 해결할 수 있다는 희망이 있다. 그러나 외부 전문가들이 개발한 대책에도 불구하고, 학교 안에서 소수인종 학생들의 피해는 모든 학생에게 일률적으로 적용하는 해결방안으로는 별로 나아지지 않았다. 러닝 랩 방법론은 지역 이해관계자의 헌신과 주도적 참여를 통해 근본적인 체계적 전환이 가능하다는 점을 강조한다. 지역 이해관계자는 지역사회 불공정의 깊이와 영향에 대한 생생한 경험을 가진 전문가이다. 또한 이들의 헌신은 미래 세대에게 영향을 미칠 장기적인 노력이다. 우리는 이 장의 간략한 요약, 학습성과 검토, 독자를 위한 주요 시사점에 관한 질문으로 마무리하고자 한다.

이 장은 학교에서의 문화감응성의 다양한 개념에 관한 토론으로 시작했다. 우리는 문화감응성 이해를 기반으로 한 행동결과의 인종적 불균형을 해결하기 위한 노력이 소수인종 학생들에게 어떻게 그리고 왜 실패했는지 보여 주었다. 이에 대한 대안으로 우리는 문화감응적 긍정적 행동중재 및 지원을 통해 문화감응적 문화-역사적 활동 접근법을 제시했다. 우리는 러닝 랩 방법론을 통해 운영 방식을 설명하고, 실제 유·초·중·고등학교에서 진행된 관련 프로젝트를 사례로 제시했다. 독자들은 문화감응적 긍정적 행동중재 및 지원이 제공하는 패러다임의 변화와 학교 안에서 인종 불균형을 설명하기 위한 러닝 랩 운영 방식을 설명할 수 있어야 한다. 또한 우리는 예비교사들이 러닝 랩을 통해 교육자, 가족, 학생, 지역사회 구성원의 전문성을 동원하는 방법을 알고, 체계적인 러닝 랩이 인종 차별적인 교육을 타개하는 데 어떠한 역할을 했는지 생각하기를 바란다. 이 장의 마지막은 독자들에게 생각할 질문을 제시하며 마무리하려 한다.

① 당신의 교육기관은 학교-가족-학생-지역사회의 협력적 주체성을 발휘할 기회를 제공하고 있는가?

② 러닝 랩과 같은 포괄적 문제해결 및 시스템 설계 과정이 교육 현장에서 어떤 종류의 시스템적 문제를 해결할 수 있는가?

③ 협력과 통합적인 문제해결을 위한 공간을 구축하고 기관에서 이러한 공간을 유지하는 데 필요한 것은 무엇인가?

참고

1. 이 장에서 특정 인종/민족, 경제적·언어적·지리적 배경을 가진 학생들이 불공평한 위치에 놓이게 되는 제도적 과정에 주목하기 위해 '유색인종 학생' 또는 '흑인, 원주민, 유색인종(BIPOC)' 대신 '역사적으로 소수자인'이라는 용어를 사용했다. 또한 원주민은 인종적으로 구분되는 한편, 원주민 자체가 정치적 집단이라는 점을 인식하고 사용하였다.

2. 이 장에서는 학교 징계(정학, 퇴학)와 정서행동장애를 포괄하기 위해 '행동사건' '행동원인' '행동결과'라는 용어를 사용하였다.

참고문헌

American Psychological Association [APA] Zero Tolerance Task Force. (2008). Are zero tolerance policies effective in the schools? *American Psychologist, 63*, 852–862.

Bacher-Hicks, A., Billings, S. B., & Deming, D. J. (2019). *The school to prison pipeline: Long-run impacts of school suspensions on adult crime.* NBER Working Paper No. 26257. Retrieved from https://blogs.c ranfield.ac.uk/library/i-reference-working-paper

Bakhtin, M. (1981). *The dialogic imagination.* The University of Texas Press.

Bal, A., Schrader, E., Afacan, K., & Mawene, D. (2016). Using Learning Labs for culturally responsive positive behavioral supports and interventions. *Intervention in School and Clinic, 52*(2), 122–128.

Bal, A. (2011). *Culturally responsive school-wide positive behavioral interventions and supports framework.* Wisconsin Department of Public Instruction.

Bal, A. (2016). From intervention to innovation: A cultural-historical approach to the racialization of school discipline. *Interchange, 47*, 409–427.

Bal, A. (2017). System of disability. *Critical Education, 8*(6), 1–27.

Bal, A. (2018). Culturally responsive positive behavioral interventions and supports: A process-oriented framework for systemic transformation. *Review of Education, Pedagogy & Cultural Studies, 40*, 144–174.

Bal, A., Afacan, K., & Cakir, H. (2018). Culturally responsive school discipline: Implementing Learning Lab at a high school for systemic transformation. *American Educational Research Journal, 55*(5), 1007–1050.

Bal, A., Betters-Bubon, J., & Fish, R. (2017). A multilevel analysis of statewide disproportionality in exclusionary discipline and the identification of emotional disturbance. *Education and Urban Society, 51*, 1–22.

Baynton, D. (2001). Disability and the justification of inequality in American history. In P. K. Longmore, & L. Umansky (Eds.), *The new disability history* (pp. 33–57). NYU Press.

Baynton, D. (2005). Defectives in the land: Disability and American immigration policy, 1882–1924. *Journal of American Ethnic History, 24*(3), 31–44.

Casella, R. (2003). Punishing dangerousness through preventive detention: Illustrating the institutional link between school and prison. *New Directions for Youth Development,* 2003(99), 55–70.

Cole, M. (1996). *Cultural psychology.* Harvard University.

Cole, M. (2005). Cultural-Historical Activity Theory in the family of socio-cultural approaches. *International Society for the Study of Behavioral Development Newsletter, 1*, 1–4.

Collins, L. M., Murphy, S. A., & Bierman, K. L. (2004). A conceptual framework for adaptive preventive interventions. *Prevention Science, 5*(3), 185–196.

Eagle, J. W., Dowd-Eagle, S. E., Snyder, A., & Holtzman, E. G. (2015). Implementing a multitiered system of support (MTSS): Collaboration between school psychologists and administrators to promote systems-level change. *Journal of Educational and Psychological Consultation, 25*, 160–177.

Engeström, Y. (2011). Activity theory and learning at work. In M. Malloch, L. Cairns, K. Evans, & B. N. O'Connor (Eds.), *The SAGE handbook of workplace learning* (pp. 74–89). Sage.

Engeström, Y. (2016). *Studies in expansive learning: Learning what is not yet there.* Cambridge University Press.

Gregory, A., Skiba, R., & Noguera, P. (2010). The achievement gap and the discipline gap: Two sides of the same coin? *Educational Researcher, 39*, 59-68.

Ko, D., Bal, A., Cakir, H. I., & Kim, H. (2021). Expanding transformative agency: Learning Lab as a social change intervention for racial equity in school discipline. *Teachers College Record, 123*(2), 1-42.

Losen, D. J., & Gillespie, J. (2012). *Opportunities suspended.* The Center for Civil Rights Remedies.

Losen, D. J., & Martinez, P. (2020). *Lost opportunities: How disparate school discipline continues to drive differences in the opportunity to learn.* Learning Policy Institute; Center for Civil Rights Remedies.

McDermott, R., Goldman, S., & Varenne, H. (2006). The cultural work of learning disability. *Educational Researcher, 35*(6), 12-17.

Nielsen, K. E. (2012). *A disability history of the United States.* Beacon Press.

Rogoff, B. (2003). *The cultural nature of human development.* Oxford University.

Rose, J., Leverson, M., & Smith, K. (2020). *Embedding culturally responsive practices in tier I.* Eugene, OR: Center on PBIS, University of Oregon.

Skiba, R. J. (2014). The failure of zero tolerance. *Reclaiming Children and Youth, 22*(4), 27-33.

Skiba, R. J., Michael, R. S., Nardo, A. C., & Peterson, R. L. (2002). The color of discipline. *The Urban Review, 34*(4), 317-342.

U.S. Department of Education, Office for Civil Rights. (2018). *2015-16 Civil rights data collection: School climate and safety.* Author.

U.S. Department of Education, Office of Special Education Programs. (2018). *2016-17 Special education data collection summaries.* Author.

U.S. Department of Education. (2020). https://ocrdata.ed.gov/Downloads/Data-Notes-2015-16-CRDC.pdf Vincent, C. G., Sprague, J. R., & Gau, J. (2015). The effectiveness of school-wide positive behavior support for reducing racially inequitable disciplinary exclusions in middle schools. In D. J. Losen (Ed.), *Closing the school discipline gap: Equitable remedies for excessive exclusion* (pp. 207–221). Teachers College Press.

Vygotsky, L. S. (1978). *Mind in society: The development of higher psychological processes*. Harvard University.

Vygotsky, L. S. (1993). *The collected works of L. S. Vygotsky*. Plenum.

PART 05

특수교육 평가에서의 문화적 역량

베로니카 강(Veronica Kang), 선영 김(Sunyoung Kim)

사례 재민이를 만나다

최재민은 자폐성 장애가 있는 5살 한국인 남자아이이다. 재민이는 트램펄린에서 뛰는 것, 바퀴가 있는 장난감을 가지고 노는 것, 자전거 타는 것을 매우 좋아한다. 재민이는 아버지, 어머니, 형과 함께 미국 중서부 지역에 살고 있다. 재민이는 3년 동안 대한민국에서 자랐고, 2년 전에 가족과 함께 미국으로 이주했다. 재민이는 집에서 한국어를 사용하며, 학교에서는 영어로 의사소통을 한다. 재민이 아버지는 정규직 직장에 다니고 있으며, 영어를 유창하게 사용한다. 재민이 어머니인 권여사는 가정주부로 기본적인 대화는 영어로 할 수 있다.

재민이는 준 칼 선생님에게 온라인 유치원에서 원격수업을 받고 있다. 재민이의 온라인 수업을 위해 비디오와 오디오 설치를 도와주면서, 어머니와 준 칼 선생님은 2-3회 정도 간단한 인사말을 나누었다. 준 칼 선생님은 재민이가 눈 맞춤, 이름에 반응하기, 집단 토론 및 활동에서 대화 주고받기, 짧은 문장을 사용하여 요구하기, 반응하기, 의견 말하기 등과 같은 사회적 의사소통 기술을 발달시키기 위해 추가적인 지원을 받을 수 있다고 이야기하였다. 선생님은 재민이의 언어발달과 전반적인 적응행동 기술을 평가하기 위하여 대면 또는 비대면 평가를 준비하길 원했다. 선생님이 재민이의 평가를 준비할 때 고려해야 할 요소에는 어떤 것들이 있을까?

 이 장의 개요

이 장의 목표는 특수교육에서 문화적 역량 평가의 중요성, 유용성, 절차를 이해하는 것이다. 이 장에서는 특수교육 평가의 역사적 맥락으로부터 시작하여 문화적 역량 평가의 네 가지 구성요소(학생/가족, 평가자, 평가도구, 통역사)에 대해 논의한다. 그런 다음 특수교육 평가에서 사용되는 평가유형(선별, 진단평가, 진전도 평가, 교육과정 중심 측정)을 살펴봄으로써 문화적으로 적합한 방식으로 평가준비, 시행, 해석, 보고하는 방법에 관해 이야기할 것이다. 마지막으로 교실에서 학생에게 문화적 역량 평가를 시행하기 위해 적용할 수 있는 다섯 가지 효과적인 전략을 소개할 것이다. 이 장 전체에서 고려해야 할 토론 질문은 다음과 같다.

① 문화적 역량 평가는 특수교육을 효과적이고 공평하게 하는 데 어떤 영향을 미치는가?

② 문화적 역량 평가를 위해 고려해야 할 사항 중 직접 적용해 보고자 하는 것은 어떤 것이며, 그 이유는 무엇인가?

③ 이 장에서 설명한 고려 사항을 실무에 적용하는 데 우려되는 점이 있는가? 우려되는 이유는 무엇인가?

④ 자신의 경험을 떠올리면서, 현재 가르치거나 과거에 가르친 경험이 있는 문화적으로 다양한 장애학생 또는 장애위험에 처한 학생에 대해 설명해 보자. 학생 및 가족과의 상호작용과 협력의 중요성은 무엇이었나? 이 협업에 어떤 어려움이나 장벽이 있었는가? 이 협업을 촉진한 요인은 무엇인가?

⑤ 장애학생 또는 장애위험 학생에 대한 평가가 문화적 요인을 고려하지 않는다면, 해당 학생들은 교육과정 전반에서 어떠한 불이익을 받을 수 있을까?

문화적 역량 평가가 우리에게 왜 필요한가

역사적으로 학생들은, ① 학기 초 실행된 표준화 검사에서 또래보다 상대적으로 낮은 점수를 보이거나, ② 수업에 지장을 주는 것으로 간주되는 행동을 보였거나, 또는 ③ 읽기와 쓰기에 어려움이 있는 경우에 특수교육 서비스를 받기 위해 평가를 받았다(Koegel & Edgerton, 1984). 2018년부터 2019년까지 미국장애인교육법(Individuals with Disabilities Education Act: IDEA) Part B에 의해 7,134,248명의 학생이 특수교육 서비스를 받았다. 그중 48.27%가 백인이었고, 25.85%가 히스패닉, 17.54%가 흑인, 2.7%가 아시아인, 0.3%가 태평양 섬 주민, 1.27%가 아메리카 또는 알래스카 원주민이었고, 4.1%가 두 개 이상의 복합적 인종으로 확인되었다([그림 5-1] 참고).

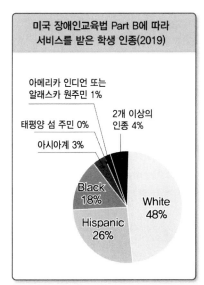

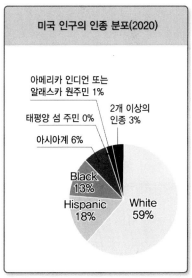

[그림 5-1] 미국 인구 대비 특수교육 학생의 인종 분포

이에 비해 미국에 거주하는 328,239,523명 중에 60.1%가 백인이며, 18.5%가 히스패닉, 13.4%가 흑인, 5.9%가 아시아인, 하와이 원주민을 포함한 태평양 섬 주민이 0.2%, 아메리카 및 알래스카 원주민은 1.3%, 그리고 두 개 이상의 인종이 2.8%였다(U.S. Census Bureau, 2020).

[그림 5-1]에서 볼 수 있듯이, 미국 인구와 특수교육 대상자의 인종분포를 비교하면 백인보다 히스패닉과 흑인이 특수교육 대상자로 등록한 비율이 더 높다. 이러한 패턴은 역사적으로 흑인과 히스패닉 학생들이 특수교육 대상자로 과도하게 진단되었다는 것을 설명한다(Frakas et al., 2020; Ferri & Connor, 2005). 반면 특수교육 대상자로 등록한 아시아 학생은 매우 적었다. 이러한 경향은 특수교육에서 아시아계, 아메리카 원주민, 히스패닉계, 영어학습자 학생이 더 적게 진단된다는 선행연구의 결과와 일치한다(Morgan et al., 2018). 그렇기에 특수교육에서 인종과 언어의 역할을 더 잘 이해하기 위한 많은 연구가 진행 중이며, 앞으로도 더 많은 연구가 필요하다.

학생과 가족은 인종과 언어뿐만 아니라 성별, 사회경제적 지위, 이주민 신분 등에서도 다양한 문화적 배경을 가지고 있다. 턴불 등(Turnbull et al., 2015)의 연구에 따르면 문화는 우리가 어떻게 행동하고, 생각하고, 주변 환경과 경험을 바라보고 처리하는 방식을 형성하는 일련의 믿음과 신념으로 정의할 수 있다. 문화는 나이, 계층, 지리적 위치, 민족성, 인종, 성별, 언어, 종교 그리고 특수성을 포함한다(Turnbull et al., 2015). 러쉬턴(Rushton, 2001)의 연구에 따르면 문화적으로 다양한 배경을 가진 학생은 학교에 처음 입학했을 때, '문화충격'을 경험하며 '정서적·인지적 불일치'를 보인다고 하였다. 김 등의 연구(Kim et al., 2020a; 2020b)와 안 등의 연구(Yan et al., 2017)에서는 다문화 양육자는 언어적·문화적·경제적·

정서적 장벽을 경험하며, 더 나아가 특수교육 서비스 접근에도 제한을 경험했다고 보고하였다.

이는 하나의 문화적 요소가 개인의 모든 경험을 정의하거나 대표할 수 없음을 시사하는 매우 중요한 것이다. 예를 들어, 김 등의 연구(Kim et al., 2020a; 2020b)에서는 같은 지역에 거주하는 5명의 한국계 미국인 자폐성 장애 아이의 어머니를 대상으로 그들의 경험을 탐색하였다. 하지만 연구에 참여한 어머니들의 나이, 전문성, 종교, 미국에 거주한 기간 등이 서로 달랐으며, 그들이 주로 사용하는 언어, 결혼 여부, 자녀 수도 다양했다. 게다가 그들의 자폐성 장애 자녀의 기량, 선호도, 경험도 서로 다르고 다양했다.

또한, 각 가족이 영어, 미국 문화, 미국의 교육 시스템에 적응하는 정도가 달랐다. 일부 가정에서는 새로운 환경과 문화에 배우고 적응하는 것에 열정과 동기가 있었다. 몇몇 가정에서는 그렇게 하고 싶어 했지만 구체적으로 어떤 방향으로 나아가야 할지 몰라 혼란스러웠을 것이다. 이러한 상황 속에서도 이들 가족의 문화와 삶의 방식을 지키고 존중하는 것은 매우 중요하다.

글래스고(Glasgow, 2010)의 연구에서는 초기 유아교육에서 학생의 언어가 지켜지는 방식을 원주민 언어인 쿡 섬 마오리어(te Reo Kuki Airani)를 사용하는 학생의 사례를 통해서 보여 주었다. 이와 유사하게 베기(Begi, 2014)는 케냐의 문화적 배경을 가지고 그들의 모국어를 사용하는 학생을 위해 유아교육 수업에서 문화감응교수법을 제공하려는 노력을 보여 주었다.

이러한 사례들은 교사가 가족과 대화하고 그들의 경험, 도전 그리고 신념에 대해 열린 마음으로 배우는 것이 자신의 문화적 역량과 겸허한 자세를 개발하는 데 도움이 될 수 있다는 것을 보여 준다. 이러한 노력으로 학생, 가족 그리고 그들의 문화적 배경을 보다 총체적인 방식으로 이해하고 평가과정에 포함시킬 수 있으며, 이는 교육에도 영향을 미친다. 다시 말하면, 학생과 가족이 평가의 중심에 있어야 문화적 역량 평가를 개발하고 실행할 수 있다. 문화적 역량 평가를 위한 노력은 모든 학생과 그들의 가족을 위한 공평한 기회를 제공하는 데 기여할 수 있다.

문화적 역량 평가는 어떻게 이루어지는가

문화적 역량 평가는 4개의 요소(학생과 가족, 평가자, 평가도구, 통역사)로 구성되어 있다. 다음 그림은 이러한 구성요소를 시각적으로 표현한 것이다. 우리는 어떻게 이 4가지 요소들이 각자 다른 평가와 맥락에서 고려되는지 설명할 것이다([그림 5-2] 참조).

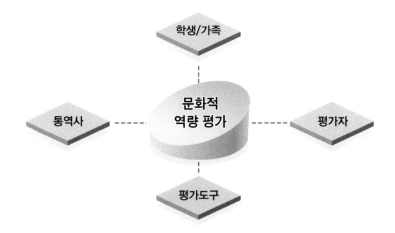

[그림 5-2] 문화적 역량 평가의 구성요소

지금까지 우리는 우리가 문화적 역량 평가를 제공해야 하는 이유에 대해 논의했다. 이번 장에서는 교사가 문화적 역량 평가의 4가지 요소에 기반한 평가를 제공하기 위해 알아야 할 세부적인 단계에 관해 이야기할 것이다. 문화적 역량 평가의 방식을 설명하기 위해 우리는 먼저 평가란 무엇인지 그리고 각기 다른 평가의 종류에 관해 설명할 것이다. 평가는 기술, 행동, 관심사에 대한 정보를 제공하여 맞춤형 교육을 개발하고 수정할 수 있도록 돕는다. 평가는 일반적으로 선별, 진단평가, 진전도 평가, 교육과정 중심 측정의 4가지로 나뉜다. 앞으로 각 평가유형에 대한 사항, 예시, 평가 전후 고려 사항에 관해 설명할 것이다.

선별

선별(screening)은 미국장애인교육법(IDEA)의 장애아동 조기발견(Child Find)에서 요구하는 과정이다. 교사나 보호자가 학생의 행동이나 기술을 관찰하고 간단하고 빠른 평가를 완료한 경우, 진단평가와 같은 추가 평가가 필요한지를 결정할 수 있도록 선별과정이 진행된다. 선별의 예는 자폐 영유아 선별검사 목록표 개정편(Modified Checklist for Autism in Toddlers, Revised, with Follow-Up: M-CHAT-R)(M-CHAT-R/F; Robins et al., 2019), 조기 선별검사 개정편(Early Screening Inventory third edition)(ESI-3; Meisels et al., 2019)과 연령 및 단계별 선별검사의 문항 개정판(Age and Stages Questionnaire third edition, ASQ-3; Squires et al., 2009)이 있다. 이러한 선별 도구는 보호자와 교사가 작성하거나 보호자의 면담 또는 학생에 대한 직접 관찰을 통해 작성할 수 있다. 우선 보호자에게 선별의 목적을 알리고 교사가 선별을 완료할 수 있도록 동의를 받아야 한다는 점이 중요하다. 이제 평가를 위해 준비해야 할 일에 대해 알아보고자 한다.

사전 평가

다문화가정 장애아동의 양육자는 언어와 문화 차이 그리고 가족 중심의 지원 부족으로 인해 스트레스, 죄책감, 우울감을 포함한 다양한 감정을 경험할 수 있다(Kim et al., 2020a; 2020b). 따라서 교사는 연민과 공감을 바탕으로 신중하고 존중하는 태도로 대화를 시작하는 것이 중요하다. 예를 들어, 당신이 재민이의 담임교사라고 가정했을 때, 재민이의 독특한 사회적 의사소통 패턴을 발견했다면 추가 평가가 필요할지의 여부를 결정하기 위해 선별 절차를 진행하는 것이 도움이 될 것이다. 선별을 진행하기에 앞서 재민의 주 양육자인 어머니에게 선별의 목적을 설명하고 동의를 받아야 한다. 먼저 재민의 어머니는 한국어가 익숙하기에 영어로 짧은 편지를 쓴 후 온라인에서 제공하는 무료 번역기를 활용하여 재민이의 학습 및 발달에 대해 어머니와 논의를 하기 위해 전화상담 일정을 잡고 싶다고 한국어로 작성한다. 이 편지에서 재민이 어머니가 통역을 원하는지도 확인해야 한다. 이 편지를 어머니의 이메일로 보내면, 재민의 어머니가 통역사의 도움을 받아 전화통화를 하고 싶다고 답장할 것이다.

다음 클롯과 캔터(Klot & Canter, 2006) 그리고 블래츨리와 라우(Blatchley & Lau, 2010)의 추천에 따라 학교 행정가에게 통역사를 요청한다. 통역사가 배정되면 당신은 통역사에게, ① 재민의 어머니와 대화하는 목적과 ② 당신이 사용하려는 선별검사 도구의 명칭, 선별을 통해 측정하고자 하는 다양한 영역 및 기술 등에 대한 구체적인 조건을 이야기한다. 이러한 내용을 통역사에게 미리 안내하면 통역사가 미리 해당 가족의 언어로 관련된 단어를 파악하고 준비할 수 있다.

대면 상담이 가장 이상적이기는 하지만 코로나19 팬데믹으로 인한 안전을 고려하여 재민이 어머니와 통역사가 함께 참여하는 전화통화 일정을 잡는다. 전화하는 동안 여러분은 통역사에게 통역을 위한 시간을 할애하고, 어머니가 정보를 잘 이해할 수 있도록 자주 멈추면서 여유를 두어야 한다. 선별의 의도와 유익 그리고 위험성을 설명한 후, 양육자가 여러분에게 질문할 수 있는 시간을 마련해야 한다. 양육자의 모든 질문에 대답한 후 양육자가 작성할 수 있도록 가족의 언어로 번역된 동의서를 이메일로 보낸다. 양육자 서명의 동의서를 받은 후, 여러분은 수업 시간 중 재민이를 관찰하고 조기 선별 검사 양식(ESI-3)과 연령 및 단계별 선별 검사 질문지(ASQ-3)를 작성한다. 또한 양육자가 통역사의 도움을 받아 한국어로 번역한 자폐 영유아 선별 검사 목록표(MCHAT-R/F)를 작성하도록 요청한다.

사후 평가

선별검사 후 교사는 평가 매뉴얼의 지침에 따라 점수를 계산하고 해석한다. 이 과정에서 추가적인 진단평가가 필요한지를 결정할 수 있다. 확신이 서지 않을 경우, 교사는 학교 또는 지역의 심리학자에게 추가적인 의견을 구할 수 있다. 추가적인 평가가 필요하지 않은 경우, 교사는 선별검사 결과를 요약하여 서면으로 작성하고 통역사의 번역 후 양육자에게 제공한다. 그리고 이 내용과 결과에 대한 정보를 제공하고, 양육자의 질문에 답하기 위한 회의 일정을 잡는다. 한편, 진단평가가 필요하다고 생각되는 경우에는 교사가 이를 서면으로 전달하고 진단평가의 당위성과 목적을 대화로 설명한다.

진단평가

특수교육에서 진단평가(diagnostic evaluation)는 특수교육 제공 여부를 식별하기 위한 진단을 말한다. 즉, 개별화교육계획(Indivuidulaized Education Program: IEP)을 수립하기 위한 목적으로 실시하는 평가이다. 이것은 '교육적 진단'을 뜻하며 의학적 진단과는 다르다. 교육적 진단의 목적은 의료적 처치가 아닌 교육적 지원을 제공하는 것에 있다. 다음은 학생이 특수교육 서비스를 받을 수 있는 자격을 갖추기 위한 13가지의 장애유형이다(IDEA, 2004).

① 자폐성 장애
② 시-청각장애(농맹)
③ 청각장애(농)
④ 정서적장애(정서행동장애)
⑤ 청각장애(난청)
⑥ 지적장애
⑦ 중복장애
⑧ 지체장애
⑨ 기타 건강장애
⑩ 특정 학습장애
⑪ 언어 및 의사소통 장애
⑫ 외상성 뇌손상
⑬ 시각장애 또는 맹

진단을 위해 학교 및 의료기관에서는 다양한 유형의 표준화된 평가를 사용한다. 평가의 목적에 따라 교사와 학교 담당자는 능력(지능), 적성(학습 및 발달 가능성 측정), 성취도(학습 후 특정 내용영역에 대한 성취도 측정; Wortham & Hardin, 2020) 등의 측정을 위해 표준화된 평가를 사용할 수 있다. 진단평가의 한 예는 학교 심리학자에 의해 시행하는 자폐진단관찰 계획 2판(Autism Diagnostic Observation Schedule 2nd Edition, 이하 ADOS-2)이 있다(ADOS-2; Lord et al., 2012). 또 다른 예는 양육자 또는 교사가 작성하는 설문지 형식의 바인랜드 적응행동 척도 3판(Vineland adaptive behavior scales 3rd)이 있으며, 이는 의사소통, 일상생활 및 사회화 등의 적응 기술을 측정한다(Vinland-3; Sparrow et al., 2016).

교육환경에서 ADOS-2와 같은 표준화된 평가는 종종 학교 심리학자에 의해 시행되는데, 진단평가 과정을 보다 정확하게 알리고 개선하기 위해 교사는 학생의 문화, 언어, 가족 배경을 포함한 특성에 관한 정보를 제공하고 초기 선별검사 결과를 공유한다. 진단평가 후, 교사의 역할은 특정 교육진단을 받은 학생을 어떻게 가르쳐야 할지 증거기반교수에 기반하여 교수 전략을 연구하는 것이다.

표준화된 진단평가를 사용하면 다음과 같은 장점이 있다. 첫째, '표준화'라는 단어는 다양한 연령과 기간에 걸쳐 평가를 사용하여 표준화된 결과를 제공한다는 것을 의미한다. 예를 들어, 학교 심리학자가 5살 어린아이를 위해 ADOS-2를 사용한다면 같은 도구를 고등학교 학생에게도 사용할 수 있다. 왜냐하면 이 도구는 학생의 나이나 성별과 관계없이 유사한 방식(규준참조 점수)으로 결과를 측정하고 보고하도록 설계되었기 때문이다. 또 다른 예로 바인랜드 3판(Vineland-3)은 신생아부터 90세까지 사용된다. 표준화된 평가를 통해 기술을 객관적으로 측정하거나 미국 장애인교육법에 따른 장애기준의 특성을 변별할 수 있다. 따라서 표준화된 평가는 표준화 점수 및 백분위 순위와 같은 객관적인 수치로 학생의 기술이나 행동을 추적하고 의사소통하는 데 매우 유용하다. 이러한 수치를 통해 교사는 비슷한 연령대의 다른 또래 학생들과 비교하고 중재 시행 전후 학생의 진행 상황을 평가하여 중재의 효과를 측정하는 데 도움을 줄 수 있다. 대체로 표준화 평가를 사용하는 것은 특별히 문화적·언어적으로 다양한 학생과 작업할 때 유용하며, 편견을 최소화하여 객관적인 방식으로 평가를 수행하고 결과 해석 및 보고를 할 수 있다(Blatchley & Lau, 2010).

사선 평가

'장애' '특수교육' '진단'과 같은 단어는 문화와 언어에 따라 다른 의미가 있거나 아예 의미가 없을 수도 있어서, 오해나 혼란을 일으킬 수 있다. 특히 미국 외의 문화와 언어에서는 특정 유형의 장애나 정도가 존재하지 않거나 다른 개념을 가지고 있는 경우가 있다. 교사는 이러한 요소를 고려하여 진단평가 과정에서, 가족에게 '자폐성 장애'란 무엇이며, 그것의 주요 특징을 가족에게 잘 설명해서 이해할 수 있도록 해야 한다.

이러한 이유로 문화 및 언어적 다양성을 가진 가족과 협력할 때 통역사와 협력하거나, 번역기나 번역 서비스를 사용해서 직역하는 것으로는 충분하지 않을 수 있다. 장애 및 특수교육 개념에 대한 문화적 맥락을 이해하기 위해서는 책을 읽거나, 뉴스 또는 연구자료를 찾아보거나 더 나아가 학생과 문화적·언어적 배경이 같은 사람과 대화를 나누는 것도 도움이 된다. 따라서 통역사는 종종 이러한 역할을 수행해야 하며, 특수교육에서는 이들을 '문화 중재자'라고 부르기도 한다. 심지어 평가 과정에서도 통역사는 학생의 반응이나 행동에 대한 통역 외에 문화적 해석을 할 수 있다. 안타깝게도 통역사 또는 번역 서비스는 개별 가정에서 쉽게 구할 수 없는 경우가 많다(Cho & Grannotti, 2005; Kim et al., 2020a; 2020b; Yan et al., 2017). 따라서 교사는 이러한 필요성을 행정관이나 지역 교육청에 적극적으로 전달함으로써 해당 가족을 위한 중요한 역할을 할 수 있다.

또한 표준화 평가를 시행하기 전, 교사는 평가 지침 또는 도구 개발자의 웹사이트에서 제안된 문화적·언어적 조정 또는 평가 수정사항을 검색하고 검토할 수 있다. 예를 들어, ESI-3에서 도구 개발자는 문화적 다양성을 학생의 언어(방언 포함), 가족 구조(예: 이성애자인 양육자), 가족의 거주 지역, 빈곤 경험 등 다양한 문화적 배경을 설명하여 정의한다. 또한 지침에서는 평가에 사용되는 언어의 유창성 수준뿐만 아니라 의사소통 방식과 행동 해석을 수정하는 데 주의를 기울일 것을 제안한다.

양육자는 자기 자녀가 진단평가에 참여한다는 것을 알았을 때 문화권에 따라 받아들이는 것이 다를 수 있고 다양한 반응을 보일 수 있다. 따라서 단어 선택에 주의를 기울이고, '이 학생은 또래보다 사회적 의사소통 기술이 부족하거나 나쁩니다.' 또는 '이 학생은 집중을 잘하지 못합니다.'와 같은 결함 중심의 용어는 피하는 것이 중요하다. 그보다는 '이 학생은 사회적 의사소통을 위해 추가적인 지원을 받을 수 있습니다.' 또는 '학생의 이름을 부르면, 네 번 중 한 번 눈을 마주치며 반응했습니다.'와 같이 강점에 기반을 둔 객관적인 언어를 사용하는 것이 좋다. 또한 교사와 같은 전문가는 보호자의 감정을 인정하고 '놀라거나 좌절할 수 있다는 것을 이해합니다.'와 같은 표현을 사용하여 공감을 표현하는 것이 중요하다. 또 다른 유용한 팁은 보호자의 감정과 반응을 지지하기 위해 보호자가 말한 내용을 다시 말해 주는 것이다.

재민이의 경우, 여러분이 진단평가의 목적을 전달할 때 재민이 어머니는 '집에서 몇 가지의 염려스러운 행동을 발견했지만 재민이가 성장하면서 괜찮아지리라 생각했다.'라는 식으로 대답할 수 있다. 교사로서 당신은 '이해합니다.'로 시작하여 진정으로 공감하는 비언어적 의사소통을 통해 부모의 진술을 인정할 수 있다. 교사는 진단평가의 목적, 유익, 위험에 관해 설명한 후, 양육자의 동의 여부를 묻고 결정할 수 있도록 한다. 교사의 역할은 양육자에게 정보를 제공하고 지원하는 것이지, 그들을 설득하거나 판단하는 것이 아니라는 점을 기억하는 것이 중요하다. 만약 보호자가 정보를 숙지하는 데 시간이 더 필요한 경우 며칠 후 다시 약속을 잡고 통화할 수 있다. 짐작할 수 있듯이, 양육자에게 진단평가 과정은 대개 정서적 부담을 준다. 따라서 가족에게 가장 편안하고 친숙한 방식을 사용하여 의사소통하는 것이 중요하다. 예를 들어, 전화와 영상통화, 이메일, 대면으로 이루어지는 대화 중 가족이 선호하는 방식과 가족이 집에서 쓰는 제1언어를 고려할 필요가 있다.

재민이의 양육자가 진단평가에 대해 동의하면, 당신은 재민이가 학교 심리학자에게 진단평가를 받을 수 있도록 해야 한다. 진단평가에 앞서 당신은 재민이의 문화, 언어, 가족 배경, 강점, 관심사에 대한 간단한 정보와 선별검사 결과를 심리학자와 공유해서 진단평가에 참고할 수 있도록 해야 한다. 또한 학생에게 배정된 통역사가 진단평가 전/후 및 평가과정 동안에 심리학자와 협력할 수 있도록 해야 한다. 또한 심리학자 및 양육자와 소통하여 가족이 평가과정에 참여하는 방법에 대해 논의해야 한다. 예를 들면, 양육자가 진단평가에 참관할 수 있는지, 평가 후 결과를 들을 수 있는지 여부 등을 다룬다. 진단평가에서 가족이 평가과정에 참여하는 것은 매우 중요하다. 진단을 받는 것은 가족의 경험과 역학관계에 큰 변화를 가져올 수 있기 때문이다.

사후 평가

평가가 끝나면 심리학자는 통역사와 협력하여 결과를 양육자에게 공유한다. 특히 평가결과를 학생의 교육계획에 반영하기 위해 교사가 이 대화에 참여하는 것이 도움이 된다. 진단평가 후, 교사는 개별화교육계획(IEP)을 개발하기 위해 주 양육자와 협력해야 한다. 이 과정에서 원활한 소통을 위해 통역자와 가족의 지속적인 협력이 매우 중요하다. 개별화교육계획을 개발할 때, 교사는 이미 개별화교육계획을 수립해 본 다른 교사와 함께 협력하거나, 미국 교육청 산하기관(예: What Works Clearinghouse)이나 국립 자폐증 센터(National Autism Center)와 같은 곳의 연구 기반 자원을 통해 특정 장애유형 학생(예: 자폐성 장애)을 위한 증거 기반 전략을 검색할 수 있다. 평가 결과는 교사에게 학생을 위한 교수 전략의 조정 또는 수정을 위한 정보를 제공한다는 점이 가장 중요하다.

이주민 가족이 이미 경험해 왔을 문화적·언어적 장벽을 고려할 때(Kim et al., 2020a; 2020b; Yan et al., 2017), 교사는 학생의 장애가 가족의 경험 및 지역사회 내 관련 지원에 미치는 영향을 고려할 필요가 있다. 특수교육에서 문화적·언어적 다양성을 가진 양육자는 자신의 문화적·언어적 배경에 적합한 사회적 지원과 혜택을 받기를 원하며, 그러한 지원을 찾고 있다(Gammon, 2000; Jo et al., 2010; Kytzar et al., 2012; Park, 2012). 따라서 학생의 진단에 관해 대화를 나눌 때, 교사는 장애를 가진 자녀를 두고 특정 문화 또는 언어적 배경을 가진 가족이 겪을 수 있는 경험을 인정하는 것이 중요하며, 해당 가족이 속한 문화 또는 언어적 배경에 맞는 부모 또는 가족지원 집단이나 조직(예: 특수교육 대상 아시아 또는 히스패닉계 양육자를 위한 가족지원 집단)과 같은 문화적으로 적합한 지원을 소개하는 것이 유용할 것이다.

진전도 평가

교사는 진전도 평가(progress monitoring)를 통해 학생의 학습이 어떻게 진행되고 있는지 평가할 수 있다. 특정 기술이나 행동이 교육 또는 중재의 목표가 될 수 있으며, 이러한 목표 행동이나 기술은 조작적으로 정의되고, 시간이 지남에 따라 측정되어 행동의 경향을 파악해야 한다. 예를 들어 교사는 학생이 하루 학교생활 중 세 번 정도 또래와 대화할 수 있도록 지원하기 위해, ① 하루를 시작할 때 사회가 돌아가는 이야기를 읽어주고, ② 학생이 또래에게 말을 건넬 때 칭찬하는 방법을 사용할 수 있다. 이러한 중재를 시행한 후 진전도를 평가하기 위해 교사는 학생이 또래에게 말을 건넨 횟수를 관찰하고 세어볼 수 있다. 그런 다음 교사는 학생의 패턴을 찾아보고 환경의 수정, 또래 모델링 또는 소그룹 체계와 같은 추가 지원이 필요한지 아닌지를 결정한다. 진전도 평가와 교육과정 중심 측정의 사전 및 사후평가 절차는 매우 유사하며, 그 과정은 다음과 같다.

교육과정 중심 측정

교육과정 중심 측정(curriculum-based measurement)은 그 과정에서 나오는 것으로, 교육과정 안에서 목표한 기술이 시간이 지남에 따라 어떻게 변화했는지를 평가한다. 이것은 진전도 평가와 유사하지만 교육과정 개발과정의 일부로 연구를 통해 검증되고 표준화된 경우가 있다(Hosp et al., 2007). 예를 들어, 아동이 1분 동안 낱말을 올바르게 읽는 개수를 늘리기 위해 노력한다면, 교사는 정기적으로(예: 한 달 동안 매주 3회) 1분 동안 올바르게 읽는 단어 수를 세어 구술 유창성을 측정하고, 그 수치를 표나 그래프 형식과 같이 시각적으로 표시해서 패턴을 확인할 수 있다. 관찰된 패턴에 따라 교수법과 중재는 학생이 목표에 도달할 수 있도록 지원하기 위해 수정할 수 있다.

사전 평가

문화 및 언어적 다양성을 가진 학생을 가장 잘 지원하기 위해 두 가지 유형의 진전도 평가로, 형성평가와 총괄평가를 고려할 수 있다. 형성평가(formative assessment)는 교육에 대한 정보를 제공하고 수정하는 데 사용되는 반면, 총괄평가(summative assessment)는 교육 후 학생의 지식과 기술을 평가하는 데 사용된다(Dixson & Worrell, 2016). 재민이의 경우, 당신은 양육자인 재민이 어머니와의 대화를 통해 학생이 선호하는 언어적 표현(예를 들어, "잘했어." 같은 한국어), 노래나 활동, 사물, 좋아하는 색깔 등 특정 강화물을 파악하여 개별화된 교육을 할 수 있다. 다시 말하면 형성평가와 총괄평가의 과정은 교육내용과 연관된 학생의 지식과 기술을 평가하는 것뿐만 아니라 평가전략과 절차에 영향을 미칠 수 있는 추가적인 도구도 포함된다. 이러한 접근방식을 통해 궁극적인 목표는 학생의 선호도, 문화, 언어, 가족의 역학 또는 구조, 종교 및 관심과 같은 배경과 경험을 파악하고 통합하여 문화 및 언어적으로 다양한 학생의 평가와 교육 중에 동기를 부여하고 참여를 높이는 것이다.

추가로, 교사는 기술부족과 언어 또는 문화장벽을 구분해야 한다. 예를 들어, 말하기 및 언어 지연으로 개별화교육계획에 참여하고 있는 3학년 학생이 주로 버마어를 사용하는 경우, 교육과정 중심 측정의 일부인 쓰기 또는 읽기 시험에서 학생의 언어적 배경, 말하기 또는 언어 능력을 고려하여, ① 질문의 수를 줄이거나, 질문의 길이를 줄이는 것, ② 추가 시험 시간을 제공하는 것과 같은 수정이 필요할 수 있다(Klotz & Canter, 2006).

사후 평가

평가의 결과를 보고할 때 의료적 모델보다는 사회적 모델을 사용하는 것이 좋다. 다시 말하면 결핍 기반 모델보다는 강점 기반 모델 사용을 권장한다. 교사는 '결핍' 또는 '부진' 같은 용어를 사용하는 대신 표준화된 평가결과를 시각적으로 표현하여 평균점수를 중심으로 학생이 어디에 속하는지 보여 주는 시각자료(예: 그래프) 또는 학생 점수의 백분위 순위를 보여 주는 박스 플롯을 사용할 수 있다. 시각적 표현과 구체적인 예를 상관관계 점수 또는 통계(예: 평균, 범위, 백분위 수)와 함께 사용하며 평가결과를 보다 객관적이고 측정 가능한 방식으로 전달할 수 있다. 교사는 학생의 강점을 공유하려는 의지가 있어야 한다. 특수교육을 받는 다문화 가정의 학생은 고유한 문화와 언어적 배경을 가지고 있을 뿐만 아니라 장애와 관련된 고유한 특성과 경험을 가지고 있기 때문에, 이 학생들이 교실에서 또래 학생들에게 도움을 주거나 정보를 제공하고 도전할 수 있는 영역을 강조할 수 있다.

 ## 특수교육 평가에서 문화적 역량 평가를 위한 기타 고려 사항

우리는 4가지 평가유형(선별, 진단평가, 진전도 평가, 교육과정 중심 측정)과 이 평가가 어떻게 문화적 역량을 반영해서 시행하는지 그 방법을 제시하였다. 이제 특수교육에서 문화적 역량이 있는 평가를 위한 중요한 다섯 가지 고려 사항을 제시하며 이 장을 마무리하고자 한다.

평가자료의 문화적 적합성 평가하기

　신뢰할 수 있고 타당한 평가도구는 많이 있지만 문화적으로 유능한 교사는 평가의 일부로 사용된 시각자료나 예시의 문화적 관련성을 평가하는 데 능숙하다. 예를 들어, 학생의 인종, 성별, 종교, 전통 그리고 미국 거주 기간에 따라 특정 사물, 활동 또는 공휴일에 대해 익숙한 정도가 다를 수 있다. 게다가 일부 언어에서는 어떤 단어가 영어로 표현할 수 없거나, 영어에는 아예 없는 단어가 있을 수 있다. 예를 들어, 중국, 핀란드, 가나, 헝가리, 인도네시아, 이란, 남아프리카 공화국과 같은 나라에서 사용하는 언어에는 성별이 없다(Prewitt-Freilino et al., 2012). 따라서 취학 전 언어 척도-5(Zimmerman et al., 2011)에서 성별 대명사와 단수 및 복수 (대)명사 간의 차이를 평가하기 위해서는 수정되거나 또는 채택되어야 할 필요가 있으며, 이것은 학생의 영어 능력과 다양한 유형의 대명사를 개별적으로 구별하는 능력을 효과적으로 측정하기 위한 것이다. 이러한 요소는 특별히 부분적으로 사회적 단서나 규범을 파악하는 데 어려움을 겪는 자폐성 장애아동을 위해 고려되어야 한다. 게다가 문화 및 언어적 다양성을 가진 자폐성 장애학생은 새로운 개념(예: 영어 문법)을 배우기 위해서 특별하고, 개별화된 지원이 필요할 것이다.

　추가적으로 표현어휘력검사 3판(Expressive Vocabulary Test Third Edition) (EVT-3; Williams, 2018)과 피바디 그림어휘력검사 5판(Peabody Picture Vocabulary Test, 5th Edition)(PPVT-5; Dunn, 2018)에서는 울타리, 갈퀴, 미국 지폐와 동전 이미지가 사용된다. 미국 이외의 국가에서 온 학생들은 주거 방식과 화폐 시스템의 차이로 인해 이러한 사물이 익숙하지 않을 수 있으므로, 표준화된 평가 점수를 계산하고 해석할 때 이러한 개념에 대한 평가도 함께 고려되어야 한다. 특정 연령대 또는 학년 수준의 학생들은 일련의 단어 또는 개념을 알고 있을 것으로 기대하지만, 미국 내 거주 기간, 거주 지역, 사회경제적 지위, 종교, 책과 미디어 같은 문해력 차원에 대한 접근성, 가족 선호도, 가치관 및 관심으로 인해 일부 집단의 학생들에게는 이러한 단어와 개념이 익숙하지 않거나 심지어 생소할 수 있다.

언어 차이로 인한 장벽 VS 기술 결함

평가를 진행하는 동안 언어적 장벽이나 기술 결함이 평가에 미치는 영향을 측정하기 위해, 평가 질문과 지침을 학생의 모국어로 번역하여 영어로 시행된 동일한 평가와 점수를 비교할 수 있다. 예를 들어, 재민이의 경우 구조화된 관찰이 일관되지 않을 수 있으므로 표현어휘력검사 3판(Expressive Vocabulary Test-3)(Williams, 2018), 피바디 그림어휘력검사 4판(Peabody Picture Vocabulary Test-4)(Dunn, 2018) 또는 취학 전 아동의 수용언어 및 표현언어 발달척도(Preschool Language Scale-5)(Zimmerman et al., 2011)와 같은 표준화된 평가를 사용하는 것이 언어 능력을 측정하는 데 효과적일 수 있다. 또한 교사는 양육자가 응답할 수 있는 맥아더-베이츠 의사소통발달평가-3(MacArthur Bates Communication Development Inventory III)(Freson et al., 2007)와 같은 설문지를 준비할 수 있다.

재민이의 경우 교사가 한국어-영어 이중언어 구사자이거나 같은 학교에서 한국계 미국인 이중언어교사와 협력하는 경우, 측정에 사용되는 문항과 단어를 미리 가족의 제1언어로 번역하여 이중언어교사가 시행할 수 있다(Kim & Kang, 2020a; 2020b). 이러한 이중언어 접근 방식은 두 언어를 상호교환적으로 사용한다. 평가자는 먼저 영어로 질문이나 지침을 제시한 다음, 약 5~10초 동안 반응이 없으면(평가 지침에 따라 다를 수 있음),

교사가 즉시 학생의 제1언어로 동일한 질문이나 지침을 제시해서(Kim & Kang, 2020a; 2020b) 학생의 일반적인 언어발달을 더 잘 측정할 수 있다.

이러한 다양한 언어적 배경을 고려할 때, 규준 기반의 표준화 평가는 다양한 배경을 가진 학생들의 능력과 행동을 측정하는 정확하고 일관된 방법이 될 수 있다(Blatchley & Lau, 2010). 그럼에도 불구하고 역사적으로 다양한 인종 집단간의 불균형 문제, 특히 고립된 교육환경에 있는 흑인 학생들이 과다하게 특수교육 대상자로 선정되는 문제가 여전히 존재한다는 점을 유의해야 한다(Sullivan & Bal, 2013). 따라서 평가도구나 평가 실시과정 중 간단한 수정만으로는 충분하지 않을 수 있으므로, 평가 전/평가 중/평가 후의 과정/평가결과는 문화적으로 다양한 학생들이 특수교육에서 직면하는 체계적인 불평등에 도전해야 한다(Sullivan & Bal, 2013).

공동평가 장려하기

이러한 이중언어 접근법 외에도 교사는 말하기, 쓰기 또는 미술을 포함한 다양한 형식을 사용하여 학생들이 팀이나 쌍(예: Think-Pair-Share)으로 함께 활동하도록 하는 협력적 평가를 촉진할 수 있다(Powell et al., 2012). 또한 교사평가에 지나치게 의존하기보다는 자기 평가나 또래 평가를 사용해서 자가 점검과 또래 모델링을 촉진할 수 있다(Powell et al., 2012). 이러한 협력적 노력은 교실에서 긍정적인 사회적 상호작용을 촉진하고, 고부담 시험에 대한 문제를 피하며, 지역사회 내의 사회정의 및 형평성과 관련된 토론으로 이어질 수 있다. 또한 어린 학생의 경우, 나눔, 공감, 도움, 차례 지키기와 같은 간단한 개념이 다양한 학생과 그들의 사회적 상호작용을 포함한 협력적 평가의 논의 및 적용의 주제가 될 수 있다. 고학년 학생의 경우 인종적·문화적 또는 사회경제적 배경의 과소 대표 및 접근성 부족으로 인해 직면할 수 있는 불평등과 관련된 주제를 논의하고 공동평가로 전환할 수 있다(Powell et al., 2012).

가능하다면 양육자가 평가과정에 참여하는 것이 도움이 될 수 있다. 첫째, 영어가 제1언어가 아닌 양육자에게 '인지' 또는 '사회적 상호성' 같은 추상적인 용어를 사용하는 대신 평가가 무엇을 측정하려고 하는지 명확히 이해할 수 있도록 해야 한다. 양육자가 먼저 관찰한 후, 교사는 양육자가 이미 관찰한 구체적인 사례를 평가결과와 관련하여 참고할 수 있다. 둘째, 평가절차와 환경이 학생에게 익숙하지 않을 수 있으므로 양육자가 함께 있으면 학생이 편안함을 느낄 수 있다는 점도 고려한다. 그 외에도 양육자는 학생이 집에서와 다른 행동을 시험 환경에서 보인 점에 대해 의견을 제공할 수 있다. 더 나아가 양육자는 평가 당일 학생의 상태와 학생이 이미 알고 있거나 모르는 내용을 교사에게 알려 주어 평가의 시작점을 결정할 수 있다. 또한 교사가 확신하지 못하는 평가 항목에 대한 정보에 기반하여 추측할 수 있도록 도와줄 수 있다. 그러나 형제자매나 양육자를 포함한 가족 구성원이 학생을 위해 통역하는 것은 권장하지 않는다. 왜냐하면 평가과정이 가족에게 어려운 경험이 될 수 있고, 숙련된 통역사가 있으면 보다 정확하고 일관된 통역이 가능하기 때문이다.

언어적·비언어적 의사소통 조정

선별, 진단평가, 진전도 평가, 교육과정 중심 측정에 이르기까지 다양한 유형의 평가를 사용할 때 몇 가지 일반적인 고려 사항이 있다. 첫째, 평가결과를 보고할 때와 개별화교육협의회에서 논의할 때, 전문용어는 학생과 양육자가 이해할 수 있는 쉬운 단어로 대체해야 한다. 대개 일반용어일 수 있으나 그럼에도 각 용어를 쉬운 영어 용어와 가족의 제1언어로 번역한 용어집과 같은 목록이 함께 제공될 필요가 있다. 둘째, 문화적으로 유능한 교사는 학생과 가족의 신뢰를 높이기 위해 목소리 톤, 표정, 눈맞춤, 몸짓과 자세에 주의를 기울일 것이다(Blari et al., 2020; Jegatheesan et al., 2010). 앞서 언급했듯 교사는 가족과 열린 소통 및 성공적인 협업을 촉진하기 위해 진정성 있고 공감하는 태도를 보여야 한다.

학생을 위한 실용적인 피드백 제공

평가의 주된 목적은 학습자와 학습자의 교육을 지원하는 양육자에게 실용적인 피드백을 제공하는 것이다(Nortvedt et al., 2020). 따라서 평가 후 학생이 잘한 점과 개선할 수 있는 부분은 무엇인지에 대해 간단하고 구체적인 피드백을 하는 것이 도움이 될 수 있다. 평가는 궁극적으로 학생을 위한 것이고 학생에 의해 이루어진다는 점을 기억하는 것이 중요하다. 학생의 자기인식과 학습경험은 평가 참여를 통해 영향을 받는다 (Aronson & Laughter, 2016).

따라서 교사가 평가 전/평가 중/평가 후에 학생을 포함하고 정보를 제공하는 노력을 기울이면 교육에 도움이 될 수 있다. 특히 중·고등학생, 그리고 문화적으로 다양한 배경을 가진 장애학생은 교사에게 자신이 보완하거나 개선해야 할 부분을 자주 물어볼 수 있다. 이때 권위 있는 인물이 학생들에게 그들의 강점과 진도에 대해 알려 주는 것이 동기 부여와 격려가 될 수 있다. 성취의 경험, 동료의 성취를 관찰하는 것, 사회적인 격려는 학생의 자기효능감을 높여주고, 결과적으로 학습성과를 향상시킬 수 있다(Klassen, 2010).

요약

역사적으로 볼 때 미국의 특수교육에서는 문화 및 언어적 다양성을 가진 학생들이 불균형적으로 대표되어 왔다. 그 결과, 이러한 학생들이 공평한 학습 및 평가 기회에 접근하고 참여하는 데 계속적으로 어려움을 겪고 있다. 따라서 학생의 문화적 배경을 이해하는 것과 학생 및 그들의 가족과 협력하는 것은 문화적 역량 평가를 준비하는 데 유익하다. 이 장에서 설명한 대로, 특수교육평가에는 선별, 진단평가, 진전도 평가, 교육과정 중심 측정의 네 가지 유형이 있다. 각 평가유형에서 문화적 역량 평가를 시행하기 위해 학생/가족, 평가자(교사), 도구, 통역사(또는 학생의 제1언어를 사용하는 기타 전문가) 등 네 가지 구성요소를 고려할 수 있다.

보다 구체적으로 다음 다섯 가지 전략을 고려할 수 있다. 첫째, 평가를 시행하기 전 교사는 평가도구가 문화적 배경에 적합한지 평가할 수 있다. 둘째, 평가 중과 평가 후, 교사는 특히 학생의 제1언어가 영어가 아닌 경우 영어 이해 및 의사소통 능력과 영역(예: 학업, 사회, 행동, 인지)에 따른 학생의 능력을 구분할 수 있다. 셋째, 교사는 학생의 언어 및 문화적 배경을 고려하고 일관된 방식으로 평가를 시행하기 위해 언어적·비언어적 의사소통을 어떻게 사용하고, 조절하고, 적응시켰는지 자체 평가할 수 있다. 넷째, 평가 후 교사는 학생과 가족에게 실질적인 피드백을 제공해서 학생이 학습경험에 적극적으로 참여하고 혜택을 받을 수 있도록 해야 한다. 마지막으로, 평가의 모든 단계에서 교사는 학생의 문화와 언어적 배경을 더 잘 알고 있는 가족 및 문화중개자 또는 통역사와 협력해야 한다.

참고문헌

Aronson, B., & Laughter, J. (2016). The theory and practice of culturally relevant education: A synthesis of research across content areas. *Review of Educational Research, 86*(1), 163–206.

Begi, N. (2014). Use of mother tongue as a language of instruction in early years of school to preserve the Kenyan culture. *Journal of Education and Practice, 5*(3), 37–49.

Blair, K. C., Lee, J. D., Matsuda, K., & Knochel, A. (2020). Culturally tailored ABA treatments for Asian American clients and families. In B. M. Conners & S. T. Capell (Eds.), *Multiculturalism and diversity in applied behavior analysis* (1st ed., pp. 68–82). Routledge.

Blatchley, L. A., & Lau, M. Y. (2010). Culturally competent assessment of English language learners for special education services. *National Association of School Psychologists Communiqué, 38*(7), 27–29.

Cho, S. J., & Gannotti, M. E. (2005). Korean-American mothers' perception of professional support in early intervention and special education programs. *Journal of Policy and Practice in Intellectual Disabilities, 2*(1), 1–9.

Dixson, D. D., & Worrell, F. C. (2016). Formative and summative assessment in the classroom. *Theory into Practice, 55*(2), 153–159.

Dunn, D. M. (2018). *Peabody picture vocabulary test* (5th ed.). Pearson.

Farkas, G., Morgan, P. L., Hillemeier, M. M., Mitchell, C., & Woods, A. D. (2020). District-level achievement gaps explain Black and Hispanic overrepresentation in special education. *Exceptional Children, 86*(4), 374–392.

Fenson, L., Marchman, V. A., Thal, D. J., Dale, P. S., Reznick, J. S., & Bates, E. (2007). *MacArthur-Bates communicative development inventories* (2nd ed.). Paul H. Brooks.

Ferri, B. A., & Connor, D. J. (2005). In the shadow of Brown: Special education and overrepresentation of students of color. *Remedial and Special Education, 26*(2), 93–100.

Ford, D. Y. (2010). Multicultural issues: Culturally responsive classrooms: Affirming culturally different gifted students. *Gifted Child Today, 33*(1), 50–53.

Gammon, E. (2000). Examining the needs of culturally diverse rural caregivers who have adults with severe developmental disabilities living with them. *Families in Society, 81,* 174–185.

Glasgow, A. (2010). Measures to preserve Indigenous language and culture in te Reo Kuki Airani (Cook Islands Māori language) early-childhood education models. *Alternative: An International Journal of Indigenous Peoples, 6*(2), 122–133.

Hosp, M. K., Hosp, J. L., & Howell, K. (2007). *The ABCs of CBM: A practical guide to curriculum-based measurement.* Guilford Press.

Individuals with Disabilities Education Improvement Act of 2004, 20 U.S.C. § 1400 et seq. (2004). *Reauthorization of the Individuals with Disabilities Education Act of 1990.*

Jegatheesan, B., Miller, P. J., & Fowler, S. A. (2010). Autism from a religious perspective: A study of parental beliefs in South Asian Muslim immigrant families. *Focus on Autism and Other Developmental Disabilities, 25*(2), 98–109.

Jo, A. M., Maxwell, A. E., Yang, B., & Bastani, R. (2010). Conducting health research in Korean American churches: Perspectives from church leaders. *Journal of Community Health, 35*(2), 156–164.

Kim, S., & Kang, V. Y. (2020a). The effect of enhanced milieu teaching on vocabulary acquisition for Korean-American children with Down syndrome. *Journal of Special Education, 55*(2), 1–14.

Kim, S., & Kang, V. Y. (2020b). iPad® video prompting to teach cooking tasks to KoreanAmerican adolescents with autism spectrum disorder. *Career Development and Transition for Exceptional Individuals, 43*(3), 131–145.

Kim, S., Kim, H., Kim, J., Nichols, S. C., & Kang, V. Y. (2020a). Experiences and impact of having children with autism spectrum disorder on the lives of their Korean-American mothers. *Exceptionality.* Advanced published online.

Kim, S., Kim, J., Yan, M.-C., & Kang, V. Y. (2020b). Korean American mother's perceptions of self-determination of primary school children with autism. *International Journal of Disability, Development, and Education.* Advanced published online.

Klassen, R. M. (2010). Confidence to manage learning: The self-efficacy for self-regulated learning of early adolescents with learning disabilities. *Learning Disability Quarterly, 33*(1), 19–30.

Klotz, M. B., & Canter, A. (2006). Culturally competent assessment and consultation. *Principal Leadership, 6*(8), 11–15.

Koegel, P., & Edgerton, R. B. (1984). Black "six hour retarded children" as young adults. In R. B. Edgerton (Ed.), *Lives in process: Mildly retarded adults in a large city* (pp. 145–171). American Association on Mental Deficiency.

Kyzar, K. B., Turnbull, A. P., Summers, J. A., & Gómez, V. A. (2012). The relationship of family support to family outcomes: A synthesis of key findings from research on severe disability. *Research and Practice for Persons with Severe Disabilities, 37*(1), 31–44.

Lord, C., Rutter, M., DiLavore, P. C., Risi, S., Gotham, K., & Bishop, S. L. (2012). *Autism diagnostic observation schedule* (2nd ed.). Western Psychological Services.

Meisels, S., Marsden, D. B., Henderson, L. W., & Wiske, M. S. (2019). *The early screening inventory* (3rd ed.). Pearson.

Morgan, P. L., Farkas, G., Cook, M., Strassfeld, N. M., Hillemeier, M. M., Pun, W. H., Wang, Y., & Schussler, D. L. (2018). Are Hispanic, Asian, Native American, or language-minority children overrepresented in special education? *Exceptional Children, 84*(3), 261–279.

Nortvedt, G. A., Wiese, E., Brown, M., Burns, D., McNamara, G., O'Hara, J., Altrichter, H., Fellner, M., Herzog-Punzenberger, B., Nayir, F., & & Taneri, P. O. (2020). Aiding culturally responsive assessment in schools in a globalising world. *Educational Assessment, Evaluation and Accountability, 32*, 1–23.

Park, J. S. (2012). Korean Protestant Christianity: A missiological reflection. *International Bulletin of Missionary Research, 36*(2), 59–64.

Powell, B., McMillen J., Proctor E., Carpenter C., Griffey R., Bunger, A., & York J. (2012). A compilation of strategies for implementing clinical innovations in health and mental health. *Medical Care Research and Review, 69*, 123–157.

Prewitt-Freilino, J. L., Caswell, T. A., & Laakso, E. K. (2012). The gendering of language: A comparison of gender equality in countries with gendered, natural gender, and genderless languages. *Sex Roles, 66*(3–4), 268–281.

Robins, D. L., Fein, D., & Barton, M. (2009). *Modified checklist for autism in toddlers, revised, with follow-up*(M-CHAT-R/F). Lineage.

Rushton, S. P. (2001). Cultural assimilation: A narrative case study of student-teaching in an inner-city school. *Teaching and Teacher Education, 17*(2), 147–160.

Sparrow, S. S., Cicchetti, D. V., & Saulnier, C. A. (2016), *Vineland adaptive behavior scales*(Vineland-3). Pearson.

Squires, J., Twombley, E., Bricker, D., & Potter, L. (2009). *Ages and stages questionnaires: A parent-completed child monitoring system* (3rd ed.). Brookes.

Sullivan, A. L., & Bal, A. (2013). Disproportionality in special education: Effects of individual and school variables on disability risk. *Exceptional Children, 79*(4), 475–494.

Turnbull, A., Turnbull, H. R., Erwin, E. J., & Shogren, K. A. (2015). *Families, professionals, and exceptionality: Positive outcomes through partnerships and trust*. Pearson.

U.S. Census Bureau (2020). *Quick Facts: United States*. https://www.census.gov/quickfacts/fact/table/US/PST045219

Williams, K. T. (2018). *Expressive vocabulary test third edition*. Pearson.

Wortham, S. & Hardin, B. (2020). *Assessment in early childhood education*. Pearson.

Yan, M. C., Kim, S., Kang, H. J., & Wilkerson, K. L. (2017). Perceptions of disability and special education among East Asian parents: US immigrants and non-immigrants. *Journal of International Special Needs Education, 20*(1), 41–55.

Zimmerman, I., Steiner, V., & Pond, R. (2011). *Preschool language scale* (5th ed.). The Psychological Corporation.

PART 06

특수교육 교수방법에서의
문화적 역량

민-치 옌(Min-Chi Yan), 선영 김(Sunyoung Kim),
베로니카 강(Veronica Kang)

학습목표

1. 문화 및 언어적으로 다양한 배경을 가진(Culturally and Linguistically Diverse: CLD) 장애학생을 위한 다문화교육의 개념 안에서 이중/다중언어 특수교육의 역할에 대해 토론할 수 있다.

2. 문화 및 언어적으로 다양한 장애학생을 교육할 때 교육과정에서 고려해야 할 것에 관해 설명할 수 있다.

3. 특정 교육과정 선택이 문화 및 언어적으로 다양한 장애학생의 성공적인 학교생활에 미치는 영향을 이해할 수 있다.

4. 문화 및 언어적으로 다양한 장애학생을 가르칠 때 고려해야 할 교육적 고려 사항과 전략을 설명할 수 있다.

5. 문화 및 언어적으로 다양한 장애학생을 위한 중재 접근 방식에서 고려할 사항을 논의할 수 있다.

이 장을 읽으면서 생각해 볼 질문은 다음과 같다.

① 교육에서 이중언어 접근방식이 문화 및 언어적으로 다양한 배경을 가진 학생의 학습 기회와 문화 및 언어적으로 주류인 또래의 학습기 회를 어떻게 향상할 수 있는가?
② 잠재적 교육과정은 유색인종 학생과 장애학생에게 어떤 불균형적인 영향을 미치는가?
③ 협동학습 전략에서 문화 및 언어적 다양성을 가진 학생들의 수업 참 여도를 높이는 방법은 무엇인가?
④ 교육과정 개발 및 실행에서 교육내용의 통합이 중요한 이유는 무엇 인가?
⑤ 문화적 역량 교수법과 문화 및 언어적 다양성을 가진 장애학생의 학 교생활적응 사이에는 어떤 관계가 있는가?

문화 및 언어적 다양성을 가진 장애학생의 교육적 요구

문화 및 언어적으로 다양한 배경을 가진 장애학생은 대부분 미국의 교 육 시스템에서 이중위험(장애와 문화적 및 언어적 차이)을 경험한다. 문화 및 언어적으로 다양성을 갖지 않은 또래와 비교하면 장애학생 및 영어 학습 자(English language learners: ELL)를 포함한 문화 및 언어적 다양성(CLD) 을 지닌 학생은 일반적으로 학업 성취도가 낮고 중도 탈락률이 더 높다 (Cartledge & Kourea, 2008). IDEA에서는 어려움이 주로 영어 능력의 부족이나 교사의 질 낮은 수업으로 인해 발생하는 경우, 이들을 특수교육 및 관련 서비스 자격 대상자로 간주할 수 없도록 규정하고 있다(IDEA, 2004). 그러나 특수교육 서비스를 받는 문화 및 언어적 다양성을 가진 장애학생이 상당히 많다는 문제는 수십 년 동안 교사들의 지속적이고 도전적인 문제로 남아있다(Anastasiou et al., 2017; Zhang et al., 2014).

문화 및 언어적 다양성을 가진 장애학생의 불균형적인 대표성 문제는 특수교육에서 학생 인구구성의 다양화를 가져왔다. 학생의 다양성과 관련된 문제는 일반적으로 다문화교육과 얽혀있는데, 이전 장에서 설명한 바와 같이 뱅크스(Banks, 2016)는 다문화교육을 '개별 학생의 문화적 배경을 가치 있게 여기고, 긍정적으로 바라보며 효과적인 교육을 개발하는 데 사용하는 교육적 전략'으로 정의했다. 더 나아가 특수교사들은 다문화교육의 개념과 더불어 문화 및 언어적 다양성을 가진 장애학생을 위한 이중언어 특수교육의 개념에 대한 인식을 높일 필요가 있다. 문화 및 언어적 다양성을 가진 장애학생은 학업 실패를 경험할 위험이 크기에 특수교사는 다문화교육과 이중언어 특수교육의 개념을 고려하여 교육과정을 개발하고, 교수전략을 선택하며, 중재를 실행해야 한다.

이중언어 특수교육

이중언어 특수교육은 문화 및 언어적 다양성을 가진 장애학생의 잠재력을 최대한 발휘할 수 있도록 지원하기 위해 고안된 교육모델로써, 목표를 달성하기 위한 매개체는 장애학생의 모국 문화와 언어이다(Gargiulo & Bouck, 2020). 바카와 연구진(Baca et al., 2004)은 이중언어 특수교육의 개념을 다음과 같이 정의했다.

> 이중언어 특수교육은 통합 환경에서 영어와 함께 모국어와 모국 문화를 사용하여 학생을 위해 개별적으로 설계된 특수교육 프로그램을 운영하는 것이다. 이중언어 특수교육은 적절한 교육을 구축하는 데 아동의 언어와 문화를 토대로 한다. (p. 18)

이중언어 특수교육은 이중언어 교육 프로그램과 특수교육 프로그램을 결합한 것으로써, 영어 습득과 개별화교육계획 구성을 목표로 한다. 따라서 이중언어 특수교육 모델을 실행하려면 특수교사, 일반교사 그리고 이중언어교사의 협력과 조율이 필요하다(Gollnick & Chinn, 2017).

특수교사는 "교육과 학습이 아동의 문화와 호환될 때 그리고 소수 학생의 언어와 문화가 학교 프로그램에 통합될 때, 더 효과적인 학습이 이루어지기 때문에" 각 학생의 문화유산에 민감하면서도 효과적이고 문화적으로 적합한 교육을 제공해야 한다(Winzer & Mazurek, 1998, p. vii). 이에 학생의 문화적 배경은 교육적 자원으로 고려되어야 한다(Ford, 2012; Garcia & Ortiz, 2006; Shealey & Callins, 2007). 특수교사는 문화 및 언어적으로 다양한 장애학생을 위한 교육과정 설계, 수업 전략 및 중재법을 생각할 때 학생의 문화적 배경을 고려하는 것이 중요하다. 더 구체적으로 특수교사는 문화 및 언어적 다양성을 가진 장애학생을 효과적으로 지도하기 위한 교수법을 실행할 때 다음과 같은 다문화교육의 구성요소를 포함해야 한다. ① 교육 내용의 통합(원리, 이론, 개념을 설명할 때 다양한 문화를 예로 사용해야 함), ② 지식의 구성(사건과 개념을 설명하기 위해 다양한 관점을 사용해야 함), ③ 공평한 교수(학생의 학습 양식을 교육에 통합함), ④ 학교문화 강화(차이를 인정하고, 환대하며, 공동체를 강화하는 학교문화에 참여하여 모두가 성공할 수 있다는 믿음을 가져야 함). 문화 및 언어적 다양성을 가진 장애학생의 교육적 성공은 다양한 문화 시스템을 연결하는 의미 있는 교육의 교량적 역할을 하는 교사의 능력에 의해 크게 좌우된다(Garcia & Ortiz, 2006; Meyer et al., 2016).

 ## 문화 및 언어적 다양성을 가진 장애학생을 위한 교육과정 운영 시 고려 사항

IDEA는 문화 및 언어적 다양성을 가진 장애학생을 포함한 모든 장애학생이 일반교육과정에 접근하고, 참여하고, 배워나가는 것을 의무화했다(IDEA, 2004). 교육과정(즉, 무엇을 가르칠 것인가)은 문화 및 언어적 다양성을 가진 장애학생을 위한 특수교육 프로그램의 핵심적인 구성요소이다. 후버와 패튼(Hoover & Patton, 2005)은 교육과정을 의도된 학습성과를 위해 학교 지침에 따라 계획되고 안내된 학습경험으로 정의하였다. 슈버트(Schubert, 1993)는 일반적으로 교육과정을 명시적 교육과정(교사와 학생이 따라야하는 공식적이고 명시적인 교육과정) 잠재적 교육과정(교실에서 실제로 가르치는 교육과정), 그리고 교육과정의 부재(학교에서 가르치지 않는 교육과정)의 세 가지 유형으로 구분한다. 후버와 패튼(2005)은 교사가 문화 및 언어적 다양성을 가진 장애학생을 포함한 모든 학생을 위해 교실 환경에서 구현될 교육과정의 다차원적 특성을 다뤄야 한다고 강조하였다.

"잠재적 교육과정은 맥락적·문화적으로 구체적이고, 그 일부는 환경과 지역사회에 따라 다를 수 있다"(Sulaimani & Gut, 2019, p. 35). 따라서 문화 및 언어적 다양성을 가진 장애학생이 잠재적 교육과정에 익숙해지는 것은 어려운 일이다. 술라이마와 구트(2019)는 교사가 학교에서 잠재적 교육과정의 일부로 필수적인 사회적 기대를 파악하고 학생(문화 및 언어적 다양성을 가진 장애학생 포함)이 이러한 보이지 않는 기대와 규범에 대한 인식을 높일 수 있도록 도와야 한다고 권장했다.

잠재적 교육과정 외에도 문화 및 언어적 다양성을 가진 장애학생은 영어를 충분히 이해하지 못해서 생기는 '교육과정의 부재'로 어려움을 겪을지도 모른다. 레이먼드(Raymond, 2017)는 교사가 학생(예: 장애가 있는 영어학습자)과 교육과정 간의 일치를 개선하기 위해 교육과정의 부재로 인해 누락되거나 가정된 내용과 기술을 파악하고 가르치는 것이 중요하다고 강조한다.

교사는 문화 및 언어적 다양성을 가진 장애학생의 학습적 요구를 고려할 때, 개별화되어 있고 학업 및 적응 기술을 강조하며, 통합적이고 효과적인 교육과정을 제공해야 한다(Cihak & Smith, 2018; Shurr & Taber-Doughty, 2018). 폴로웨이와 연구진(Polloway et al., 2018)은 문화 및 언어적 다양성을 가진 장애학생을 위해 특수교육 프로그램을 설계하는 한편 통합교육과정의 실행을 지지했다. 통합교육과정의 주요 목적은 "그들의 다양하면서도 구체적인 요구에 일치하는 성과 초점을 개발하는 것"(p. 19)이다. 폴로웨이와 연구진(2018)에 따르면 통합교육과정의 중요한 특징은 다음과 같다.

- 현재 시점에서 개인에게 필요한 요구에 대응하기
- 학생들이 의미 있고 효과적인 방법으로 일반 교육과정에 접근할 수 있도록 동시에 필요한 요구를 수용하기
- 일반 교육과정에 포함되지 않은 중요한 요구 사항을 지원하기
- 동료와의 상호작용을 최대화하기 위해 노력하기
- 잠재적인 성인기 성과에 대한 현실적인 평가를 바탕으로 교육과정 개발하기

- 학교교육 및 생애주기에 걸쳐 각 개인의 전환요구에 일관되게 대응하기
- 졸업 목표와 특정한 졸업 요건에 민감하게 대응하기(p. 19)

문화 및 언어적 다양성을 가진 장애학생을 위한 교수 전략 및 고려 사항

문화 및 언어적으로 다양성을 가진 장애학생을 효과적이고 효율적으로 지원하기 위해서는 문화감응적 교육과정을 설계하는 것 외에도 특수교사가 문화감응적 방식으로 수업하고, 교수학습 전략을 실행하는 것이 중요하다. 문화 및 언어적으로 다양성을 가진 장애학생을 위한 수많은 교수 전략 및 고려 사항은 문화감응교수법(Culturally Responsive Teaching: CRT), 협동학습, 차별화 교수, 명시적 교수, 체계적 교수법 등으로 다양한 교수법이 다음에 설명되어 있다. 또한 읽기교육, 사회교육, 수학교육, 과학교육을 포함하여 문화 및 언어적 다양성이 있는 장애학생을 가르치기 위한 특정한 교과 내용과 전략도 다음에 설명되어 있다.

문화감응교수법

문화감응교수법은 교실 환경에서 문화 및 언어적으로 다양성을 가진 학생의 학업성취를 촉진하기 위한 모범적인 교수 사례이다(Gay, 2018; Ladson-Billings, 2014). 효과적인 문화감응교수법은 학생의 문화유산, 경험 및 관점을 반영하여 정체성 확인과 학교 참여를 촉진하기에 이 교수법은 문화 및 언어적 다양성을 가진 장애 또는 비장애학생의 교육 접근성을

크게 향상할 수 있다(Gay, 2002). 게이(Gay, 2018)는 문화감응교수법을 다음과 같이 설명하였다.

> 문화감응교수법은 인종적으로 다양한 학생들의 문화적 지식, 사전 경험, 준거 기준를 활용하여 이들에게 보다 적절하고 효과적인 학습 환경을 만드는 것으로 정의할 수 있다. 이것은 학생들의 강점을 기반으로 가르치는 것이다. (p. 36)

일반교사와 특수교사 모두가 일반학급에서 문화 및 언어적으로 다양성을 가진 장애학생과 그렇지 않은 학생의 학습 요구를 더 잘 충족하기 위해 문화와 언어적 다양성에 대한 자신의 이해를 일관되고 비판적으로 질문하는 것이 필수적이다. 게이(Gay, 2018)는 8개의 단어로 문화감응교수법을 정의하였다.

- 검증: '문화감응교수법'은 학생들의 성향, 태도, 학습 접근방식의 유산이며, 정규 교육과정에서 가르칠 가치가 있는 내용으로서 다양한 집단의 문화유산의 정당성을 인정한다(p. 37).
- 포괄적이고 통합적임: '문화감응교수법의 맥락에서' '교실'의 기대와 기술은 개별적인 개체로 가르치는 것이 아니라 모든 교육과정의 내용과 교실 전체 운영 방식에 스며들어 통합된 전체로 엮여져(p. 38) 있기 때문에 포괄적이고 통합적인 접근이라고 할 수 있다.
- 다차원적인 접근: '문화감응교수법'은 교육과정의 내용, 학습 맥락, 교실 분위기, 학생과 교사의 관계, 수업 방식, 학급 운영 그리고 수행평가를 포괄하는 다차원적인 방식이다(p. 39).
- 임파워먼트: '문화감응교수법'은 학생들이 보다 나은 인간, 더 성공적

인 학습자가 될 수 있도록 도와준다……. 임파워먼트는 학문적 능력, 개인의 자신감과 용기 그리고 의지로 이어진다(p. 40).

- 변혁적임: '문화감응교수법'은 기존의 강점과 성취를 인식하고, 다음 수업 속에서 이를 더 향상시키기 때문에(p. 41) 변혁적이다.
- 해방적임: '문화감응교수법'은 유색인종 학생의 지식을 주류 지식과 앎의 방식이라는 제약적인 굴레에서부터 해방시킨다(p. 42).
- 인본주의: '문화감응교수법'은 대다수 학생과 소수 학생 모두에게 비슷하거나 다른 이유로 가치 있으며, 이러한 이익은 개인과 집단 모두에게 직접적이거나 간접적이다(p. 44).
- 규범적이고 윤리적임: '문화감응교수법'의 맥락에서 문화와 교육은 밀접한 관련이 있으며, 민족마다 서로 다른 문화를 가지고 있기에 민족적·인종적·사회적으로 다양한 학생들을 위한 교육과정에 문화적 다양성을 통합하는 것은 정상적이고 올바른 일이다(p. 45).

문화감응교수법 내 협동학습

협동학습은 학생을 집단으로 묶어서 공동의 목표를 달성하도록 고안된 교수 전략이다. 협동학습은 장애학생, 비장애학생, 문화 및 언어적 다양성의 배경이 있는 학생이 통합학급 환경에서 자율성을 발휘하면서 활동에 참여할 수 있도록 하며, 이 전략은 사회적 환경에서 학생들의 학업 지식, 의사소통 기술을 개발하는 데 도움이 된다(Hart, 2009). 협동학습의 전략은 교육 내용의 영역(예: 쓰기, 독해, 수학, 사회, 과학)에서 사용할 수 있다.

협동학습은 문화 및 언어적 다양성을 가진 장애학생을 위해 유망해 보이지만 그렇게 되려면 일반교사와 특수교사가 학생들을 구조적으로 집단화하는 방법을 알고 학생들이 학습 공동체로서 집단 내에서 또래들과 협력하고 소통하는 방법을 알고 있는지 확인할 필요가 있다. 통합학급에서 장애학생을 포함한 문화 및 언어적 다양성을 가진 학생의 협동학습 성공률을 높이기 위해 게이(Gay, 2018)는 효과적인 5가지 전략을 권장했다.

① 협동학습 속에서 과제를 수행할 때뿐만 아니라 모든 교실에서 항상 협력과 공동체를 중시하는 분위기를 조성하고 사기를 진작한다.
② 협동학습을 작게 시작하고 수업에 점진적으로 도입해서 빈도와 규모에 따라 점차적으로 확대한다.
③ 학생과 교사가 협동학습에 익숙해지고 숙련될 수 있도록 시간을 갖고 기회를 제공한다.
④ 처음에는 협동학습과 개인, 소집단, 전체 학급활동을 조합하여 사용한다.
⑤ 다차원적인 과제를 사용하고 이를 학생에게 명확하게 설명한다. 학생의 학습방식과 지적 능력을 고려해서 집단 내에서 특정 과제를 수행하도록 한다. 이를 통해 학생 개인의 과제에 대한 책임감과 인식에 대한 욕구를 충족시킬 수 있다(p. 228).

차별화 교수

톰린슨(Tomlinson, 2014)과 스미스 등(Smith et al., 2016)의 연구에서는 일반학급에서 제공되는 장애학생을 위한 차별화 교수 개념을 지지했다. 차별화 교수라는 용어는 영재교육에서 비롯되었으나, 일반교육과 특수교육의 수업에서도 실행되고 있다. 거시적 수준에서 차별화 교수는 같은 교실의 모든 학생에게 혜택을 주기 위해 교육과정 내에서 이뤄지는 조정을 의미한다(보편적 학습설계 개념, Universal Design for Learning: UDL과 유사). 반면에, 미시적 수준에서 차별화 교수는 개별 학생을 지원하기 위해 이루어지는 조정을 의미한다(Polloway et al., 2018). 톰린슨(Tomlinson, 2014)은 차별화 교수를 다음과 같이 정의했다.

> 교사는 학생이 무엇을 배워야 하는지, 어떻게 배울지 그리고 배운 것을 어떻게 표현할지에 대한 다양한 접근방식을 사전에 계획하고 이를 통해 각 학생이 가능한 효율적으로 최대한 많이 배울 수 있도록 그 가능성을 높이는 것이다. (p. 170)

톰린슨(Tomlinson, 2014)에 따르면 차별화 교수는 학생 중심의 접근 방식이며, 교사가 학생의 준비도, 흥미, 학습 양식에 따라 교육 내용, 교수 활동 그리고 결과물을 수정하는 것이 중요하다. 교육 내용(content)은 "교사가 특정 학습영역에서 학생이 배우기를 원하는 내용 또는 학생이 중요한 정보에 접근할 수 있는 자료 또는 방식"을 의미한다(Tomlinson, 2014, p. 18). 교수 활동(process)이란 "학생이 핵심기술을 사용하여 본질적인 지식과 개념을 이해하고 적용하고 전달할 수 있도록 설계된 활동"을 말한다(Tomlinson, 2014, p. 18). 결과물(products)은 "학생이 학습한 내용을 보여 주고 확장하는 수단"을 의미한다(Tomlinson, 2014, p. 18). 준비성(readiness)은 "특정 지식, 이해 또는 기술과 관련된 학습자의 진입점"을 의미한다(Tomlinson, 2014, p. 18). 관심(interest)은 "특정 주제나 능력에 대한 학습자의 친화력, 호기심 또는 열정"을 의미한다(Tomlinson, 2014, p. 19). 학습 양식(learning profile)은 "학습자가 학습하는 방식"을 의미한다. 이는 지능, 선호도, 성별, 문화 또는 학습 방식에 따라 형성될 수 있다(Tomlinson, 2014, p. 19). 톰린슨(Tomlinson, 2014)은 교사가 하나 또는 그 이상의 학생 특성을 반영하여 교육과정 요소 중 하나 또는 그 이상을 수정할 수 있는 방법을 설명하는 개요를 제공했다. 또한 그는 교사에게 전통적인 교실(traditional classroom)과 차별화된 교실(differentiated classroom)의 차이를 보여 주기 위해 전통적인 교실에서의 교수법과 차별화된 교실에서의 교수법을 비교한 목록을 제시하였다.

차별화 교수의 핵심 개념은 일반교실에서 일반교사와 특수교사가 문화 및 언어적 다양성을 배경으로 한 학생 또는 장애학생을 포함한 모든 학생의 학습 요구를 받아들이는 것이다. 이에 특수교사와 일반교사는 일반학급에서 모든 학생의 고유한 요구 사항을 해결하기 위한 포괄적인 차별화 교육 모델을 공동으로 개발하는 것이 필수적이다. "보편적 학습설계의 원칙과 차별화 교수의 통합은 일반학급 내 다양한 학생들의 개별적 요구를 해결할 수 있는 잠재적이고 강력한 방법이다."(Polloway et. al., 2018, p. 36) 따라서 일반교사와 특수교사는 문화 및 언어적 다양성을 가진 장애 또는 비장애학생을 포함한 모든 학생에게 더 나은 지원을 위해 차별화 교수의 개념을 적용하는 기술을 갖춰야 한다.

명시적 교수

명시적 교수(Explicit instruction 또는 직접교수: Direct Instruction)는 일반학급과 특수학급의 장애학생과 비장애학생 모두의 학습에 도움이 된다(Pressley et al., 2007; Rupley et al., 2009). 레이먼드(Raymond, 2017)에 따르면 명시적 교수는 "① 필요에 따라 교육내용을 복습하고 재교육하는 것, ② 교사가 새로운 내용을 명시적으로 제시하는 것, ③ 안내된 연습(초기과제 연습), ④ 피드백 및 수정, ⑤ 독립된 연습, ⑥ 유지를 위한 정기적인 점검"(p. 63)을 포함한다. 문화 및 언어적 다양성을 가진 학생은 숙달

수준에 도달할 때까지 명확한 기술 시연과 안내된 연습이 필요하다 (Vaughn et al., 2005). 문화감응교수의 관점에서 교사는 교사의 지도에 대한 반응을 촉진하기 위해 문화 및 언어적 다양성을 가진 장애학생의 사회생활과 관련된 사례를 제시해야 한다.

체계적 교수

체계적 교수는 문화 및 언어적 다양성을 가진 장애학생을 지도하는 데 효과적인 방법이다(Liu et al., 20015; Rivera et al., 2019). 폴로웨이와 연구진(Polloway et al., 2018)에 따르면 체계적 교수는 다음과 같다.

> 교사는 체계적으로 가르치기 위해서 신중하게 선택되고 유용한 기술을 교육하는 데 집중해야 하며, 이러한 기술은 교수(instruction)를 위하여 논리적인 순서로 조직되어야 한다. 따라서 학생은 무엇을 기대하고, 그것이 왜 중요한지 알게 된다. 이를 위해서는 계획적이고 순차적인 과정을 따라야 한다. (p. 7)

리베라와 연구진(Rivera et al., 2020)은 중도 인지장애(Significant Cognitive Disabilities: SCD)와 문화 및 언어적 다양성이 있는 어린 학생을 위한 문화감응교육의 일환으로 체계적 교수를 실시할 것을 권한다. 그들에 따르면 체계적 교수는 문화 및 언어적 다양성을 가진 중도 인지장애 학생을 교사가 효과적으로 지원하기 위한 중요한 도구이며, 우수한 교사에 의해 충실하게 구현된 체계적 교수는 복잡한 요구가 있는 학생에게 직접적인 학습 기회를 증가시킨다(Rivera et al., 2020).

문화감응적 읽기 교수법

읽기교육에서 다문화 문학작품을 활용하는 것은 문화 및 언어적 다양성을 배경으로 하는 학생들을 포함한 모든 학생의 읽기 능력에 긍정적인 영향을 미치는 것으로 나타났다(Cartledge et al., 2016). 완(Wan, 2006)에 따르면 주제별 접근 방식에서 다문화 문학작품을 사용하는 세 가지 단계는 다음과 같다. ① 가족 전통 및 명절 축하와 같은 공통 주제를 가진 어린이용 동화책을 찾는다. ② 문화 및 언어적 다양성과 관계없이 학생 대부분이 관심을 가질 수 있는 하나의 주제(예: 가족 전통)를 선택한다. ③ 이야기를 보여 주기 위한 읽기 자료와 활동을 선택하고 공통의 주제를 설명한다.

코우리와 연구진(Kourea et al., 2018)은 문화 및 언어적 다양성을 가진 읽기 학습장애(Learning Disabilities: LD)학생을 위해 문화감응적 읽기 교수의 3가지 영역, 즉 교육과정 맥락, 교육 제공, 환경적 지원 검토의 중요성을 강조했다. 그들은 문화감응성을 갖춘 교사인 존스 선생님이 루디라는 학생의 읽기 요구를 어떻게 다루었는지 사례를 통해 설명하였다.

사례　**루디를 만나 보자**

루디는 8살이며 초등학교 3학년에 재학 중이다. 6년 전 소말리아 반군이 아버지를 붙잡았을 때 어머니와 세 남매는 함께 소말리아를 떠났다. 루디와 그 가족은 고국의 인종갈등으로 인해 미국으로 정치적 망명을 신청했다. 루디는 유치원에 입학했을 때 영어를 거의 하지 못했다. 초등학교 3학년이 되자 루디는 학습장애 진단을 받고, 제2외국어로서 영어교육을 받기 시작했다. 루디는 대부분 일반학급에서 시간을 보냈고, 현재 루디의 3학년 담임인 존스 선생님은 통역사의 도움을 받아 루디의 어머니와 이야기를 나누며 가족력에 대한 정보를 얻었다. 동시에 담임교사는 교실활동과 쉬는 시간 동안 루디의 사회적 상호작용을 관찰하는 데 시간을 할애했다. 존스 선생님은 수업 시간에 루디의 사회성 및 학업 성취도에 대한 자신의 견해를 반영하여 메모를 작성하였고, 전문적학습공동체(Professional Learning Community: PLC) 회의에서 교사 멘토와 관찰한 내용을 해석하고 공유할 기회를 가졌다.

특수교사가 읽기교육을 할 때 문화 및 언어적 다양성을 가진 학습장애학생의 학습 요구에 보다 문화감응적으로 반응하도록 돕기 위해서 코우리와 연구진(Kourea et al., 2018)은 특히 문화 및 언어적 다양성을 가진 학습장애학생을 위한 문화감응적 읽기교육을 위한 기본 지침요소의 개요, 특수교사가 문화감응적 읽기 교수를 설계할 수 있는 준비 체크리스트, 문화적 역량을 성찰하면서 사용할 수 있는 질문목록을 제공했다.

문화감응적 사회과 교수법

사례 펠리시타를 만나 보자

펠리시타는 13살로 음악과 춤을 좋아한다. 그는 라틴계 소녀로 4년 전 멕시코에서 부모님 및 두 남자 형제와 함께 미국으로 이주했다. 펠리시타는 말하기 및 언어 지연으로 개별화교육계획(IEP)을 갖게 되었다. 펠리시타의 모국어는 스페인어이다. 산토스 선생님에 따르면 펠리시타는 수업 시간에 말을 하거나 집단활동에 참여하는 것에 종종 소심해 보인다고 한다. 하지만 펠리시타는 점심시간이나 쉬는 시간에 친구인 사라와 대화하는 것을 즐기고,

수업 시간에 소집단을 만들라는 요청을 받으면 종종 사라와 짝을 이룬다. 펠리시타를 포함한 모든 학생을 효과적으로 지도하고 지원하기 위해 산토스 선생님은 이전 장에서 설명한 대로 3R 모델과 그래픽 조직자(graphic organizer)를 사용한 명시적 교수법이라는 두 가지 접근 방식을 사용할 수 있다.

핏쳇과 연구진(Fitchett et al., 2012)은 사회과 교육과정을 평가하고 수업을 계획하고 개발하는 데 사용할 3R[검토(Review), 반성(Reflect), 반응 React)]이라는 사회과 교수 모델을 개발했다. 이 모델에서 교사는 먼저 교육과정을 개발한 사람, 교육과정에 등장하는 인물, 교육과정이 문화적으로 다양한 학생에게 얼마나 접근 가능한지 검토한다. 그다음 교사는 학생 배경을 더 잘 이해하기 위한 활동을 진행한다. 예를 들어, 교사는 학생 또는 학생의 가족과 대화하여 학생의 교육에 대한 가족의 목표와 욕구에 대해 알아볼 수 있다(Kim & Kang, 2020). 마지막으로, 교사는 학생으로부터 수집한 정보를 통합하여 다양한 역사적·문화적 맥락과 사례를 포함하는 학생중심 수업을 위한 교수학습 과정안을 개발한다(Fitchett et al., 2012). 3R 모델은 특히 교육훈련 초기 단계에 있는 예비교사들에게 효과적이며, 문화감응성 교수법에 대한 교사의 자신감을 높여주는 것으로 나타났다(Fitchett et al., 2012).

3R 모델 외에도 교사는 수업을 개발할 때 장애학생을 위한 그래픽 조직자와 명시적 교수법을 고려할 수 있다(Ciullo et al., 2015). 그래픽 조직자(graphic organizer)는 개념이나 현상을 소개하기 위해 단어와 도형을 사용하는 시각적 표현이다(Stull & Mayer, 2007). 그래픽 조직자의 예로 학습 가이드 또는 전달된 교육 내용의 요약으로 사용할 수 있는 차트와 표가

있다. 그래픽 조직자와 명시적 교수법은 특히 학습장애가 있거나 독해에
어려움이 있는 학생의 경우 일일 평가와 같은 형성평가를 통해 측정되는
교육내용에 대한 이해를 높이는 데 효과적일 수 있다(Ciullo et al., 2015).

문화감응적 수학 교수법

사례 이만을 만나 보자

> 이만은 축구와 그림 그리기를 좋아하는 9세 남자아이이다. 이만은 미국
> 중서부 지역의 대도시에 있는 공립 초등학교 3학년에 재학 중이다. 이만은
> 약 2년 전 시리아에서 미국으로 이주하였다. 이만은 현재 어머니, 할머니
> 그리고 남동생과 함께 살고 있다. 이만은 정서행동장애와 말하기 및 언어
> 지연으로 진단받은 후 개별화교육계획(IEP)에 참여하고 있다. 이만은 수업
> 시간에 조용하고 내성적인 것으로 관찰되며, 개인 및 소집단 활동시간에는
> 가끔 그림을 그리는 것으로 관찰된다. 수업 시간 외에 이만은 또래 친구들과
> 축구를 즐기는 모습이 관찰된다. 이만의 수학 선생님인 잭슨은 이렇게 교실에
> 서 관찰한 내용을 바탕으로 문화감응교수법(CRT)의 틀을 사용하기로 했다.

문화감응교수법에는, ① 내용 통합, ② 지식의 구조 촉진, ③ 편견 감소,
④ 사회 정의, ⑤ 학업 발달의 5가지 주요 전략이 있다(Hernandez et al.,
2013). 문화감응교수법의 이러한 다섯 가지 구성요소는 보편적 학습설계
모델(Meyer & Rose, 1998)과 행동분석적 접근(언어적 촉구와 시각적 촉구,
즉각적이고 행동별 피드백)을 포함하며, 개별 장애학생을 위한 증거 기반 전략
과 함께 구현된다. 다섯 가지 전략에 대한 정의는 다음에 설명되어 있다.

내용 통합(content integration)을 통해 학생의 자연적인 환경과 가정에서 나타나는 문화 또는 전통을 파악하기 위해 보호자와 자주 소통함으로써 특히 가정환경에서 학생의 일상경험을 파악할 수 있다. 이 과정을 통해 학생과 학생의 가족과의 관계를 형성하고 교육 내용과 학생의 문화적 배경을 연결할 수 있다. 수업 중에 교사는 학생의 문화를 반영하는 예시, 삽화 및 활동을 통합할 수 있다. 학생의 문화를 이해하고 활용하는 것은 학습 환경을 조성하여 학생의 참여와 동기를 높이고, 학생이 학습한 기술을 보여줄 때 의미 있는 강화를 제공하는 데 도움이 될 수 있다.

지식의 구성(knowledge construction)을 촉진하면 다양한 문화적 실제 사례를 사용할 수 있으므로 학생이 일상생활과 연결하여 더욱 적극적으로 토론에 참여할 수 있다. 수업 중 문화감응적 접근을 사용할 때, 특히 장애학생에게는 일단 최소한의 지원(예: 학생이 정보를 처리할 수 있는 충분한 시간 제공)을 제공한 다음, 필요에 따라 점진적으로 더 많은 지원(예: 선택지 제공, 몸짓이나 시각적 힌트 제공)을 추가하여 궁극적으로 학생이 집단 토론과 활동에 독립적으로 참여할 수 있도록 지원한다.

편견 감소(prejudice reduction)는 가족과 문화중개자 역할을 하는 통역사와의 협업을 통해 편견을 줄일 수 있다. 학생과 같은 문화적 배경을 가진 사람과 협력하면 해당 문화권의 장애학생에게 힘을 실어줄 수 있는 수업 계획, 활동, 자료를 준비하는 데 명확한 방향을 제공할 수 있으며, 학급의 모든 학생에게 지역사회에서 실행되는 다양한 문화와 전통을 알릴 수 있다.

사회 정의(social justice)는 학생의 지역사회 또는 더 큰 사회에 영향을 미칠 수 있는 현재 문제를 통합하여 사회 수업뿐만 아니라 수학 같은 다른 과목에서도 학생들이 현재 상태에 도전할 수 있는 사회적 의식을 기를 수 있도록 한다. 학생에게 지역사회의 자원 분배와 관련하여 형평성과 공정성에 관한 질문을 던지고, 지역사회 지도자들과 연결하면서 현재 실행되고 있는 정책에 도전하고 개선할 방법을 브레인스토밍할 수 있도록 토론을 열 수 있다. 이 토론에서 교사는 소집단 또는 짝 토론, 독립적인 글쓰기, 타이핑 또는 그림 그리기, 보편적 학습설계 모델에 따른 그래픽 조직자 등 다양한 표현과 참여 및 표상 방식을 사용하여 문화 및 언어적 다양성을 가진 장애학생의 참여를 촉진할 수 있다(Meyer & Rose, 1998).

문화 및 언어적 다양성을 가진 장애학생을 포함한 모든 학생의 **학업 발달과 성공**(academic development and success)은 또래 모델링과 협력을 통해 촉진될 수 있다. 또한, 교사는 학생들이 상호작용하고 협력하는 방식에 대해 모델링과 구체적인 언어적 칭찬을 사용하여 이를 더욱 강화할 수 있으며, 학생은 이 활동을 통해 서로에 대한 연민과 공감을 키우는 법을 배울 수 있다. 또한, 수업에서 배운 수학적 개념을 자신의 가족과 문화 경험에서 배운 개념(예: 나누기, 덧셈)의 실제 사례로 학생들에게 질문함으로써 학습을 학생 자신의 삶과 연결하는 방식으로 수업 내용을 확장할 수 있다. 예를 들어, 학생에게 그들의 가족이 기념하는 명절과 함께 사는 가족 그리고 전통 음식에 대해서 질문하고 이러한 예를 사용하여 수학 문제를 만들도록 할 수 있다.

많은 연구에서 문화감응적인 보편적 학습설계 접근법(Universal Design for Learning: UDL)이 학습내용과 환경과의 연관성을 높이고, 초등학교 1학년 정도의 어린 학생들도 교과 영역 전반에 걸쳐 능력주의, 인종주 및 기타 사회적 불평등과 관련된 활발한 토론을 할 수 있도록 함으로써, 문화 및 언어적 다양성을 가진 장애학생에게도 유익하다는 점을 확인해 주고 있다(Cressey, 2020).

문화감응적 과학 교수법

사례 지호를 만나 보자

지호는 17살이고 고등학교 3학년이다. 지호는 연극동아리의 일원이자 피아노 연주를 좋아한다. 지호는 미국에서 8년을 살았으며, 현재 한국에서 미국으로 이주한 부모님과 함께 살고 있다. 지호는 자폐성 장애가 있어 개별화교육계획(IEP)에 참여하고 있다. 지호는 학교에서는 영어를 사용하지만 가정에서는 한국어를 사용한다. 과학 수업에서 지호는 또래 친구들과 다양한 활동을 하는 것으로 관찰되었다. 특히 지호는 교정적 피드백을 받을 때 콧노래를 부르거나 머리카락을 잡아당기는 등의 반복적인 행동을 보인다. 지호는 피아노로 연주할 수 있는 다양한 음악에 관해 이야기하는 것을 좋아한다. 지호의 과학 선생님인 아후자 선생님은 그의 교실행동에 대한 관찰 내용을 기반으로 보편적 학습설계, 명시적 교수, 행동적 전략 등을 향상시킬 방법으로(사회과와 수학의 사례에서도 보았듯이) 문화감응교수법을 적용하기로 결정했다.

아후자 선생님은 수업에서 문화감응성을 높이기 위해 학생, 가족, 필요한 경우에는 통역사와의 지속적인 협력을 통해 학생의 문화와 가족 배경을 평가한 후 문화적으로 적합한 사례를 사용할 수 있었다(Hernandez te al., 2013). 문화감응교수법의 일부인 편견 감소와 사회 정의를 증진하기 위해 학생의 지역 또는 지역사회와 관련된 의료 또는 환경 문제와 같은 생물학적 현상과 관련된 정책 및 사회정치운동의 실제 사례를 수업에 통합할 수 있다(Hernandez et al., 2013).

학생은 사회 정의와 과학을 연계함으로써 학습한 과학적 지식과 기술을 건강이나 환경과 관련된 실제 문제를 해결하는 데 적용할 수 있다. 특히 문화 및 언어적으로 다양성을 가진 장애학생을 지원하기 위해 아후자 선생님은 최소-최대 촉구 제공, 또래 모델링/협력, 행동에 대한 구체적이고 즉각적인 피드백 등의 행동 전략과 이전 장에서 설명한 보편적 학습설계와 명시적 교수법과 같은 교수법을 사용하여 문화 및 언어적 다양성이 있는 장애학생을 포함한 모든 학생의 참여방식, 표상방식, 표현방식을 높일 수 있었다.

중재 접근 방식의 고려 사항

미국에서 문화 및 언어적 다양성을 가진 학생의 인구가 증가함에 따라 학생들의 행동과 교실 문화를 관리하기 위해 문화감응성 방식을 실제로 적용하는 것은 현대 교사에게 중요한 과제가 되었다. 그러나 문화 및 언어적 다양성이 있는 장애학생을 위한 교사의 실천을 뒷받침해 주는 지원체계나 모델이 부족하기에 학생들이 학교에서 도전행동을 보일 때 전통적으로 학생의 학교생활에 즉각적인 영향을 미치는 퇴학이나 정학과 같은 배제적 관행을 불균형적으로 사용해 왔던 것이다. 예를 들어, '어린이를 위한 형평성 프로젝트(Children's Equity Project)'와 '초당파 정책센터(Bipartisan Policy center, 2020)'는 "흑인 학생은 정의가 모호한 주관적인 행동 위반(예: 반항, 무례)으로 인해 학교에서 배제될 가능성이 더 크다"라고 보고하고 있다(Losen & Skiba, 2010, p. 37).

카트리지와 연구진(Cartledge et al., 2015)은 예방적 접근 방식이 학교 성과를 개선하고 불균형적인 관행을 줄이기 위한 제일 나은 선택이 될 수 있다고 강조한다. 학교 분위기를 개선하고 학생의 도전 행동을 줄이기 위한 예방적 모델인 긍정적 행동중재 및 지원(Positive Behavior Interventions and Supports: PBIS)은 지난 30년간 모든 주 전역에서 널리 시행되고 있다 (Bal, 2016). 예방적 교육 접근 방식은 다양한 교육적 요구를 가진 다양한 학생 집단을 위해 다단계로 구현된다. 모든 학교의 상황에 미치는 일반적인 영향일 수도 있지만, 우리의 관심은 다양한 문화적 맥락에서의 반응성을 검토하는 데 집중되었다. 발과 연구진(Bal et al., 2012)은 문화감응적 긍정적 행동중재 및 지원(Culturally Responsive Positive Behavior Interventions and Supports: CRPBIS)을 소개했다. 이들은 긍정적 행동중재 및 지원이 학생의 전반적인 행동 특성과 문화적 배경을 모두 고려하여 학교 내의 모든 학생에게 문화감응성을 제공할 수 있다고 강조했다.

이러한 팀 기반의 긍정적 행동중재 및 지원 접근 방식을 더욱 잘 사용하기 위해 발과 동료들(Bal et al., 2016)의 연구와 발(Bal, 2016)의 연구에서는 연구중심 접근으로서 러닝 랩(Learning Lab)을 소개했다. 이러한 접근 지원을 통해 문화감응적 긍정적 행동중재 및 지원은 학교 직원, 학생 가족과 지역사회 구성원 간의 상호작용적인 프로세스가 될 수 있다. 이들은 다양한 이해관계자들과 함께 문제분석과 체계도, 모델링, 계획 및 성찰의 반복적인 과정을 적용하여 대화형 접근 방식이 인종적으로 다양한 학부모의 학교참여를 촉진하고 장애학생들에게 일어나는 불균형적인 배제 관행(예: 퇴학 또는 정학)을 줄인다는 사실을 발견했다.

이와 관련하여 맥다니엘과 그의 연구진(McDaniel et al., 2017; 2018)은 긍정적 행동중재 및 지원을 시행한 후 다양한 이해관계자로부터 심한 빈곤 상황에서 긍정적 행동중재 및 지원을 시행하는 데 필요한 구체적인 요구 사항을 검토했다. 1단계 긍정적 행동중재 및 지원을 시행한 학교 관계자들은 심한 빈곤 상황에서 긍정적 행동중재 및 지원이 다양한 학생들에게 그다지 성공적이지 않았다는 것을 확인했다. 그들은 빈곤 문화가 학생의 학습과 행동에 다양한 방식으로 영향을 미친다는 것을 경험했고, 여기에는 교육과 자원의 품질뿐만 아니라 학생과 그 가족의 다양한 신념, 기대, 학교에 대한 태도도 포함되어 있다고 판단했다(McDaniel et al., 2017). 이들은 자신들의 경험을 바탕으로 교사와 실무자들이 특히 자원이 부족한 지역에서 학생들에게 더 문화적으로 적합한 학습경험을 제공하기 위해 긍정적 행동중재 및 지원 모델을 구현할 것을 제안했다. 맥다니엘 등(McDaniel et al., 2017)의 연구 결과에서 권장한 사항은 다음과 같다.

- 학생에 대해 높은 기대 갖기
- 학생들의 문화적 배경을 이해하고 익숙해지기
- 교사와 관리자가 일관되고 신뢰할 수 있는 방식으로 문화감응전략을 사용하기
- 교사들이 긍정적 행동중재 및 지원 모델과 같은 문화감응전략을 실행하는 방법을 배우고, 지속가능성을 위한 지속적인 연수와 지원을 받을 수 있는 교육기회 제공하기
- 지역사회 단체 및 가족과 협력하여 문화적으로 선택된 전략에 대한 그들의 견해를 평가하여 개선하기

또한, 장애 또는 문화 및 언어적 다양성을 가진 학생을 포함한 모든 학생에게 문화감응성을 반영한 사회적 기술 중재를 제공하는 것은 교사에게 중요한 과제가 될 수 있다. 사회적 기술은 아마도 다른 발달영역인 학

업기술보다 더 문화지향적인 행동영역으로, 사회적 기술 발달이 문화적 변수와 맥락에 의해 영향을 받을 가능성이 더 크다(Cartledge & Loe, 2021; Kim et al., 2017). 카트리지와 연구진(Cartledge et al., 2015)은 특히 사회적 기술을 가르칠 때 교사가 특정 문화적 배경에 대한 자신의 편견을 인식하고 학생들의 문화적 배경을 제대로 반영하여 사회적 기술을 가르쳐야 한다고 주장한다(Cartledge & Kourea, 2008; Cartledge et al., 2008; Ford & Kea, 2009).

마찬가지로 로빈슨-에빈과 연구진(Robinson-Ervin et al., 2011)은 문화 및 언어적 다양성을 가진 학생에게 사회적 기술을 가르치기 전에 교사는 지역사회와 가정에서 학생이 가지는 일상적인 경험을 통합해야 하며, 이를 통해 교사는 수업하는 동안 특정 학생과 그 가족과 지역사회에 가장 적합한 사회적 기술, 규범, 예시를 고려해야 한다고 제안한다. 또한, 교사는 모델링을 통해 학생이 서로의 문화를 가르치고 배울 수 있도록 해야 한다. 이러한 접근 방식을 함께 사용하면 학생들이 자신의 가정이 가진 문화를 긍정적으로 받아들이고, 그들의 문화 밖에서 실천되는 사회적 기술을 소개하며 가르칠 때, 교실 밖의 실제 세계에서 배운 사회적 기술을 적용할 수 있다.

문화 및 언어적 다양성을 가진 장애학생을 학습에 참여시키기 위한 전략

- 장애학생을 포함한 모든 학생을 환대하고 존중하는 교실 환경을 조성한다.

- 문화 및 언어적 다양성을 가진 장애학생 및 그들의 가족과 긍정적이고 배려하는 관계를 맺는다.
- 문화 및 언어적 다양성을 가진 장애학생에게 질문이나 고민이 있는지 정기적으로 질문한다.
- 세계문화, 지리, 예술 등의 사례를 사용해서 문화 및 언어적 다양성을 가진 장애학생의 문화적 배경을 교과과정에 통합한다.
- 교실에서 문화 및 언어적 다양성에 대해 나누고 기념한다.
- 다양한 표현 및 참여방식을 사용하고 촉구 및 행동별 전략과 같은 행동지원을 제공함으로써 문화 및 언어적 다양성을 가진 장애학생이 자신의 목소리 및 문화적 정체성과 경험을 학급 전체와 공유할 기회를 충분히 마련한다.
- 문화 및 언어적 다양성을 가진 장애학생과 동일한 문화 및 언어적 배경을 공유하는 양육자, 통역사 또는 지역사회 구성원과 협력하여 자연스러운 환경(예: 가정, 문화 공동체)에서 학생의 일상적인 경험에 대해 더 많이 알아 본다.
- 다양한 능력과 문화적 배경을 가진 모든 학생을 가르치기 위해 또래 관계 증진 및 집단 협력을 장려한다.

 요약

문화 및 언어적 다양성을 가진 장애학생은 특수교육에 불균형적으로 선정되어 왔다. 이 장에서는 문화 및 언어적 다양성을 가진 장애학생의 학습 요구를 효과적이고 효율적으로 해결하기 위해 특수교사가 ① 다문화

교육 및 이중언어 특수교육에 대한 관점을 고려하고, ② 문화감응성 시각을 통해 교육과정을 설계하여 교육하고 중재수행을 하는 것이 매우 중요하다는 점을 강조했다. 특히 이번 장에서는 문화 및 언어적 다양성을 가진 장애학생의 전인적인 역량을 강화하기 위하여 교육과정 운영 시 고려사항(예: 포괄적인 교육과정), 교수 전략(예: 문화감응교수법, 협동학습, 문화감응적 사회과, 수학 교수법), 중재 접근법(예: 문화감응적 긍정적 행동중재 및 지원)을 소개하였다.

추가 토론 질문

1. 문화 및 언어적 다양성을 가진 장애학생에게 이중언어 특수교육이 중요한 이유는 무엇인가?

2. 포괄적인 교육과정은 어떻게 문화 및 언어적 다양성을 가진 장애학생의 학습을 지원하는가?

3. 문화 및 언어적 다양성을 가진 장애학생이 학습하는 데 문화감응교수법이 도움이 되는 이유는 무엇인가?

4. 차별화 교수는 문화 및 언어적 다양성을 가진 장애학생의 학습을 어떻게 촉진하는가?

5. 문화 및 언어적 다양성을 가진 장애학생에게 문화감응 읽기 교수법을 사용하는 중요한 이유는 무엇인가?

6. 사회과 수업의 문화감응성을 향상하기 위한 3R 모델의 세 가지 구성요소는 무엇인가?

7. 수학 또는 과학 수업을 위한 문화감응교수법 프레임워크의 5가지 구성요소는 무엇인가?

8. 사회, 수학 또는 과학과목 수업에 학생의 문화 또는 가족 배경을 어떻게 반영할 수 있을까? 특히 교사가 학생의 문화적 배경을 보다 잘 이해하고 통합하려면 어떻게 해야 하는가?

9. 심각한 빈곤 상황에서 문화감응적 긍정적 행동중재 및 지원을 구현하는 방법에는 무엇이 있을까?

10. 문화 및 언어적 다양성을 가진 장애학생과 비장애학생을 위한 사회적 기술 중재를 시행할 때 문화적 요소를 고려하는 것이 중요한 이유는 무엇인가?

참고문헌

Anastasiou, D., Morgan, P., Farkas, G., & Wiley, A. (2017). Minority disproportionate representation in special education. In J. Kauffman, D. Hallahan, & P. Pullen (Eds.), *Handbook of special education* (2nd ed., pp. 897–910). Routledge.

Baca, L., Baca, E., & de Valenzuela, J. (2004). Background and rationale for bilingual special education. In L. Baca & H. Cervantes (Eds.), *The bilingual special education interface* (4th ed., pp. 1–23). Pearson.

Bal, A. (2016). From intervention to innovation: A cultural-historical approach to the racialization of school discipline. *Interchange, 47*, 409–427.

Bal, A., Thorius, K. K., & Kozleski, E. (2012). *Culturally responsive positive behavioral support matters*. The Equity Alliance.

Banks, J. (2016). Multicultural education: Characteristics and goals. In J. Banks & C. Banks (Eds.), *Multicultural education issues and perspectives* (9th ed., pp. 2–23). Wiley.

Cartledge, G., Keesey, S., Bennett, J. G., Ramnath, R., & Council, M. R. III (2016). Culturally relevant literature: What matters most to primary-age urban learners. *Reading & Writing Quarterly: Overcoming Learning Difficulties, 32*(5), 399–426.

Cartledge, G., & Kourea, L. (2008). Culturally responsive classrooms for culturally diverse students with and at risk for disabilities. *Exceptional Children, 74*(3), 351–371.

Cartledge, G., & Loe, S. A. (2001). Cultural diversity and social skill instruction. *Exceptionality, 9*(1), 33–46.

Cartledge, G., Lo, Y. Y., Vincent, C. G., & Robinson-Ervin, P. (2015). Culturally responsive classroom management. In E. Emmer & E. Sabornie (Eds.), *Handbook of classroom management* (2nd ed., pp. 411–430). Routledge.

Cartledge, G., Singh, A., & Gibson, L. (2008). Practical behavior management techniques to close the accessibility gap for students who are culturally and linguistically diverse. *Preventing School Failure, 52*(3), 29–38.

Children's Equity Project and Bipartisan Policy Center. (2020). Start with equity: From the early years to the early grades. Children's Equity Project and the Bipartisan Policy Center [Report]. https://childandfamilysucce ss.asu.edu/cep/start-with-equity

Cihak, D., & Smith, C. (2018). Teaching academic skills to elementary students with intellectual disability. In R. Gargiulo, & E. Bouck (Eds.), *Instructional strategies for students with mild, moderate, and severe intellectual disability* (pp. 231–265). Sage.

Ciullo, S., Falcomata, T., & Vaughn, S. (2015). Teaching social studies to upper elementary‒students with learning disabilities: Graphic organizers and explicit instruction. *Learning Disability Quarterly,*

38(1), 15–26.

Cressey, J. (2020). Universal design for learning: Culturally responsive UDL in teacher education. In M. T. Grassetti (Ed.), *Next generation digital tools and applications for teaching and learning enhancement* (pp. 137–158). IGI Global.

Fitchett, P. G., Starker, T. V., & Salyers, B. (2012). Examining culturally responsive teaching self-efficacy in a preservice social studies education course. *Urban Education, 47*(3), 585–611.

Ford, D. (2012). Culturally different students in special education: Looking backward to move forward. *Exceptional Children, 78*(4), 391–405.

Ford, D. Y., & Kea, C. D. (2009). Creating culturally responsive instruction: For students' sake and teachers' sake. *Focus on Exceptional Children, 41*, 1–18.

Garcia, S., & Ortiz, A. (2006). Preventing disproportionate representation: Culturally and linguistically responsive prereferral interventions. *Teaching Exceptional Children, 38*(4), 64–68.

Gargiulo, R. M., & Bouck, E. C. (2020). *Special education in contemporary society* (7th ed.). Sage.

Gay, G. (2002). Culturally responsive teaching in special education for ethnically diverse students: Setting the stage. *International Journal of Qualitative Studies in Education, 15*(6), 613–629.

Gay, G. (2018). *Culturally responsive teaching: Theory, research, and practice* (3rd ed.). Teachers College Press.

Gollnick, D., & Chinn, P. (2017). *Multicultural education in a pluralistic society* (10th ed.). Pearson.

Hart, J. E. (2009). Strategies for culturally and linguistically diverse students with special needs. *Preventing School Failure, 53*(3), 197–206.

Hernandez, C. M., Morales, A. R., & Shroyer, M. G. (2013). The development of a model of culturally responsive science and mathematics teaching. *Cultural Studies of Science Education, 8*(4), 803-820.

Hoover, J. J., & Patton, J. R. (2005). *Curriculum adaptations for students with learning and behavior problems: Differentiating instruction to meet diverse needs* (3rd ed.). PRO-ED.

Individuals with Disabilities Education Improvement Act of 2004, U.S.C. § 612 et seq. (2004).

Kim, S., & Kang, V. Y. (2020). The effect of enhanced milieu teaching on vocabulary acquisition for Korean American children with Down syndrome. *Journal of Special Education, 55*, 113-126.

Kim, S., Kim, H., & Saffo, R. W. (2017). Culturally and linguistically responsive social skills interventions for children with autism. *International Journal of Special Education, 32*(2), 413-438.

Kourea, L., Gibson, L., & Werunga, R. (2018). Culturally responsive reading instruction for students with learning disabilities. *Intervention in School and Clinic, 53*(3), 153-162.

Ladson-Billings, G. (2014). Culturally relevant pedagogy 2.0: A.K.A. the remix. *Harvard Educational Review, 84*(1), 74-85.

Liu, K. K., Thurlow, M. L., & Quenemoen, R. F. (2015). *Instructing and assessing English learners with significant cognitive disabilities.* National Center on Educational Outcomes, University of Minnesota. https://nceo.umn.edu/docs/OnlinePubs/2015ELswSCDreport.pdf

Losen, D. J., & Skiba, R. J. (2010). *Suspended education: Urban middle schools in crisis.* Southern Poverty Law Center.

McDaniel, S. C., Kim, S., & Guyotte, K. W. (2017). Perceptions of implementing positive behavior interventions and supports in high-need school contexts: Through the voice of local stakeholders.

Journal of At-Risk Issues, 20(2), 35–44.

McDaniel, S. C., Kwan, S., & Choi, D. (2018). Stakeholder perceptions of contextual factors related to PBIS Implementation in high need schools. *Journal of Children and Poverty, 24*(2), 109–122.

Meyer, L., Park, H., Bevan-Brown, J., & Savage, C. (2016). Culturally responsive special education in inclusive school. In J. Banks & C. Banks (Eds.), *Multicultural education: Issues and perspectives* (9th ed., pp. 235–255). Wiley.

Meyer, A., & Rose, D. H. (1998). *Learning to read in the computer age*. Brookline Books.

Polloway, E. A., Patton, J. R., Serna, L., & Bailey, J. W. (2018). *Strategies for teaching learners with special needs* (11th ed.). Pearson.

Pressley, M., Mohan, L., & Raphael, L. M. (2007). How does Bennett Woods Elementary School produce such high reading and writing achievement? *Journal of Educational Psychology, 99*(2), 221–240.

Raymond, E. B. (2017). *Learners with mild disabilities: A characteristics approach* (5th ed.). Pearson.

Rivera, C. J., Baker, J., Tucktuck, M., Rüdenauer, H., & Atwel, N. (2019). Research-based practices for emergent bilinguals with moderate intellectual disability: A review of literature. *Journal of Latinos and Education*. Advance online publication.

Rivera, C. J., Haughney, K. L., Clark, K. A., & Werunga, R. N. (2020). Culturally responsive planning, instruction, and reflection for young children with significant disabilities. *Young Exceptional Children, 25*, 74–87.

Robinson-Ervin, P., Cartledge, G., & Keyes, S. (2011). Culturally responsive skills instruction for adolescent Black males. *Multicultural Learning and Teaching, 6*(1), Article 7.

Rupley, W. H., Blair, T. R., & Nichols, W. D. (2009). Effective reading instruction for struggling readers: The role of direct/explicit teaching. *Reading and Writing Quarterly, 25*(2–3), 125–138.

Schubert, W. H. (1993). Curriculum reform. In G. Cawelti (Ed.), *ASCD 1993 yearbook: Challenges and achievements of American education* (pp. 80–115). Association for Supervision and Curriculum Development.

Shealey, M., & Callins, T. (2007). Creating culturally responsive literacy programs in inclusive classrooms. *Intervention in School and Clinic, 42*(4), 195–197.

Shurr, J., & Taber-Doughty, T. (2018). Teaching academic skills to secondary students with intellectual disability. In R. Gargiulo, & E. Bouck (Eds.), *Instructional strategies for students with mild, moderate, and severe intellectual disability* (pp. 300–333). Sage.

Smith, T. E. C., Polloway, E. A., Doughty, J., Patton, J. R., & Dowdy, C. A. (2016). *Teaching students with special needs in inclusive settings* (7th ed.). Pearson.

Stull, A. T., & Mayer, R. E. (2007). Learning by doing versus learning by viewing: Three experimental comparisons of learner-generated versus author-provided graphic organizers. *Journal of Educational Psychology, 99*(4), 808–820.

Sulaimani, M. F., & Gut, D. M. (2019). Hidden curriculum in a special education context: The case of individuals with autism. *Journal of Educational Research and Practice, 9*(1), 30–39.

Tomlinson, C. (2014). *The differentiated classroom: Responding to the needs of all learners.* Association for Supervision and Curriculum Development.

Vaughn, S., Mathes, P., Linan-Thompson, S., & Francis, D. J. (2005). Teaching English language learners at risk for reading disabilities to read: Putting research into practice. *Learning Disabilities: Research & Practice, 20*, 58–67.

Wan, G. (2006). Teaching diversity and tolerance in the classroom: A thematic storybook approach. *Education, 127*, 140–155.

Winzer, M., & Mazurek, K. (1998). *Special education in multicultural contexts.* Prentice Hall.

Zhang, D., Katsiyannis, A., Ju, S., & Roberts, E. (2014). Minority representation in special education: 5-year trends. *Journal of Child and Family Studies, 23*(1), 118–127.

PART 07

장애학생을 위한 개별화교육계획과 전환계획 확인하기

민치 옌(Min-Chi Yan), 브랜디 월튼(Brandi Walton)

이 장을 읽으며 고려할 토론 질문은 다음과 같다.

① 미국장애인교육법(IDEA)은 능력이나 장애와 상관없이 모든 학생에게 적절한 무상교육을 보장한다. 적절한 교육을 결정하기 위해 어떤 기준을 사용해야 하는가?

② 장애학생을 위한 개별화교육계획(IEP)을 수립하는 과정에서 문화정체성을 중심에 두는 것이 필수적인 이유는 무엇인가?

③ 교사는 문화감응적 전환계획을 통해 학생의 자기결정과 자기옹호를 어떻게 도울 수 있는가?

④ 개별화교육계획(IEP)과 전환계획의 맥락에서 가족의 의견과 협력이 중요한 이유는 무엇인가?

⑤ 법적으로 준수되는 개별화교육계획(IEP)과 장애학생의 지역사회 참여 사이에는 어떤 관계가 있는가?

 장애학생을 위한 개별화교육 프로그램

미국장애인교육법(Individuals with Disabilities Education Act, 이하 IDEA)은 문화 및 언어적으로 다양한 배경을 가진 학생을 포함하여, IDEA에 적용을 받는 모든 장애학생을 위한 개별화교육계획(Individual Education Plan: IEP)을 학교가 개발하도록 의무화했다. IDEA의 기초가 되는 개별화교육계획은 특수교육대상학생이 받는 교육을 통합한다(Yell, 2019). 개별화교육계획의 과정은 IDEA에 따라 학생들에게 적절한 무상의 공교육(Free Appropriate Public Education: FAPE)을 개발하고, 공식화하여 제공한다

(Bateman, 2017). 개별화교육계획은 특수교육 서비스, 조정, 교육배치 및 전환 서비스에 대한 구체적이고 개별화된 계획을 요약한 법적 문서이다. 따라서 특수교사는 문화 및 언어적 다양성을 배경으로 하는 학생을 포함한 모든 장애학생을 위해 효과적이고 의미 있는 개별화교육계획을 개발하는 것이 매우 중요하다. 특히 장애학생 인구구성이 더욱 다양해짐에 따라 개별화교육계획을 개발할 때 문화 및 언어적 다양성을 가진 장애학생을 위해 문화감응적이고, 그들의 정체성을 확인하는 것은 점점 더 중요해지고 있다.

개별화교육계획의 목적

개별화교육계획은 특수교육의 가장 중요한 특징 중 하나이다(Bateman, 2017). 바리오와 동료(Barrio et al., 2017)에 따르면 "개별화교육계획의 핵심은 학생이 누구인지 파악하고, 학생에 대한 긍정적이고 높은 기대와 목표를 가지며, 학생이 처한 교육상황을 이해하는 것이다(p. 116)."라고 주장하였다. 개별화교육계획(IEP)의 가장 중요한 목적은 문화 및 언어적 다양성을 가진 학생을 포함한 모든 장애학생이 특별히 설계된 교육, 수정·조정 그리고 관련 서비스를 제공받으며 성공적인 학교생활을 경험할 수 있도록 지원하는 것이다.

보다 구체적으로 옐(Yell, 2019)의 연구에 따르면 개별화교육계획은, ① 책임감, ② 의사소통 및 협력, ③ 관리, ④ 준수와 모니터링, ⑤ 평가와 같은 다양한 목적을 수행한다. 학교는 특수교육대상 학생을 위해 특수교육 서비스, 관련 서비스, 추가적 지원 및 서비스를 포함하여 법적으로 구성된 개별화교육계획을 이행해야 할 책임이 있으며, 필요한 경우 개별화교육계획을 수정하거나 재작성해야 한다. 개별화교육계획 협의회는 개별화교육계획을 수립할 때 학생의 부모 또는 가족과 학교 교직원 사이의 의사소통 방식이며, 또한 개별화교육계획 지원팀이 장애학생의 교육적 지원과 관련하여 발생할 수 있는 이견을 해결하기 위한 공론의 장이기도 하다. 개별화교육계획은 학교가 무상의 공교육(FAPE)을 제공할 특수교육 및 관련 서비스를 결정하는 방법을 지시하는 관리방식이며, 개별화교육계획 지원팀은 장애학생이 무상의 공교육을 받을 때 필요하다고 판단되는 자원을 기록하는 것이다. 주 정부 또는 연방정부 기관은 개별화교육계획을 통해 학교가 제공하는 특수교육 서비스를 추적할 수 있으며, 법원은 개별화교육계획을 사용하여 학교가 IDEA의 무상의 공교육 의무를 준수하는지 평가할 수 있다. 마지막으로 개별화교육계획은 학생의 목표 달성에 대한 진행 상황을 평가하기 위해 연간 및 측정 가능한 목표를 나열하고 학생의 연간목표를 측정하는 방법을 설명하며, 학생의 목표에 따른 진행 상황을 보고하는 일정을 포함하는 평가 방식이다.

개별화교육계획 개발

개별화교육계획의 개발은 "학생의 특수교육 프로그램이 학생 개개인의 요구를 충족하고 의미 있는 교육적 혜택을 제공할 수 있도록 학교 교직원과 학부모 사이의 협력적 노력"을 통해 이루어져야 한다(Yell, 2019, p. 221). 개별화교육계획의 개발은 학교 교직원과 완전하고 동등한 파트너로서 장애학생의 부모 및 가족이 참여해야 한다(Bateman, 2017). IDEA는 개별화교육계획 지원팀에 필수로 참가해야 하는 사람과 추천 가능한 사람을 명시하고 있다. 개별화교육지원팀의 필수 구성원은 다음과 같다. ① 장애학생의 부모/가족 또는 보호자, ② 최소 한 명의 특수교사, ③ 최소 한 명 이상의 일반교사, ④ 지역교육청(LEA) 대표, ⑤ 장애학생의 평가결과를 교육적으로 해석할 수 있는 사람(예: 특수교사), ⑥ 필요한 경우(전환지원이

계획된 경우는 필수) 장애학생 당사자 등이 포함된다. 선택적 팀 구성원은, ① 관련 서비스 제공자, ② 전환지원 담당자, ③ 학부모/가족 또는 학교의 재량에 따라 장애학생에 대해 잘 알고 있는 개인이 포함되지만 제한적이지 않다.

개별화교육계획은 문화 및 언어적으로 다양성을 가진 학생을 포함하여 IDEA에 따른 각 장애학생의 교육계획을 개괄적으로 설명하는 개별 맞춤 문서이다. IDEA는 개별화교육계획에서 여러 가지 필수 구성요소를 포함하도록 규정하고 있다. 이러한 구성요소는, ① 장애학생의 현재 학업성취도 및 기능적 수행수준에 대한 진술(Present Levels of Academic Achievement and Functional Performance: PLAAFP), ② 장애학생을 위해 개발된 측정가능한 연간목표와 단기목표에 대한 진술, ③ 연간목표 달성을 위한 장애학생의 진행 상황을 측정하는 방법에 대한 진술, ④ 장애학생이 일반교육 프로그램에 참여할 수 있는 정도에 대한 설명, ⑤ 장애학생의 프로그램 참여와 주/학군 평가에서 조정할 사항에 대한 진술, ⑥ 장애학생에게 제공될 특수교육, 관련 서비스, 추가적 지원 및 서비스에 대한 진술, ⑦ 서비스 시작 예정일 및 제공 기간, ⑧ 16세인 장애학생의 측정 가능한 중등 이후(post-secondary)성과 목표 및 전환 서비스에 대한 진술이다.

위의 열거한 모든 개별화교육계획 구성요소는 IDEA에서 문화 및 언어적 다양성을 가진 학생을 포함한 모든 장애학생에게 제공하는 특수교육 프로그램의 성공을 위해 필수이다. 그중에서도 교육과 관련된 몇 가지 구성요소는 교육적 관점에서 특히 중요한데, 여기에는 학업성취도 및 기능적 수행수준(PLAAFP), 측정 가능한 연간목표 및 단기목표, 특수교육, 관련 서비스 및 추가지원 등이 포함된다.

개별화교육계획의 필수 구성요소 중 첫 번째는 학업성취도 및 기능적 수행수준 문서이다. 학업성취도 및 기능적 수행수준 문서는 장애학생의 현재 학업적·행동적 수행수준에 대한 요약을 제공하고, 학생의 장애가 일반교육과정과 중등이후 전환에 대한 참여와 성장에 영향을 미치는 방식도 제공한다. 학업성취도 및 기능적 수행수준 문서의 정보는 장애학생을 위한 개별화교육계획 목표와 단기목표 설정을 위한 기초 정보를 제공한다(Yell, 2019). 이는 문화 및 언어적 다양성을 가진 학생을 포함한 모든 장애학생에게 특수교육이 필요한 모든 영역의 수행수준을 측정하기 위해 필요하다.

측정 가능한 연간 개별화교육계획 목표와 단기목표는 개별화교육계획의 기본적인 구성요소이다. 개별화교육계획 지원팀은 문화 및 언어적 다양성을 가진 학생을 포함한 장애학생이 일반교육과정 및 장애학생과 관련이 있는 다른 교육적 영역에 참여하고 진전을 이루는 데 필요한 것을 반영하여 측정 가능한 개별화교육계획 목표와 단기목표를 결정하고 구성한다. IDEA는 더 이상 단기목표를 요구하지 않지만, 주(州) 법에 따라 학교는 여전히 개별화교육계획에 단기목표를 포함하도록 요구할 수 있다(Yell, 2019). 개별화교육계획 지원팀은 매년 장애학생이 개별화교육계획의 목표와 단기목표를 달성하였는지 평가하고, 특수교육 프로그램이 장애학생에게 적절한 교육과정과 교수방법을 제공하고 있는지 여부를 결정해야 한다.

특수교육, 관련 서비스, 추가 지원 및 서비스에 대한 진술은 개별화교육계획의 핵심 구성요소이다. 특수교육, 관련 서비스, 추가 지원 및 서비스의 목적은 문화 및 언어적으로 다양성을 가진 학생을 포함한 모든 장애학생이 개별화교육계획(IEP) 장기목표와 단기목표를 달성할 수 있도록 지원하는 것이다. 장애학생에게 제공되는 서비스는, ① 개별화교육 장기목

표 및 단기목표 달성을 위한 적절한 진전을 이룰 수 있도록 하고, ② 일반
교육과정에 참여하여 성장하고, 학교교육과정 이외의 활동에 참여할 수
있도록 하며, ③ 장애가 있는 학생과 장애가 없는 학생이 함께 교육받을
수 있도록 지원해야 한다(Yell, 2019).

　IDEA(2004)에서는 위의 개별화교육계획(IEP)의 의무 구성요소 외에도
장애학생의 개별화교육계획 지원팀이 다음과 같은 특별한 고려 사항을
규정한다.

① 아동의 행동이 본인 또는 타인의 학습을 방해하는 경우, 해당 행동
　을 해결하기 위해 긍정적 행동중재 및 지원(Positive Behavioral
　Interventions and Supports: PBIS) 또는 기타 전략을 사용해야 한다.
② 제한적인 영어 능력을 갖춘 아동의 경우, 아동의 개별화교육계획에
　서 관련된 아동의 언어관련 요구 사항을 고려한다.
③ 시각장애(전맹 또는 저시력) 아동의 경우, 개별화교육계획 지원팀이
　아동의 읽기 및 쓰기 능력, 요구, 적절한 읽기 및 쓰기 매체(향후 아
　동의 점자 교육 또는 점자 사용에 대한 교육 요구 포함)에 대한 평가 후
　점자 교육 또는 점자 사용이 아동에게 적절하지 않다고 판단하지 않
　는 한 점자 교육 및 점자 사용을 제공해야 한다.
④ 청각장애(농 또는 난청) 아동의 경우 아동의 언어 및 의사소통 요구
　사항과 아동의 언어 및 의사소통 방식으로 또래 및 전문가와 직접
　의사소통할 수 있거나 직접 교육받을 기회, 학업 수준을 포함한 전
　반적인 모든 요구 사항을 고려해야 한다.
⑤ 아동에게 보조공학기기 및 지원이 필요한지 고려해야 한다.

영어 능력에 제한이 있을 수 있는 문화 및 언어적으로 다양성을 가진 장애학생[예: 영어 학습자(English Language Learners: ELLs)]의 경우, IDEA에서는 개별화교육계획 개발 시 문화 및 언어적으로 다양성을 가진 장애학생의 언어적 요구 사항을 고려하는 것이 필수적이고 필요하다고 특별히 명시되어 있다. 문화 및 언어적으로 다양한 장애학생의 언어적 요구 외에도 개별화교육계획 지원팀이 문화 및 언어적 다양성을 가진 장애학생의 문화적 배경을 고려하는 것도 중요하다.

문화 및 언어적 다양성을 가진 장애학생을 위한 개별화교육계획에서 문화적 고려 사항

문화 및 언어적 다양성을 가진 장애학생이 특수교육에서 불균형적으로 대표되는 문제는 수십 년간 교사 및 교육 이해관계자의 지속적이고 도전적인 관심사였다(Anastasiou et al., 2017; Zhang et al., 2014). 따라서 개별화교육계획 지원팀은 개별화교육계획(IEP) 과정 전반에 걸쳐 교육에 대한 가족의 경험과 가치를 이해함으로써 문화 및 언어적 다양성을 가진 장애학생과 가족의 특별한 요구를 해결하는 것이 중요하다(Gibb & Taylor, 2015). 깁과 테일러(Gibb & Talor, 2015)는 문화 및 언어적 다양성을 가진 장애학생을 지원하기 위해 다음과 같은 제안을 했다.

- 평가과정에서 표준화된 평가절차 및 도구는 언어 및 문화적 다양성을 가진 장애학생에게 사용하기에 적절히 설계되지 않았을 수 있음을 인식해야 한다.

- 특히 분류 과정에서 학생과 가족의 가치관, 행동, 신념과 같은 맥락적 요소를 고려해야 하며, 다양한 배경과 문화를 가진 사람들은 학교 관계자와 같은 관점으로 장애를 바라보지 않을 수도 있다는 점을 알아야 한다.

- 언어 및 문화적 차이로 인한 장벽, 학교체계에 대한 부모의 지식 부족, 자녀의 문제점만 듣게 되는 것에 대한 부모의 두려움을 줄임으로써 문화 및 언어적 다양성을 가진 장애학생의 학부모가 개별화교육계획에 참여하도록 촉진할 수 있다.

- 개별화교육계획 협의회에 문화 중재자를 포함하여, ① 학교 전문가의 언어를 구사하지 못하는 학부모를 위해 상담 내용과 서류를 번역하고, ② 학교 환경과 가정의 문화로 인해 발생할 수 있는 오해를 명확히 설명한다.

- 개별화교육계획의 목표와 목적에서 학업 및 사회적 상호작용 기술을 모두 다루고 가정과 지역사회에서 가치 있는 행동인지 확인한다.

- 지원 및 교육배치를 결정할 때, 학생이 모국어로 된 교육에 접근해야 할 필요성을 고려한다.

- 개별화교육계획 협의회에 따라 부모에게 관련 지역사회 자원에 대한 정보를 제공하고, 문화 및 언어적 다양성을 가진 다른 장애학생의 부모들과 교류할 기회를 제공한다(p. 7).

문화감응적 개별화교육계획

문화 및 언어적 다양성을 가진 장애학생의 학업성취와 행동기능을 효과적이고 충분히 지원하기 위해 바리오 등(Barrio et. al., 2017) 연구에서는 문화감응적 개별화교육계획(Culturally Responsive and Relevant IEP

Builder: CRRIB)을 실행해야 한다고 주장하였다. 문화감응적 개별화교육
계획은 문화감응적 개별화교육계획을 개발하는 과정에서 개별화교육계획
지원팀을 안내하는 데 필요한 요구를 충족하도록 설계되었다. 바리오와
연구진(Barrio et. al, 2017)은 개별화교육계획(IEP)의 각 구성요소에 문화
감응성의 필수개념을 통합하는 과정에서 개별화교육계획 지원팀이 고려
해야 할 몇 가지 지침을 다음과 같이 제안했다.

① 학생과 가족의 준거기준을 고려하기
② 학생의 행동양식과 지능, 사회적·신체적 능력과 강점을 극대화하기
③ 학생과 가족의 문화적 역량을 유지하고, 그 과정에서 학생과 가족이
  목소리를 낼 수 있도록 하기
④ 학생이 가진 경험을 활용하기
⑤ 가족과의 협력을 통해 성공을 정의하고 촉진하기(p. 116)

바리오 등(Barrio et al., 2017)의 연구는 문화감응적 개별화교육계획
(CRRIB)을 사용할 경우의 강점을 강조한다. "문화감응적 개별화교육계획
(CRRIB) 속 문화적 고려 사항이 학생의 문화적 역량을 강화하고, 학생의
이전 경험을 통합하며, 가족의 준거 기준을 중요시하는 데 집중하도록 도
와서 개별화교육계획 지원팀의 초점을 유지하는 데 도움이 된다."라고 강
조했다(p. 116). 또한 이 연구에서는 개별화교육계획 과정 전반에 걸쳐 문
화감응성을 반영하여 학생의 강점을 기초로 발전시키는 것이 중요하며,
개별화교육계획 지원팀의 담당자가 학생의 가족 및 지역사회와 효과적으
로 협력하고, 모든 의사결정 과정에서 학생의 의견을 수용하는 것이 필수
적이라고 강조하고 있다. 그러면서 에두아르도라는 학생의 학습요구를
해결하기 위한 문화감응적 개별화교육계획의 사례를 제시하고 있다.

사례 에두아르도를 만나 보자

에두아르도는 이중언어를 구사하는 2학년 학생이다. 동물에 대해 배우고 공룡을 그리는 것을 좋아하는 친절하고 쾌활한 아이이다. 그는 존경받는 수의사인 어머니 엘리사와 중학교 수학교사이자 고등학교 야구코치인 아버지 미구엘과 함께 사랑이 넘치는 가정에서 자랐다. 에두아르도는 11세 누나 줄리아 그리고 할머니인 델리아와도 함께 살고 있다. 이들은 친인척을 만나기 위해 미국 다른 지역과 모국인 멕시코를 자주 여행한다. 에두아르도는 어머니가 운영하는 동물병원에서도 시간을 보내고, 아버지와 누나와 함께 야구를 하거나 할머니와 함께 요리하는 법을 배우는 등 가족과 시간을 많이 보낸다.

에두아르도는 친구들과 선생님 덕분에 학교를 좋아하지만 지난 몇 년 동안 학업에 어려움을 겪어 왔다. 그는 작년 1학년 초에 읽기와 쓰기 장애가 의심되어 중재반응모델(Response-To-Intervention model: RTI)을 통해 광범위한 중재를 받은 후 특수교육에 의뢰되었다. 언어습득 문제를 배제하기 위해 Woocock-Muñoz[1] 평가를 받은 후, 읽기와 쓰기 학습장애로 진단되어 특수교육대상자가 되었다. 에두아르도는 현재 학교와 가정에서 영어와 스페인어로 유치원 수준의 책을 읽는다. 할머니를 포함한 가족은 에두아르도의 교육에 매우 적극적으로 참여하고 있으며, 가정에서 에두아르도가 개별화교육계획 목표를 달성하도록 최선을 다해 도와준다. 에두아르도의 아버지는 선생님의 제안에 따라 매일 20~30분씩 에두아르도와 함께 책을 읽고, 에두아르도는 독서 시간이 끝나면 보상으로 아버지와 함께 야구를 한다. 에두아르도의 누나 줄리아는 동생의 반에서 독서 친구가 되었고, 동물병원에서는 엄마 엘리사가 보살피는 각종 동물에 대한 정보를 읽는 것을 좋아한다(p. 117).

바리오와 동료들의 연구(Bario et al., 2017)에서는 에두아르도의 개별화교육계획 지원팀이 문화감응적 개별화교육계획의 지침에 따라 에두아

---

[1] 역자 주: Woodcock-Muñoz 언어평가는 스페인어 사용자를 위한 총체적인 언어평가 도구로 읽기, 쓰기, 말하기를 포함하였음.

르도의 개별화교육계획의 각 요소를 개발하는 것에 대해 추가적인 예를 제시하였다. 에두아르도의 개별화교육계획 지원팀은 에두아르도의 강점을 고려하고, 문화감응적인 방식으로 에두아르도의 학습 요구를 해결하기 위해 문해력 목표에 문화적인 내용을 결합하였다. 연구팀이 에두아르도를 위해 개발한 연간 개별화교육계획 목표 중 하나는 "에두아르도는 학교의 교육과정 중심 측정(Curriculum-Based Measurement: CBM) 도구로 측정한 읽기어휘 성취도 점수를 100% 높일 수 있다."(p. 118)라고 하였다. 이 개별화교육계획 목표를 달성하는 과정에서 에두아르도와 가족의 문화적 역량을 유지하기 위해 바리오의 연구팀은 "부모와 교사가 영어와 스페인어 단어를 가정과 교실에 게시하고, 에두아르도는 자신이 좋아하는 단어를 담은 단어장을 만들 것이다."(p. 118)라고 설명하였다. 또한 에두아르도의 기존 경험을 반영하기 위해 "자신의 여행경험, 공룡, 동물, 동물병원에서의 경험 및 야구에 대한 지식을 보여 주는 어휘 단어를 연습에 포함할 것이다."(p. 118)라고 예시했다. 에두아르도 가족의 준거 기준을 고려하기 위해 바리오 등(Bario et al., 2017)은 "에두아르도는 관심 있는 단어뿐 아니라 영어와 스페인어 어휘를 연습하고 배울 것"이라고 설명했다. 에두아르도의 수행양식을 활용하고 그의 지적·사회적·신체적 능력과 강점을 극대화하는 측면에서 바리오 등(Bario et al., 2017)은 "에두아르도는 집과 학교에 붙여놓은 어휘카드를 통해 가족 및 또래와 어울릴 수 있을 것이며, 친구들과 스페인어 단어를 공유할 수 있을 것"(p. 118)이라고 설명했다. 에두아르도의 성공을 가족과 협력하여 정의하고 촉진하기 위해 바리오 등(Barrio et al., (2017)은 "가족은 에두아르도의 어휘를 구축하고, 연습시키는 데 핵심적인 역할을 할 것"이라고 설명했다(p. 118).

  트란과 동료들(Tran et al., 2018) 역시 문화감응성 및 언어적 고려 사항을 개별화교육계획(IEP)의 필수 구성요소로 통합하는 것이 매우 중요한 일이라고 주장했다. 트란의 연구진은 현재 학업성취도 및 기능적 수행 수준(PLAAFP)을 설명하기 위해 개인의 관심사, 제1언어 그리고 문화 및 언어적 다양성을 가진 학생의 가족문화를 고려할 필요가 있다고 강조했다. 측정 가능한 연간목표를 개발할 때도 문화 및 언어적 다양성을 가진 학생의 문화적으로 관련된 지식, 영어능력 수준, 자원 및 내용에 대한 접근성을 신중하게 고려해야 한다고 했다(Tran et al., 2018). 그 외에도 지원 보조/서비스 영역에서도 번역과 통역사를 사용하는 것과 문화 및 언어적 다양성을 가진 학생의 가족문화의 영향을 고려하는 것도 중요하다고 강조했다.

문화 및 언어적 다양성을 가진 학생에게 의미 있는 조정 또는 수정을 제공하기 위해서는 문화의 가치와 교육, 학생이 가장 유창하게 구사하는 언어, 접근성을 촉진하는 자원에 초점을 맞추는 것이 중요하다(Tran et al., 2018). 또한 의미 있고 적절한 행동중재 계획을 개발하기 위해 문화 및 언어적 다양성을 가진 학생의 문화적 가치, 가족 상태, 행동에 대한 인식을 고려할 것을 강조하였다. 교실 속에서 교육 내용에 대한 접근성을 향상하는 자원(예: 보조공학), 보조공학 기기에 대한 노출 및 경험 그리고 관련 교육에 대한 접근성을 촉진하는 자원은 문화 및 언어적 다양성을 가진 학생의 유익을 위해 고려되어야 한다(Tran et al., 2018). 〈표 7-1〉은 트란 등의 연구(Tran etal., 2018)에서 권장한 문화 및 언어감응성 개념을 문화 및 언어적 다양성을 가진 장애학생을 위해 개별화교육계획을 작성할 시 적용하는 방식에 관한 예이다.

〈표 7-1〉 문화 및 언어감응적 개별화교육계획

개별화교육계획 구성요소	
학생정보	• 이름: 호세 곤잘레스 • 생년월일: 2006년 1월 1일 • 학년: 10학년 • 학교: 위즈덤 고등학교 • 기본 분류: 읽기 학습장애 • 가족 및 문화적 배경: 호세의 부모님은 6년 전(2016년) 멕시코에서 이주하였고, 호세는 가족과 지역사회에서 스페인어로 의사소통한다.
현재 학업 성취와 기능적 수행 수준 (PLAAFP)	• Woodcock-Johnson 성취도 검사[2] 결과에 따르면 호세는 8학년 수준의 지문 이해력에는 표준에 도달하였지만 9학년 수준 이상에서는 정확하게 이해하지 못하는 것으로 나타났다. 호세는 일반교육(CCSS.ELA-LITERACY,RL,.9-10.10)에서 10학년의 진도를 나가기 위해 9~10학년 읽기 난이도의 상수준인 이야기, 드라마, 시를 포함한 문학을 독립적이고 능숙하게 읽고 이해해야 한다. 호세의 어머니에 따르면 호세는 사진과 이미지가 함께 있는 글을 읽을 때 더 잘 읽는다고 한다.
측정 가능한 연간목표	• 2022년 6월 1일까지 9학년 수준의 소설, 비문학, 시 읽기 지문이 시각적 촉구와 함께 주어지면 호세는 4주 동안 교사의 관찰 기록에 따라 5개의 지문 중 4개의 지문에 대해 80%의 정확도로 지문을 읽고 구두/문서 형식으로 문자적 이해 및 추론적 이해 문제를 풀 수 있다.
기준/단기 목표	• 2021년 12월 1일까지 9학년 수준의 소설, 비문학, 시 읽기 지문이 시각적 촉구와 함께 주어지면 호세는 4주 동안 교사의 관찰 기록에 따라 5개의 지문 중 4개의 지문에 대해 40%의 정확도로 지문을 읽고 구두/문서 형식으로 문자적 이해와 추론적 이해 문제를 풀 수 있다. • 2022년 3월 1일까지 시각적 촉구와 함께 9학년 수준의 소설 읽기 지문이 주어질 때, 호세는 4주 동안 교사의 관찰 기록에 따르면 5개의 지문 중 4개의 지문에 대해 40%의 정확도로 지문을 읽고 구두/문서 형식으로 문자적 이해와 추론적 이해 문제를 풀 수 있다. • 2022년 6월 1일까지 시각적 촉구와 함께 9학년 수준의 시 읽기 지문을 주면 호세는 4주 동안 교사의 관찰 기록에 따라 5개의 지문 중 4개의 지문에 대해 80%의 정확도로 지문을 읽고 구두/문서 형식으로 문자적 이해 및 추론적 이해 문제를 풀 수 있다.

개별화교육계획 구성요소	
특수교육 및 관련 서비스	• 호세는 학교 도서관에서 영어와 스페인어를 구사하고 히스패닉 문화를 이해하는 독서 전문가로부터 주당 3일, 1시간씩 독서 중재를 받는다. 또한 호세는 일반학급에서 특수교사로부터 주 5일, 30분씩 일대일 독서 지원을 받게 된다. 특수교사는 매주(예: 금요일) 독서 전문가와 만나 호세의 독서 진도에 대해 논의하고 호세에게 필요한 독서 지원을 고려한다.
편의 사항	• 시각 자료(예: 사진, 이미지), 연장된 시간, 잦은 휴식시간

*개별화교육계획 예시에서 밑줄이 그어진 단어는 호세의 문화 및 언어감응성을 나타냄 / PLAAFP = 현재 학업성취도 및 기능적 성과 수준 / CCSS = 공통 핵심 주 표준 / 〈표 7-2〉는 16세 호세를 위한 전환계획의 구성요소를 보여줌.

사례 아킨 우마르를 만나 보자

아킨 우마르는 14살이고 아프리카계 미국인 남학생이다. 아킨은 9살 때 학습장애(Learning Disability: LD) 진단을 받았고 이후 학업적 지원을 받기 위해 개별화교육계획을 시행했다. 그는 고등학교에서 독립된 교실(self-contained classroom)[3]에 배치되었지만, 별도의 개별 수업(Pull-out service)[4]을 받았다. 아킨은 스포츠, 예술, 과학, 만화책을 좋아하며, 가족들과 사이가 좋다. 나이지리아 이민자이자 레스토랑을 운영하는 아버지 아데다요와 어머니 졸 그리고 형 이제이와 여동생 세이드가 함께 살고 있다.

아킨은 대도시에서 45분 거리의 교외에 있는 백인이 대부분인 고등학교에 재학 중이다. 아킨은 과거에 학업에 어려움을 겪었지만, 과외를 받았고 학교에서 수학 시간에 별도의 개별 수업을 받는다. 아킨은 몇몇 교사와 좋은 관계를 유지하고 있으며, 좋은 성적을 받기 위해 열심히 노력한다. 아킨의 개별화교육계획 협의회에서 부모님, 교사 그리고 개별화교육계획 지원팀은 적절한

---

2) 역자 주: 2~90세 이상의 읽기, 쓰기, 수학 성취도 영역을 선별, 진단, 진전도 평가를 위해 시행되는 표준화 검사 도구임.

학습 목표를 설정하고 학습 전략을 세우기 위해 함께 노력했다.

올해 아킨은 전환계획이 포함된 자신의 개별화교육계획 협의회에 참여하게 되었다. 그가 가장 좋아하는 유럽계 미국인 남성인 윌리엄스 선생님은 아킨과 가족의 목표, 관심사, 요구 사항이 개별화교육계획에 반영될 수 있도록 아킨과 가족의 협력을 주도하였다. 회의에 앞서 윌리엄스 선생님은 나이지리아 문화를 조사하였고, 아킨과 만나 아킨의 목표를 논의하고 아킨이 다가오는 개별화교육계획 협의회에서 주도적으로 참가하도록 독려했다. 윌리엄스 선생님은 아킨과 함께 일하면서 아킨과 부모님이 언젠가 아킨이 엔지니어가 되길 바라며, 부모가 다녔던 4년제 대학에 진학하기를 희망한다는 사실을 알았다. 그들은 아킨이 독립적으로 생활하는 것과 졸업 후 성공의 중요성에 대해 논의하였다. 그들은 함께 협력하여 아킨의 현재 목표와 성공을 위해 이수해야 하는 과목에 주목해서 프레젠테이션을 만들었다. 아킨은 윌리엄스 선생님과 함께 발표 연습을 하면서 다가오는 개별화교육계획 협의회를 주도할 준비를 했다.

앞의 글을 읽고 다음 질문을 생각해 보자.

• 윌리엄스 선생님은 미국장애인교육법(IDEA)의 지침을 어떻게 준수하고 있는가?

• 윌리엄스 선생님은 아킨과 가족의 목표, 가치, 중등 이후의 진로에 대한 비전을 어떻게 포함하고 있는가?

• 윌리엄스 선생님은 전환계획 과정에서 옹호자로서 자신의 편견을 어떻게 점검하고 있는가?

---

3) 역자 주: 한 명의 교사가 수업일 대부분을 동일한 학생에게 수업을 제공하는 교실을 말함.

4) 역자 주: 학생들이 정규 교실을 떠나 비슷한 능력이나 관심사를 가진 다른 학생들과 함께 공부하는 것으로 국내 특수학급과 유사함.

개별화교육계획 속 전환계획

IDEA는 장애학생의 전환 서비스 의무를 충족하기 위해 장애학생이 만 16세가 되면 개별화교육계획에 전환 서비스에 대한 보고서를 반드시 작성해야 한다. 개별화교육계획에 포함되는 전환 서비스의 요소를 개별화전환교육계획(Individualized Transition Plan: ITP)이라고 하며, 연령에 적합한 전환평가를 기반으로 교육, 훈련, 취업 및 자립생활 기술과 관련해서 예측 가능한 중등 이후 교육에 관한 목표와 전환 서비스뿐만 아니라, 학생이 목표에 도달하는 데 필요한 학습과정과 지원을 포함한다(Gibb & Taylor, 2015). 개별화전환교육계획은 문화 및 언어적 다양성을 가진 학생을 포함한 모든 장애학생이 전환과정에서 필요한 문서, 자원, 서비스 및 지원을 매년 갱신하기 위한 조정과 협력 방식이다(Yell, 2019).

IDEA에 따르면 모든 장애학생이 전환 서비스를 받을 것을 요구하며, 이는 장애학생을 위해 다음과 같이 일련의 조정된 활동으로 정의된다.

> (1) 장애아동이 학교에서 고등교육, 직업교육, 통합고용(지원고용 포함), 평생 및 성인교육, 성인 서비스, 자립생활 또는 지역사회 참여를 포함한 졸업 이후의 활동으로 전환할 수 있도록 장애아동의 학업 및 기능 성취를 향상하는 데 초점을 둔 결과 지향적 과정으로 설계되었다. (2) 이는 개별 아동의 요구에 기초하며 아동의 강점, 선호도, 흥미에 기반하고 (i) 교육, (ii) 관련 서비스, (iii) 지역사회 경험, (iv) 고용과 졸업 후 성인생활 목표 개발, (v) 필요할 경우 일상생활 기술과 기능적 직업 평가를 제공하는 것을 포함한다.
>
> (https://sites.ed.gov/idea/regs/b/a/300.43)

전환계획을 수립하고 이행하는 목적은 "장애청소년이 성인기에 만나게 될 다양한 문제에 대처할 수 있는 준비성을 높이는 것"이다(Trainor, 2005, p. 113). 보다 구체적으로 전환 서비스를 개별화교육계획에 통합하는 목적은 ① 개별화교육계획 과정에 장기적인 관점이 스며들게 하고, ② 장애학생이 학교환경에서 졸업 이후 환경(예: 고등교육, 취업, 자립생활)으로 의미 있는 전환을 하도록 지원하며, ③ 학생이 성인으로서 자신의 잠재력을 더 잘 발휘할 수 있도록 돕는 것이다(Prince et al., 2014). 전환 서비스를 포함한 개별화교육계획은 IDEA의 정의에 따라 교육/훈련, 고용, 자립생활, 지역사회 참여의 네 가지 영역을 반드시 다루어야 한다. 만약 학생의 전환계획에 IDEA에서 요구한 네 가지 필수 서비스 중 하나라도 포함되지 않은 경우, 개별화교육계획에 해당 영역이 배제된 이유에 대해 설명하는 내용이 있어야 한다(Yell, 2019).

전환기 연령인 문화 및 언어적 다양성을 가진 장애학생의 과제

전환기 연령인 장애학생은 고등학교에서 자립생활, 중등 이후 교육 또는 취업으로 전환하는 과정에서 비장애 또래보다 더 큰 어려움에 직면할 가능성이 있다. 이러한 어려움은 종종 문화 및 언어적 다양성을 가진 장애학생에게 더욱 크게 다가올 수 있다. 문화 및 언어적 다양성을 가진 장애학생의 전환요구를 고려하지 않은 결과로 중퇴율 증가, 고등교육 학위 취득의 제한, 저임금 및 고용기회 부족 등 졸업 이후 성과와 관련된 불균형을 초래한다(Fabian, 2007).

1980년대 중반부터 고등학교를 졸업한 특수교육 학생을 일정 기간 추적한 주 또는 국가 차원의 연구가 다수 진행되었다(대표적으로 the National Longitudinal Transition Study [NLTS] 1 & 2[5]). 이러한 모든 연구 결과에 따르면 교육, 고용, 지역사회 참여 측면에서 비장애학생의 졸업 이후 성과가 장애학생보다 더 나은 것으로 나타났다(Shogren & Ward, 2018). 리크와 블랙(Leake & Black, 2005)의 연구에서는 전환기 연령에 있는 문화 및 언어적 다양성을 가진 장애학생에게 영향을 미치는 도전 과제를 학교의 사회생활에 제대로 어울리지 못하고, 자기결정과 자기주장을 하는 자세, 지식과 기술의 부족, 저조한 학업 성취와 중퇴 위험에 처해 있는 점 등으로 정리했다. 이들은 통합의 문제를 해결하기 위해 전환기 연령에 있는 문화 및 언어적 다양성을 가진 장애학생들에게 개별화된 사회적 기술 훈련을 제공하기 위해 전환기 담당자가 있어야 하며, 사회적 기술 발달을 지원하기 위한 성인 멘토의 참여를 권장했다. 이들은 또한 전환기 담당자가 전환기 연령에 있는 문화 및 언어적 다양성을 가진 장애학생을 지원하기 위해 문화감응적 자기결정/자기옹호를 훈련을 지원해야 하며, 학생을 위한 자기결정과 자기옹호 요구를 충족하기 위해 가족과 지역사회를 포함해야 한다고 주장하였다. 전환기 연령에 있는 문화 및 언어적 다양성을 가진 장애학생의 긍정적인 학업성취 경험을 돕고, 학교 중퇴를 예방하려면 전환기 담당자가 이들에게 높은 기대치를 전달하고 문화적 역량을 강화하도록 옹호하는 것이 필수적이다(Leake & Black, 2005).

---

5) 역자 주: 미국에서 장애청소년의 학교에서 성인기로의 전환 과정을 장기적으로 연구한 프로젝트로 NLTS-1(1987-1993)은 미국 연방 교육부 산하 특별 교육 프로그램의 일환으로 시작된 첫 연구임. 13세에서 21세 사이의 특수교육을 받는 청소년들이 학교에서 성인기로 전환하는 과정을 추적하여 교육, 직업, 자립생활 및 사회적성과를 평가하였음. NLTS-2(2000-2010)는 NLTS-1에 이어 더 많은 청소년을 대상으로 조사 범위를 확장한 연구로 학생들의 학업성취도, 고등교육 및 직업 선택, 자립생활기술, 사회적 관계 등을 다루었으며, 장애청소년들의 전환 과정에서의 장벽과 성공 요인을 분석하는 데 초점을 맞췄음. 이 두 연구는 장애학생들의 학교 졸업 후 삶의 질을 향상시키기 위한 중요한 데이터를 제공했으며, 정책 개선 및 프로그램 개발에 큰 영향을 미쳤음.

문화 및 언어적 다양성을 가진 장애학생을 위한
전환계획에서 문화적 고려 사항

문화 및 언어적 다양성을 가진 장애학생의 전환요구를 충족하기 위해
연구자들은 교사들이 문화감응적인 방식으로 해당 학생 및 가족과 협력하
도록 권장했다(Harry et al., 1999a; Sleeter, 2001; Trainor, 2005). "문화감
응교육은 학습에서 인종과 문화다양성의 중요성을 인식하는 지식, 가치,
신념을 행동으로 표현하는 것이다."(Gray, 2018) 트레이노(Trainor, 2005)
는 무엇보다도 특수교사, 재활 상담사와 관련 전문가가 협력하여 문화 및
언어적 다양성을 가진 장애학생의 전환계획과 관련된 실무에서 문화감응성
기본 원칙을 구현하는 것이 가장 필요하다고 주장하였다.

보다 구체적으로, 해리와 연구진(Harry et al., 1999b)은 문화감응성을
고려하는 교사에게, ① 개인의 신념과 가치가 의사결정에 미치는 영향을
이해하고, ② 다양한 가족의 신념과 가치가 교직원의 신념이나 가치와는
어떻게 다른지 식별하며 ③ 다양한 가족의 신념과 가치의 차이점과 유사점에
대해 소통할 때, 적절한 문화 간 의사소통(cross-cultural communication)
방식을 사용하여, ④ 다문화 가족이 정보에 따른 선택을 할 수 있는 기회
를 제공하고 각기 다른 가족의 선호를 존중할 것을 제안했다. 트레이너와
김(Trainor & Kim, 2013)은 모든 장애청소년(예: 문화 및 언어적 다양성을
가진 장애학생)을 위한 전환계획 및 교육에 대한 여러 가지 전략을 다음과
같이 제시하고 있다.

① 사회인구학적 특성이 연관된 위험과 관계없이 모든 집단에서 청소
년에 대한 높은 기대를 유지한다.

② 교육 및 취업이 관련된 졸업 후 선택사항에 관해 필요한 정보를 제
공하여 높은 기대치를 가질 수 있도록 지원하고, 목표달성을 위해
이러한 정보를 학생과 가족 구성원 모두에게 조기에 공유한다.

③ 역사적으로 소외된 집단의 청소년과 함께 일할 때는 고정관념과 예
상치 못한 편견 적용에 의문을 제기하는 성찰적 태도를 실천해야 한
다. 예비교사 교육에서는 일지 쓰기와 집단적 문제해결방법을 사용
하여 반성적 실천을 강화한다.

④ 전환교육에 기여하는 청소년, 가족, 교육 체계의 개인적·문화적 정
체성과 그 과정을 이해하는 데 시간과 노력을 들여야 한다. 여기에
는 집단의 일반적인 역사와 경험에 익숙해지거나, 개인의 역사와 경
험을 알아가는 것도 포함된다. 또한 교육정책에 대한 인식과 준수를
유지하는 것도 중요하다.

⑤ 전환의 다중체계적·생태학적 특성은 결과에 영향을 미치는 개인적·
상호작용적·사회적·정치적·역사적 맥락에 내재된 일련의 상호작용
과 그 과정으로 간주한다. 여기에는 청소년, 가족, 지역사회 구성원
에 대한 전환 기대와 경험을 관찰하고 인터뷰하여, 다양한 수준에서
상호작용을 촉진하는 것이 포함된다.

⑥ 청소년과 가족이 정보(물질적/사실적 정보뿐만 아니라 암묵적 정보/무형
적 정보, 즉 문화자본)와 사람(즉, 사회적 자본)에 접근할 수 있게 함으
로써, 생태계 전반에 걸친 긍정적 상호작용을 촉진한다. 이것은 여
러 환경에서 신뢰관계를 강화하는 것도 포함되는데, 전환계획 논의
후 청소년과 가족을 계속 만나 확인하는 것은 신뢰를 높이고 정보
및 사회적 네트워크의 통로를 강화한다.

⑦ 청소년의 정체성과 경험을 확인하고 성인이 되어 마주하는 중요한
선택에 대해 계속해서 토론함으로써 전환 과정에서 가져오는 다양

성을 포용해야 한다.

⑧ 졸업 이후 결과에 초점을 맞춰, 시기적절하고 일관된 전환교육과정의
일환으로 문화적 및 사회적 자본 개발을 촉진하는 관행을 활용한다.
문화적 자본을 늘리는 것은 지역의 직업재활기관, 대학 준비과정, 재
정지원, 자립생활 지원 서비스 및 성인 건강 관리프로그램과 같은
성인 서비스 제공자에 대한 정보를 제공하는 것도 포함된다(p. 140).

문화 및 언어적 다양성을 가진 학생의 개인적 선호, 흥미, 강점, 문화
및 가족의 가치, 지역사회 참여는 전환계획을 개발하는 과정에서 고려되
고 강조되어야 한다(Tran et al., 2018). 전환계획의 성공은 문화 및 언어
적 다양성을 가진 가족과 장애학생이 미래를 위한 계획에 적극적으로 참
여하는 것과 긍정적인 관련이 있다(Cote et al., 2012). 전환계획은 고도로
개별화되어야 하며, 학생, 가족, 교사, 학교가 학생의 성공적인 중등 이후
성과를 계획하기 위해 협력해야 한다. IDEA에 따르면 전환 서비스는 학
생의 강점, 선호도, 관심사를 고려하여 학생의 필요에 기반할 뿐 아니라
전환 과정에 학생 자신의 참여가 필요하다. 또한 학생이 전환계획 과정에
참여함으로써 개별화교육계획에 대한 인식과 전환계획이 어떻게 개발되
어야 하는지에 대해 알게 된다. 이러한 인식은 학생과 가족이 학교 체계
속에서 학생의 미래를 계획할 때 적절한 조치를 하고, 학생의 개인적 욕
구와 요구를 충족시키는 데 도움이 될 수 있다(Zhang & Benz, 2006). 〈표
7-2〉는 호세를 위한 개별화교육계획의 일부로(〈표 7-1〉에 설명된 대로) 개
발된 전환계획에서 문화적 고려 사항을 적용한 예시를 볼 수 있다.

또한 학생 주도 개별화교육계획은 장애학생이 전환계획에서 적극적인
리더십을 발휘할 수 있게 하며, 장애학생에게 중요한 자기옹호 및 자기결

정 기술을 가르친다(Kellems & Morningstar, 2010). 연구에 따르면 고등학교를 졸업할 때 자기결정력이 높은 전환기 학생은 그렇지 않은 학생보다 성인기에 더 긍정적인 결과를 경험한다(Shogren, 2011). 문화 및 언어적 다양성을 가진 전환기 장애학생에게 이러한 기술을 길러 주기 위해서는 학교, 교사, 가족이 협력하여 문화 및 언어적 다양성을 가진 학생을 포함한 모든 학생이 자기결정을 이끌어내는 기술을 어릴 때부터 배울 수 있도록 해야 한다(Cote et al., 2012).

〈표 7-2〉 문화감응성 전환계획

전환목표와 서비스	
학생정보	• 이름: 호세 곤잘레스 • 생년월일: 2006년 1월 1일 • 학년: 10학년 • 학교: Wisdom 고등학교 • 기본 분류: 읽기 학습장애 • 가족 및 문화적 가치: 가족 중심적인 히스패닉 가정에서 자란 호세는 가족과 함께 살면서 동생들을 돌보는 등 가족의 의무를 다할 수 있도록 가족과 가까운 지역 대학에 입학하고 싶어 한다. 부모님이 모두 포도 농사를 짓고 있고, 호세는 부모님의 일을 더 잘 지원하기 위해 최신 지식과 기술을 배우고 싶어 대학 전공으로 원예학을 선택했다.
측정 가능한 중등 이후 목표	• 고등학교를 졸업하면 호세는 4년제 지역대학 원예학과에 진학할 것이다.
기준/단기 목표	• 2020~2021학년도(1학년)가 끝날 때까지 읽기에서 학업 지원을 받으면 호세는 9학년 필수과목에서 학점 100%를 취득할 것이다. • 2021~2022학년도 말(2학년)까지 읽기에서 학업 지원을 받으면 호세는 1학년 필수과목에서 학점 100%를 취득할 것이다. • 2022~2023학년도 말(3학년)까지 읽기에서 학업 지원을 받으면 호세는 11학년 필수과목에서 학점 100%를 취득할 것이다. • 2023~2024학년도 말(고학년), 읽기에서 학업 지원을 받으면 호세는 12학년 필수과목에서 학점 100%를 취득할 것이다.

전환목표와 서비스		
전환서비스	교육	• 호세는 졸업에 필요한 모든 필수과목을 이수하고 최소 평점 3점과 정규 졸업장을 받아야 한다.
	훈련	• 호세의 전환목표는 중등 이후 교육과 관련이 있어서 직업훈련과 같은 전환 서비스는 필요하지 않다.
	고용	• 호세는 전환으로 인한 고용 서비스가 필요하지 않다. 호세의 전환목표는 중등 이후 교육과 관련이 있으며, 취업과는 관련이 없다.
	독립생활	• 호세는 독립적으로 활동하고 있기에 독립생활 서비스가 필요하지 않다.
	성년 연령	• 학생의 17세 생일 또는 그 이전에 학생과 부모에게 18세 권리 양도에 대해 알려 주어야 한다. 통지 날짜: 2021년 12월 1일

*전환계획 예에서 밑줄친 단어는 호세의 문화감응성 및 언어적 대응성을 나타냄.
 GPA = 학점 평균

자기결정

  자기결정은 자기 삶의 행위 주체가 되어 부당한 외부의 영향이나 간섭 없이 자기 삶의 질과 관련된 선택과 결정을 내리는 것으로 광범위하게 정의된다(Wehmeyer & Schalock, 2001). 고등학교에서 교과목 선택, 진로, 고등교육 및 독립생활에 대한 선택은 자기결정 행동의 예이다. 웨마이어와 샬록(Wehmeyer & Schalock, 2001)은 자기결정 행동의 기본적 특징과 구성요소를 다음과 같이 강조했다.

- 선택하기 기술
- 의사결정 기술
- 문제해결 기술
- 목표설정 및 성취 기술
- 독립, 위험 대처하기 및 안전 기술
- 자기관찰, 자기평가, 자기강화 기술

- 자기교수 기술
- 자기옹호 및 리더십 기술
- 내적 통제 기술
- 효능감 및 성과 기대에 대한 긍정적 귀인
- 자기 지식
- 자기 인식

자기결정에 관한 논의에서 자기옹호는 자주 언급되지만, 자기옹호와 자기결정은 서로 같은 것이 아니며, 자기옹호는 자기결정의 하위 기술이라는 점을 유의해야 한다(Field, 1996). 즉, 자기결정을 하기 위해서는 자신의 욕구를 스스로 옹호해야 한다. 자기결정은 장애학생을 위한 효과적인 전환계획을 위한 핵심요소이다(Getzel & Thoma, 2008). 연구자들은 전환계획의 학생 참여(Test et al., 2009), 일반교육과정 접근(Shogren et al., 2012), 학업기술(Konrad et al., 2007) 등 자기결정과 학교 기반 성과 사이의 관계를 연구하였다. 또한 연구에 따르면 자기결정과 취업, 독립생활 및 삶의 질과 같은 졸업 이후 성과 사이에 직접적인 관계가 있다고 보고하였다(Shogren et al., 2012).

자기결정의 중요성

자기결정은 중요한 문화적 가치를 담고 있는 개념이며, 그 정의는 각자의 문화에 따라 영향을 받는다. 자기결정을 촉진하기 위한 대부분의 노력과 내재된 가치는 앵글로색슨-유럽 문화 및 사회와 관련되어 있다. 따라서 특수교육에서 성인생활로 전환하는 문화 및 언어적 다양성을 가진 장애학생은 다양한 관점에서 이러한 전환과 자기결정에 접근할 수 있다

(Zhang & Benz, 2006).

개인의 문화적 발달과 정체성(부분적으로는 인구통계학적 변수와 사회문화적 변수에 의해 형성됨)은 그들의 선호, 강점, 특수교육 참여와 관련된 요구사항에 영향을 미칠 수 있으며, 자기결정은 문화집단에 따라 달라질 수 있다(Trainor, 2007).

자기결정의 구현

일반교사와 특수교사는 장애학생의 성인생활에 필요한 기술을 가르치기 위해 효과적인 전략, 방법 및 아이디어를 알아야 한다(Cote et al., 2012). 문화 및 언어적 다양성을 가진 장애학생 및 가족과 협력하고 함께 일할 때, 교사는 먼저 자신의 문화적 정체성과 과거 경험이 현재의 태도, 신념, 교수법 및 상호작용의 틀을 어떻게 구성하는지를 인식해야 한다(Shealey et al., 2011). 해리 등(Harry et al., 1999a)의 연구에서는 자기 자신과 학생 가족의 문화적 규범을 파악하기 위해 자기성찰적이고 대화적인 과정에 참여해야 한다고 제안하고, 문화 및 언어적 다양성을 가진 가족과 협력할 때 필요한 **문화적 상호성**의 원칙에 대해 설명했다. 또한 코트와 연구진(Cote et al., 2012)은 교사가 전환계획에 문화 및 언어적 다양성을 가진 장애학생과 가족을 성공적으로 참여시키기 위해 사용할 수 있는 단계를 다음과 같이 강조하였다.

• **1단계: 가족의 삶을 풍요롭게 하기** 교사는 문화 및 언어적 다양성을 가진 장애학생과 가족이 이용할 수 있는 지역사회와 중등 이후 교육에 대해 잘 알고 있어야 하며, 문화 및 언어적 다양성을 가진 장애학생의 가족을 전환계획의 소중한 팀원으로 간주하고 전환계획 중에 공유할 수 있

는 자원과 지원을 제공해야 한다.

- **2단계: 문화적 역량 발휘하기** 교사는 문화 및 언어적 다양성을 가진 가족이 자녀의 강점과 목표에 대해 갖는 관점을 존중하고 격려해야 한다. 교사는 문화 및 언어적 다양성을 가진 장애학생의 자기결정기술 습득을 촉진하는 데 중요한 역할을 해야 하며, 이러한 기술을 촉진할 때 문화 및 언어적 다양성을 가진 가족에 대해 문화적으로 적절한 접근을 해야 한다. 교사는 문화 및 언어적 다양성을 가진 가족이 선호하는 의사소통 방식으로 설문조사를 실시하여 가족들이 자기결정의 개념을 이해하도록 도울 수 있다. 아울러 자기결정과 관련된 설문조사 예시 질문 중 하나는 "아동 주도의 활동 중 어떠한 것을 장려하십니까?(p. 52)"이다.

- **3단계: 가족의 가치관 지지하기** 교사는 문화 및 언어적 다양성을 가진 학생이 가족의 가치관을 가지고 고등학교 졸업 이후의 삶으로 전환할 기회를 제공해야 한다. 교사는 문화 및 언어적 다양성을 가진 학생과 그 가족이 문화적으로 적합한 전환목표(예: 취업 전 교육, 직무 배치, 독립생활, 지역사회 기반 직업 실습)를 파악할 수 있도록 지원할 수 있다. 또한 교사는 가정환경에서 가족이 지원할 수 있는 개별화전환목표를 개발하기 위해 문화 및 언어적 다양성을 가진 학생 및 그 가족과 지속해서 협력해야 한다.

- **4단계: 가족 중심 접근방식 장려하기** 교사는 자기주도적 개별화교육계획을 도입하여 전환계획을 수립하는 동안 가족 중심 접근방식을 장려할 수 있다. 자기주도적 개별화교육계획은 문화 및 언어적 다양성을 가진 장애학생과 그 가족의 목소리를 반영하는 동시에 장애학생의 고유한 요구를

이해하고 충족해야 한다. 문화 및 언어적 다양성을 가진 장애학생이 전환계획에 초점을 둔 개별화교육계획 협의회를 이끌기 위한 단계는 다음과 같다. ① 자신을 소개하기, ② 참여자를 소개하기, ③ 협의회의 목표 설명하기, ④ 지난 학년도 전환목표의 진행사항을 논의하기, ⑤ 참여자 반응 확인, ⑥ 의견 불일치가 있을 때 해결하기, ⑦ 자신의 전환과 관련된 관심사와 강점 파악하기, ⑧ 다음 학년도 전환목표 확인하기, ⑨ 회의 마치기

 ## 문화감응적 개별화교육계획 및 전환계획의 역할

문화감응적 개별화교육계획(culturally responsive IEP)과 전환계획은 문화 및 언어적 다양성을 가진 장애학생의 지역사회 통합에 대비하는 데 중요한 역할을 한다. 왜냐하면 문화감응적 개별화교육계획의 일부인 전환계획은 문화 및 언어적 다양성을 가진 장애학생이 성인기 다양한 영역(예: 지역사회 통합)으로 원활히 전환할 수 있도록 지원하기 위해 설계 및 개발되었기 때문이다. "지역사회 참여와 여가 기술은 삶의 질에 필수적인 연결과 관계를 제공하기 때문에 전환 과정의 중요한 요소이다"(Flexer et al., 2013, p. 323).

플렉서와 연구진(Flexer et al., 2013)은 장애학생의 지역사회 참여 및 여가 활동 개발에서 고려해야 할 세 가지 주요한 사항으로, ① 장애학생이 하고 싶고 현재 하는 일에 대한 아이디어를 개발하는 데 사용할 수 있는 정보를 찾아내는 개인중심계획, ② 장애학생의 자기결정 수준과 선택 능력, ③ 가족의 선호도와 종교 공동체 내 문화 활동(계획에 더 높은 수준의 지원을 제공할 수 있는 곳) 등을 제시하였다. 홀번과 비체(Holburn & Vietze,

2002)에 따르면 개인중심계획은 장애학생이 효과적으로 의사소통하고 의미 있는 졸업 이후 목표를 개발할 수 있도록 지원하기 위해 고안되었다. 앞의 고려 사항은 문화 및 언어적 다양성을 가진 장애학생의 전환계획에도 적용된다. 문화 및 언어적 다양성을 가진 장애학생이 중등교육에서 지역사회로 성공적인 전환을 하려면 학교 교직원, 학생과 학부모/가족, 지역사회 기관 간의 지속적인 참여, 소통, 협력이 요구된다.

전환계획에 대한 가족 참여

윌트와 모닝스타(Wilt & Morningstar, 2018)는 "부모와 학생이 정보에 대한 동등한 권리를 가진 지식 소유자이자 의사결정권자로서 가치를 인정받는 관계가 전환계획의 목표이다"(p. 315)라고 강조하였다. 문화 및 언어적 다양성을 가진 장애학생과 그 가족을 위한 전환 과정에서 학교는 다양한 형태로 의미 있는 가족 참여(예: 학생 지원과 교사가 문화 간 상호작용을 학습 기회 삼는 것; Greene, 2011)를 조성할 수 있다.

그린(Greene, 2011)은 "자녀의 전환목표를 계획할 때 가족의 문화적 배경과 신념을 파악하라(p. 8)" "부모의 관점과 그들이 말하는 것을 묻고, 듣고, 존중하라(p. 10)"와 같이 전환 과정에서 문화 및 언어적 다양성을 가진 장애학생의 부모/가족과의 상호작용 실천에 관한 연구 기반의 시사점을 요약하여 제시하였다. 전환계획을 개발하는 과정에 문화 및 언어적 다양성을 가진 장애학생의 부모/가족이 효과적으로 참여하기 위해서 교사는 그린(Greene, 2011)이 제시한 시사점을 기반으로 한 전략을 적용해 이들에게 적극적으로 다가가고, 상호작용하면서 경청기술을 효과적으로 활용할 필요가 있다.

전환계획에 대한 지역사회의 참여

전환과정에서의 활발한 지역사회 참여는 양질의 전환계획에서 중요한 지표이다(Wehman, 2011). 장애학생의 전환을 지원하기 위해 학교와 지역사회 기관의 자원을 탐색하는 것이 매우 중요하다(Brooke et al., 2013). 특히 문화 및 언어적 다양성을 가진 장애학생의 경우, 특수교사가 문화 및 언어적 다양성을 가진 장애학생의 문화적 배경과 관련된 학교 및 지역사회 기반 자원을 탐색하는 것은 그들의 고유한 전환요구를 효과적으로 해결하기 위해 매우 중요할 뿐만 아니라 필수이다. 보다 구체적으로 브룩과 동료(Brooke et al., 2013)는 성공적인 지역사회 기반 전환을 위한 6가지 핵심 요소로, ① 이해관계자로서의 학생과 학부모, ② 지역사회 관련 기능적 기술, ③ 성인 서비스와 직업재활 서비스의 연계, ④ 졸업 전 취업, ⑤ 학교와 비즈니스 연계, ⑥ 대학 입학기회 등을 소개했다.

이들은 문화 및 언어적 다양성을 가진 장애학생을 포함한 전환기 학생과 부모가 전환계획 과정에서 주도적인 역할을 할 때, 학생은 자신의 관심사에 부합하는 성인기 성과를 달성할 가능성이 더 크다고 설명했다. 그래서 전환기 학생들이 직장과 지역사회에서 독립적으로 업무를 수행하려면 이러한 기술이 필요하기에 지역사회와 관련된 기능적 기술을 습득할 필요가 있다(Brooke et al., 2013). 직업재활 서비스 제공자가 다른 성인 서비스 제공자(예: 레크리에이션, 교통, 주거)와 효과적으로 연결되는 것도 중요한데, 이는 전환기 학생에게 더 나은 지역사회 기반 성과를 가져올 수 있기 때문이다(Brooke et al., 2013). 이들은 이러한 경험을 통해 학생들이 취업과 관련된 기술을 개발할 수 있으므로 전환기 학생들이 졸업 전에 지역사회 기반 고용에 참여하는 것이 유익하다고 강조했다.

또한 고용주는 전환기 학생에게 교실에서 배운 것을 직장에서 경험할

수 있는 학습 기회를 가질 수 있도록 전환기 학생을 지원할 필요가 있다
(Brooke et al., 2013). 더 나아가 전환기 학생들의 대학 진학은 학생들의
고등교육 기회를 촉진할 수 있기에 매우 중요하다(Brooke et al., 2013).
특수교사와 전환 전문가는 문화 및 언어적 다양성을 가진 장애학생의
성인기 전환을 위한 포괄적인 지원을 위해 지역사회 기반의 자원을 찾기
위해 함께 노력해야 한다.

 요약

문화 및 언어적 다양성을 가진 장애학생은 기본적으로 자신의 강점과
요구에 기반한 문화감응적 개별화교육계획과 전환계획을 받을 자격이 있
다. 이 장에서는 문화 및 언어적 다양성을 가진 장애학생의 성공적인 학
교생활을 지원하기 위해 특수교사가, ① 일반적으로 문화 및 언어적 다양
성을 가진 장애학생의 개별화교육계획을 개발할 때 뿐만 아니라 문화 및
언어적 다양성을 가진 전환기 장애학생의 전환계획을 수립할 때 해당 학
생의 문화적 배경을 고려하고, ② 전환계획 과정에서 문화 및 언어적 다
양성을 가진 전환기 장애학생의 자기옹호를 포함한 자기결정력을 개발할
수 있도록 기회를 제공해야 한다고 강조했다. 특히, 이 장에서는 전환기
장애학생의 문화감응적 전환계획 수립을 총체적으로 지원하기 위해, ① 문
화 및 언어적 다양성을 가진 전환기 장애학생의 부모나 가족의 참여를 촉
진하고, ② 전환계획 수립과 실천 과정에서 문화 및 언어적 다양성을 가
진 장애학생에게 지역사회 기반 지원을 제공하는 지역사회 기관 참여의
중요성을 강조했다.

문화 및 언어적 다양성을 가진 장애학생을 위한 자기결정기술 교수 전략

- 문화 및 언어적 다양성을 가진 장애학생의 자기결정기술에 대한 문화를 조사하고, 그들과 그들이 인식하는 자기결정에 대해 토론한다.
- 문화 및 언어적 다양성을 가진 장애학생의 현재 자기결정 역량을 관찰하고, 그들의 자기결정기술을 향상하는 방법에 대해 토론한다.
- 문화 및 언어적 다양성을 가진 장애학생들에게 자기결정기술을 직접 가르치고, 자기결정기술을 연습할 수 있는 충분한 기회를 제공하여 자기결정기술 개발의 진행 상황을 관찰한다.
- 문화 및 언어적 다양성을 가진 장애학생의 부모나 가족이 그들의 문화 내에서 자기결정기술을 개발할 수 있도록 참여시킨다.
- 문화 및 언어적 다양성을 가진 장애학생의 자기결정기술 개발을 강화하기 위해 문화적으로 특화된 지역사회 전문가를 참여시킨다.
- 교사는 자기성찰에 참여하고, 교사로서의 자기 편견과 문화적 역량을 이해한다.
- 가족 중심 접근방식으로 문화 및 언어적 다양성을 가진 장애학생과 가족이 적극적으로 참여할 수 있도록 돕는다(예: 문화 및 언어적 다양성을 가진 장애학생이 자신의 개별화교육계획을 이끌어 내도록 준비시킨다).

토의질문

- 장애학생을 위한 개별화교육계획 및 전환계획의 목적은 무엇인가?

- 개별화교육계획을 개발할 때 문화 및 언어적 다양성을 가진 장애학생의 문화적 배경을 고려하는 것이 중요한 이유는 무엇인가?

- 전환계획을 수립할 때 문화 및 언어적 다양성을 가진 장애학생의 문화적 배경을 고려하는 것이 중요한 이유는 무엇인가?

- 자기결정은 무엇을 의미하는가? 문화 및 언어적 다양성을 가진 장애학생에게 자기결정은 어떻게 달라질 수 있는가?

- 교사가 개별화교육계획 목표를 만들 때와 개별화교육계획 협의회 중 문화 및 언어적 다양성을 가진 학생과 가족의 요구를 충족하고 있는지 확인하는 방법은 무엇인가?

- 문화감응적 개별화교육계획(CRRIB)과 전환계획은 문화 및 언어적 다양성을 가진 장애학생이 지역사회에 통합될 수 있도록 준비하는 데 어떤 역할을 하는가?

참고문헌

Anastasiou, D., Morgan, P., Farkas, G., & Wiley, A. (2017). Minority disproportionate representation in special education. In J. Kauffman, D. Hallahan, & P. Pullen (Eds.), *Handbook of special education* (2nd ed., pp. 897–910). Routledge.

Barrio, B. L., Miller, D., Hsiao, Y.-J., Dunn, M., Petersen, S., Hollingshead, A., & Banks, S. (2017). Designing culturally responsive and relevant individualized educational programs. *Intervention in School and Clinic, 53*(2), 114–119. https://doi.org/10.1177/1053451217693364

Bateman, B. D. (2017). Individual education programs for children with disabilities. In J. M. Kauffman & D. P. Hallahan (Eds.), *Handbook of special education* (2nd ed.). (pp. 91–106). Routledge.

Brooke, V., Revell, W. G., McDonough, J., & Green, H. (2013). Transition planning and community resources. In P. Wehman, P. (Ed), *Life beyond the classroom: Transition strategies for young people with disabilities* (5th ed.). (pp. 143–171). Brookes.

Cote, D., Jones, V., Sparks, S., & Aldridge, P. (2012). Designing transition programs for culturally & linguistically diverse students with disabilities. *Multicultural Education, 20*(1), 51–55.

Fabian, E. (2007). Urban youth with disabilities: Factors affecting transition employment. *Rehabilitation Counseling Bulletin, 50*(3), 130–138.

Field, S. (1996). Self-determination instructional strategies for youth with learning disabilities. *Journal of Learning Disabilities, 29*(1), 40–52.

Flexer, R., Baer, R., Luft, P., & Simmons, T. (2013). *Transition planning for secondary students with disabilities* (4th ed.). Pearson.

Gay, G. (2018). *Culturally responsive teaching: Theory, research, and practice* (3rd ed.). Teachers College Press.

Getzel, E., & Thoma, C. (2008). Experiences of college students with disabilities and the importance of self-determination in higher education settings. *Career Development for Exceptional Individuals, 31*(2), 77–84.

Gibb, G., & Taylor, T. (2015). *IEPs: Writing quality individualized education programs* (3rd ed.). Pearson.

Greene, G. (2011). *Transition planning for culturally and linguistically diverse youth.* Brookes.

Harry, B., Kalyanpur, M., & Day, M. (1999b). *Building cultural reciprocity with families: Case studies in special education.* Brookes.

Harry, B., Rueda, R., & Kalyanpur, M. (1999a). Cultural reciprocity in sociocultural perspective: Adapting the normalization principle for family collaboration. *Exceptional Children, 66*(1), 123‒136.

Holburn, S., & Vietze, P. M. (2002). *Person-centered planning: Research, practice, and future directions.* Brookes.

Individuals with Disabilities Education Improvement Act of 2004, U.S.C. § 612 et seq. (2004).

Kellems, R., & Morningstar, M. (2010). Tips for transition. *TEACHING Exceptional Children, 43*(2), 60‒68. https://doi.org/10.1177/0040059 91004300206

Konrad, M., Fowler, C., Walker, A., Test, D., & Wood, W. (2007). Effects of self-determination interventions on the academic skills of students with learning disabilities. *Learning Disability Quarterly, 30*(2), 89‒113.

Leake, D., & Black, R. (2005). *Essential tools: Cultural and linguistic diversity: Implications for transition personnel.* University of Minnesota, Institute on Community Integration, National Center on Secondary Education and Transition (NCSET).

Prince, A. M. T., Plotner, A. J., & Yell, M. L. (2014). Legal update on postsecondary transition. *Journal of Disability Policy Studies, 25,* 41‒47.

Shealey, M., McHatton, P., & Wilson, V. (2011). Moving beyond disproportionality: The role of culturally responsive teaching in special education. *Teaching Education, 22*(4), 377‒396.

Shogren, K. (2011). Culture and self-determination: A synthesis of the literature and direction for future research and practice. *Career Development for Exceptional Individuals, 34*(3), 115‒127.

Shogren, K., Palmer, S., Wehmeyer, M., Williams-Diehm, K., & Little, T. (2012). Effect of intervention with the self-determined learning model of instruction on access and goal attainment. *Remedial and Special Education, 33*(5), 320–330.

Shogren, K., & Ward, M. (2018). Promoting and enhancing self-determination to improve the post-school outcomes of people with disabilities. *Journal of Vocational Rehabilitation, 48*(2), 187–196.

Sleeter, C. E. (2001). Preparing teachers for culturally diverse schools: Research and the overwhelming presence of Whiteness. *Journal of Teacher Education, 52*(2), 94–106.

Test, D., Mazzotti, V., Mustian, A., Fowler, C., Kortering, L., & Kohler, P. (2009). Evidencebased secondary transition predictors for improving postschool outcomes for students with disabilities. *Career Development for Exceptional Individuals, 32*(3), 160–181.

Trainor, A. (2005). To what extent are transition components of individualized education programs for diverse students with learning disabilities culturally responsive? *Multiple Voices, 8*(1), 111–127.

Trainor, A. (2007). Perceptions of adolescent girls with LD regarding self-determination and postsecondary transition planning. *Learning Disability Quarterly, 30*(1), 31–45.

Trainor, A., & Kim, S. K. (2013). Multicultural transition planning: Including all youth with disabilities. In P. Wehman, P. (Ed), *Life beyond the classroom: Transition strategies for young people with disabilities* (5th ed.). (pp. 121–141). Brookes.

Tran, L., Patton, J., & Brohammer, M. (2018). Preparing educators for developing culturally and linguistically responsive IEPs. *Teacher Education and Special Education, 41*(3), 1–14.

Wehman, P. (2011). *Essentials of transition planning.* Brookes

Wehmeyer, M. L., & Schalock, R. (2001). Self-determination and quality of life: Implications for special education services and supports. *Focus on Exceptional Children, 33*(8), 1–16.

Wilt, C. L., & Morningstar, M. E. (2018). Parent engagement in the transition from school to adult life through culturally sustaining practices: A scoping review. *Intellectual and Developmental Disabilities, 56*(5), 307–320.

Yell, M. L. (2019). *The law and special education* (5th ed.). Pearson.

Zhang, D., & Benz, M. (2006). Enhancing self-determination of culturally diverse students with disabilities: Current status and future directions. *Focus on Exceptional Children, 38*(9), 1–12.

Zhang, D., Katsiyannis, A., Ju, S., & Roberts, E. (2014). Minority representation in special education: 5-year trends. *Journal of Child and Family Studies, 23*(1), 118–127.

PART 08

가족, 학교 그리고 지역사회

셰인 스미스(Shane Smith), 션 새비지(Shawn Savage)

1. 장애학생과 비장애학생의 학교교육 경험을 향상시키기 위해 교사와 가족 간 협력관계의 중요성을 설명한다.

2. 교사와 가족 간의 진정한 협력은 각 이해관계자의 관점을 서로 존중하고 인정할 때 이루어진다는 것을 이해한다.

3. 긍정적인 관계의 원칙을 설명하고 각 원칙이 협업의 바람직한 결과로 이어지는 방법과 순서를 파악한다.

4. 학교 기반 정책과 관행은 가족이 지역사회 일원으로서 참여하고 인정받는 것에 영향을 미침을 안다.

5. 보편적 설계틀(Universal Design Framework)을 학교와 가족 간의 관계 발전에 적용할 수 있는 방법을 토론한다.

이 장에서 토론할 내용은 다음과 같다.

① 학교와 가족이 파트너 관계로 학생의 학습을 위해서 안전하고 철저한 환경을 조성할 수 있는 방법은 무엇인가?
② 자신의 학교생활을 되돌아 보았을 때, 가족 구성원과 교직원의 협력으로 학습에 긍정적인 영향을 받은 적이 있다면 설명이 가능한가?
③ 학교의 문화적 역량은 학교가 속한 지역사회와 관계를 맺을 때 어떤 영향을 주는가?
④ 미국 학교의 인구통계 변화가 나타나면서, 협력적인 학교와 가족관계로 더욱 비판적이고 문화적인 접근 방식을 필요로 하게 된 이유가 무엇인가?
⑤ 가족의 참여를 제한하는 학교 정책과 관행은 무엇인가?

개요: 학생은 누구이며 그들의 요구는 무엇인가

　미국의 공립학교 인구는 지난 20년 동안 꾸준히 증가하여 2000년 4,720만 명에서 2020년 약 5,100만 명에 이르렀다(U.S. Department of Education, 2021a; 2021b; 2021c). 학생 수가 증가함에 따라 뉴욕시와 로스앤젤레스시와 같은 해안가의 대규모 학군에서 위스콘신주와 아이오주와 같은 미국 중부의 소규모 학군에 이르기까지 전국의 학생 인구에서 다양성이 더욱 커졌다. 특히, 미국 공립학교의 백인 학생 수는 2000년 62%에서 2020년 46%로 감소했으며, 2015년 이후로 유색인종 학생이 미국 학생 인구의 대부분을 차지하게 되었다(U.S. Department of Education, 2021a).

　　미국 학교의 인구통계학적 변화는 정책 입안자와 실무자 모두에게 중요한 시사점을 던져준다. 더욱 다양해진 지역사회와 가정에서 온 학생들은 백인 동급생과는 다른 자산, 관점 그리고 요구 사항을 가지고 있다. 이에 따라 전통적인 학교 설계와는 다른 수준의 교육적 의도를 필요로 한다. 또한, 인구 변화에 따라서 학교에서는 유색인종 가족과 더 많이 소통하고 협력해야 할 필요성이 강조되었고, 이로 인해 가족이 학습경험에 제공하는 가치를 인정하고 진정한 협력적 파트너십을 촉진해야 한다.

　　미국 학령인구 변화의 역학관계는 점점 더 많은 학생이 특수교육 서비스를 받는 데 기여했다(Harry & Klingner, 2014). 1975년 미국장애인교육법(IDEA)이 통과된 이후, 특수교육 서비스를 받는 학생 수는 1976년 8.3%에서 2019년 14%로 증가했다(Schaeffer, 2020; U.S. Department of Education, 2021b). 눈에 띄게 우려스러운 것은 장애인교육법이 통과된 이후 유색인종 학생들이 특수교육 대상으로 부당하게 분류되는 경우가 많다는 점이다. 일부 나아진 면도 있으나, 인종 격차는 여전히 심하게 나타나고, 특히 보다 '주관적' 장애 범주에서 두드러진다. 예를 들어, 2018년에 흑인 장애학생의 36%가 특정 학습장애(LD)로 인정받고 라틴계 학생의 41%가 개별화교육계획(Individual Education Plan: IEP)을 통해 같은 장애로 분류되었다. 반면, 같은 특정학습장애로 특수교육 서비스를 받는 백인 학생은 29%에 그쳤다(U.S. Department of Education, nd).

　　'장애'라는 꼬리표가 붙은 학생들의 이러한 결과를 살펴보면 장애와 관련된 인종 격차는 가히 놀랄 만하다. 2018년까지 흑인 및 태평양 섬 지역 학생들의 졸업률이 가장 낮았다. 그 외에도 장애학생과 관련되어 주목할 만한 연구 결과로는 더 높은 정학 처분률, 더 큰 사회적 및 학업적 어려움, 중등학교 이후의 삶에 대한 준비 부족 등이 있다(U.S. Department of Education, 2021c).

가족 참여와 법률: 정책에서 실천으로

가족과 학교의 파트너십은 미국 교육 시스템의 기본 원칙이다. 교육법에 의하면 관련 법률 및 규정 명령에 따라서 학교는 학생 가족과 소통해야 하며 해당 학군은 협력에 필요한 자원을 제공해야 한다고 명시되어 있다(Every Student Succeeds Act, 2015; Individuals with Disabilities Education Act, 2004). 이는 장애학생의 가족과 파트너로 협력함으로써 학생의 교육 및 성장에서 얻을 수 있는 여러 가지 이점에 입각한 것이다. 예를 들어, 문헌에 따르면 장애학생을 위해 학교와 가족 간에 의미 있고 효과적인 협력이 있는 경우, 이들은 학교에 훨씬 더 꾸준히 다니고(Epstein & Sheldon, 2002), 재학 중 좋은 성과를 보이며(Henderson & Mapp, 2002; Latunde, 2017; Stefanski et al., 2016), 무엇보다도 사회·정서적 발달이 향상된다고 나와 있다(Wang & Sheikh-Khalil, 2014).

학교-가정 파트너십의 본질은 네 가지 핵심 단계로 구성되어 있다. 첫째, 학교 운영자와 교사는 각 학생의 발달과 성공에 있어 모든 가족의 중요성을 인정해야 한다. 둘째, 가족과 의미 있는 파트너십을 만들기 위해서 학교는 각 가족의 자산을 인정하고, 학생과 가족이 학교 공동체에 기여하는 것 중 무엇을 '빼는 것이 아니라 더하는 것이 되도록' 하는 등, 다양한 방식으로 파트너십에 참여하기 위한 노력을 해야 한다. 셋째, 파트너십은 학생과 그 가족이 친밀하게 다가갈 수 있도록 관련성 있고 엄격하며 지원구조를 갖춘 교육과정을 준수해야 한다. 마지막으로, 파트너십은 협력관계에서 직면할 수 있는 문제를 해결하기 위해 일관된 노력, 명확한 의사소통, 신뢰 및 유연성을 바탕으로 한 상호 노력과 헌신이 필요하다. 이러한 견해는 초기 및 최근의 문헌(예: Hitchcock et al., 2002; Ok et al.,

2017) 모두와 일치한다. 이 네 가지 원칙은 다양한 맥락에서 다르게 반영되거나 학자들마다 다르게 분류할 수 있지만, 파트너십의 근거와 실행 방식을 이해하는 데 있어서 근본이 된다고 본다.

관행과 정책을 통한 인정

모든 파트너십에서 신뢰와 소통은 대단히 중요한 것으로, 두 가지 모두 문화적으로 지속가능한 방식으로 이루어져야 한다. 파트너십의 초점이 주로 학생의 행복, 학습 및 성장에 맞춰져 있으므로, 학생과 그 가족이 서비스를 받을 수 있도록 모든 관행과 정책을 확인하는 것이 중요하다. 따라서 관행이 어떻게 그리고 언제 작동하는지는 학생의 필요와 가족의 참여 가능성 및 일정에 따라 결정된다. 학교와 학군은 일부 학생과 가족을 다른 사람과 차별하여 특혜를 주는 만능 정책을 너무나 자주 만드는 경향이 있다. 예를 들어, 예정된 행사 시간이나 참여 기회(예: 견학)의 시간으로 인해 어떤 가족은 참여할 수 있지만 어떤 가족은 참여할 수 없다. 행사나 기회에 무관심하기 때문이 아니라 학교의 선택으로 인해 일부 가족은 권리를 박탈당하거나 진정으로 참여하고 협력할 기회를 갖지 못하는 결과가 빚어진다.

따라서 가족, 학교 및 지역사회 파트너십에 대한 보편적 학습설계 접근 방식을 지지하는 앞의 논의와 동일하게, 우리는 이러한 파트너십이 다각적인 접근 방식을 취해야 한다고 주장한다. 여기에는 대표, 관여 그리고 평가되는 파트너십의 여러 방식이 포함된다. 예를 들어, 장애학생을 지원하는 모든 파트너십은 여러 가지 방법으로 가족과 소통해야 한다. 그리고 그들의 자녀가 장애가 있는 경우, 문화적으로 지속가능하고 자원에 접근 가능한 방식으로 소통하는 것이 중요하다. 따라서 편지나 이메일을 보내는 것만으로는 충분하지 않을 수 있다. 때로는 영상 편지도 포함해야 할 필요가 있다. 영상통화가 도움이 될 수 있지만, 영상통화나 화상회의 등은 개인 정보가 노출될 수 있는 취약성이 있으므로 신뢰가 필요하며, 모든 가족이 이러한 수준의 지극히 개인적인 연락을 허락하는 것은 아니라는 점을 이해하는 것이 중요하다. 사실, 줌(Zoom), 구글(Google) 및 기타 웹 기반 인터페이스가 활성화되면서 가상(假想) 피로(virtual fatigue)가 늘어나는 상황에서 학교와 사회는 적절한 영상통화를 사용하면서 교육적·전문적 심지어 사회적 참여까지 촉진해 왔다. 하지만 모든 사람이 여러 가지 이유로 영상을 켜고 싶지 않을 수 있기 때문에 유연성과 개인정보 보호의 중요성을 상징적으로 보여 주기도 한다.

웹 기반 플랫폼과 기술 사용의 증가에 따라 가족과의 화상 회의가 가족-학교 파트너십에서 중요한 역할을 할 수 있다는 점이 강조되었다. 하지만 동시에 경계, 개인정보 보호 및 동의의 중요성도 부각되었다. 그럼에도 불구하고 이메일, 문자 메시지, 자막, 슬랙(Slack) 채널, 텔레그램(Telegram) 또는 왓츠앱(WhatsApp) 그룹, 줌 및 기타 화상회의 플랫폼을 통해 학교와 특수교사는 학군 또는 학교 정책의 범위 내에서, 가족과의 경계를 존중하면서 가족 및 지역사회와 소통하고 참여할 수 있는 무수히 많은 방법을 가지고 있다. 따라서 학교와 학군은 가족, 학교, 지역사회 참여와 관련해서 강력하고 일관성 있는 정책을 펼쳐야 한다.

강력한 정책이 없다면 현재의 상황은 그러한 정책을 더욱 필요로 하며, 따라서 특수교육 관련 교육자와 행정가는 가족 및 지역 사회와 협력하여 이러한 정책을 만들기 위한 노력을 해야 한다. 이렇게 만들어진 정책은 현재와 미래의 보다 의미 있는 파트너십을 위해 유용할 것이다. 중요한 점은 이러한 정책과 관행에 대한 지속적인 평가와 검토를 통해 정체되지 않고 학생과 가족 및 지역사회의 요구에 따른 발전이다. 우리가 제안하는 의사소통 표현 및 참여방식과 마찬가지로 평가와 검토도 학생과 가족 및 지역사회를 존중하고 문화적으로 지속가능한 여러 가지 방법으로 수행되어야 한다. 예를 들어, 음성 메모, 음성 스레드(threads),[1] 동영상 또는 브이로그(vlogs), 블로그(blogs), 문자 메시지 등은 전통적인 설문 조사, 간단한 인터뷰, 포커스 그룹 및 기타 데이터 수집 방식을 확실하게 보완해 줄수 있다. 다시 말하지만, 질문은 가능한 한 그 수가 적고 명확해야 도움이된다. 약 세 가지를 넘지 않는 것이 좋다. 접근성 문제를 늘 따져 보고 대안을 가지고 유연하게 대처하는 것도 중요하다. 종합해 보면, 학생과 가족의 요구에 맞춰진 표현, 참여, 평가의 다각화를 바탕으로, 교육자는 가족, 학교 및 지역사회 파트너십을 뒷받침하는 정책과 실천을 통해 해당 학생과 가족이 적절한 서비스를 받고 있음을 자주 확인할 수 있다.

가족, 학교, 지역사회의 파트너십은 어떤 것일까

장애학생의 경험과 학습을 향상시키기 위해 가족과 학교 그리고 지역사회가 파트너십을 구축하는 접근방식은 다양하다. 학교와 가족을 별개로 구분 짓는 전통적인 접근방식은 가족을 협의의 중심체가 아닌 학교운영을 위한 부수적인 존재로 취급하기 때문에 가족을 효과적으로 참여시

---

[1] 인터넷상에서 어떤 게시물과 그에 대한 답글을 묶어 이르는 말을 뜻함(출처: 우리말 사전).

키는 데 실패한 경우가 많다(Gerzel- Short et al., 2019). 이러한 전통적인 수단에는 학부모-교사 회의와 부모가 자녀에게 책을 읽어 주는 것 등이 포함된다(Baker et al., 2016). 그러나 언어·문화적으로 다양한 가족에게 적합하고 지속가능한, 더욱 강력하고 풍부한 접근방식이 필요하다는 증거가 늘어나고 있다(Gerzel-Short et al., 2019).

특수교육 분야에서 문화적으로 지속가능한 파트너십에 대한 연구는 다소 초기 단계로 보일 수 있지만, 기존 문헌에서 파트너십을 위한 몇 가지 중요한 고려 사항에 관한 내용을 찾아볼 수 있으며, 그 내용은 이 장의 뒷부분에서 다룰 것이다. 문화적 또는 언어적으로 다양한 가족 및 아동과의 참여를 위한 접근 방식에 대해 거젤-쇼트 등(Gerzel-Short et al., 2019)은 **해석, 초대, 상호작용, 의도**라는 네 가지 구성요소로 구분했다. 이것은 파트너십의 주요 단계를 쉽게 기억할 수 있는 네 가지 방법이다. 첫째, 거젤-쇼트 등(2019)은 환영하는 분위기를 느끼게 하는 것이 가족 및 지역사회와의 학교 파트너십에서 중요하다고 설명한다. 예를 들어, 학교 내 학생들이 사용하는 다양한 언어로 환영 문구를 포함해서 표지판을 게시할 것을 제안하는 것이다. 그러나 이 역시 통역 서비스를 통해 강화되어야 할 일이며, 이를 통해 다른 언어를 사용하는 가족이 학교와 관련된 대화를 보다 편안하게 할 수 있다. 통역사는 가족 및 지역사회 파트너십의 목표, 문화, 업무, 특히 공동-구성한 방향에 대해 잘 알고 있는 중요한 구성원이어야 한다.

학교가 학생, 가족, 지역 사회의 언어를 사용하여 학생을 학교 커뮤니티로 '환영'하는 것이 중요하듯이, 학생의 가족을 정식으로 초대하고 의미 있는 방식으로 관계를 맺는 것 또한 중요하다. 이는 각각 거젤-쇼트 등(Gerzel-Short et al., 2019)의 두 번째와 세 번째 접근방식에 해당한다.

두 번째 접근 방식인 '초대'는 가능한 경우 가족이 그들의 문화적 신념과 관행을 함께 나누고, 함께 참여할 수 있도록 명확하고 분명하게 전해야 할 필요성을 강조한다. 세 번째 '상호작용' 접근방식에는 가족의 요구와 필요를 파악하기 위한 교사들의 노력, 예를 들면, 지원활동이 포함된다. 네 번째로 강조할 것은 학교의 명확한 의도의 중요성이다. 즉, 적극적으로 경청하고 (문화적으로 적절할 경우) 시선을 맞추며, 권한 차이에 대해 신중하고, 학교 특화용어(school-speak)[2]와 약어보다는 이해하기 쉬운 언어를 사용하며, 가족이 자유롭게 명확한 질문을 할 수 있도록 장려하는 것 등이 포함된다.

거젤-쇼트 등(Gerzel-Short et al., 2019)의 논의를 바탕으로, 우리는 장애학생을 위한 문화적으로 지속가능한 가족, 학교 및 지역사회 파트너십을 위한 추가 고려 사항과 개념을 제안한다. 특히 보편적 학습설계 접근방식을 지지한다. 즉, 이러한 파트너십을 위해서는 다양한 표현방식, 다양한 참여방식 그리고 다양한 평가방식이 필요하다(Hall et al., 2012; Ok et al., 2017). 이러한 방식은 넓게 퍼져있는 다양한 학군이나 학교마다 다르게 볼 수 있다. 그러나 이러한 설계의 전제는 파트너십이 모든 학습자와 그 가족에게 혜택을 줄 수 있는 최선의 위치에 있도록 보장하는 것이다. 따라서 학교나 학군은 가장 중증에서 중등도의 장애까지를 고려해서 파트너십을 의도적으로 구축해야 하는 책임이 있다.

---

[2] 역자 주: 교사나 학교 직원들이 자주 사용하는 전문 용어, 약어, 기술적인 표현들을 의미하며, 교육계 밖에 있는 사람이나 학부모들이 쉽게 이해하지 못할 수 있음. 예를 들어, 'IEP(개별화 교육 프로그램)' '504 계획' 또는 'RTI(반응 중심 개입)'와 같은 용어들이 이에 해당됨.

학업적 성공 촉진

의미 있는 학교-가정 및 지역사회의 파트너십이 이루어지면 문화적·언어적으로 다양한 배경을 가진 학생은 상당한 혜택을 받게 된다. 교사가 성장하고 더 나은 교육자가 되는 과정에서 이러한 파트너십을 통해 교사는 교육과정을 더 잘 설계하고 학생의 강점과 필요에 맞는 수업을 계획할 수 있다. 이는 문해력 및 수학 등, 기초과목 영역에서 특히 중요하다. 문화적·언어적으로 다양한 배경을 가진 학생들은 아주 오랫동안 문해력과 수학 능력에서 백인 동급생보다 성적이 낮았다(Barrera, 1992; Strutchens & Silver, 2000). 교육정책 분석센터에 따르면 한 가지 희망은 지난 10년 동안 이 격차가 좁혀졌다는 점이다. 그러나 이러한 추세를 개선하거나 지탱하려면 교사가 문화적·언어적으로 다양한 배경을 가진 학생의 학업성취를 향상시키기 위한 모든 교육전략에서 학교, 가정 그리고 지역사회와의 파트너십을 필수 요소로 인식해야 한다.

다양한 배경을 가진 학생들의 학업적 성공을 촉진시키는 방법은 문해력과 수학을 가르치는 전통적인 접근방식에서 벗어나는 것이다. 예를 들어, 전국읽기패널(National Reading Panel, 2000)은 그래픽 및 의미체계, 텍스트 구조, 협동학습을 포함한 효과적인 읽기교육 접근방식을 제시한다. 미국수학협회(The National Council for Teachers of Mathematics: NCTM)에서도 비슷한 권장사항을 제시하고 있다. 의미 있는 수학적 담론 촉진, 추론과 문제해결을 촉진하는 과제수행, 수학적 표현 사용 및 연결, 학생 사고의 증거 도출 및 사용 등이 포함된다(NCTM, 2014).

가족과 긴밀히 협력하고 학생의 지역사회 측면을 수업에 통합하는 교사는 위의 교육적 접근 방식을 사용하여 학생의 성과를 최적화할 수 있다. 의미 있는 학교, 가족 및 지역사회 파트너십을 통해 교사는 학생의 문화적·언어적 배경을 존중하는 자산 기반 패러다임을 통해 증거 기반 교육관행을 개선할 수 있다. 이 접근법은 교사가 학생의 배경을 통합하고 확인할 뿐만 아니라, 학습경험을 가족 및 지역사회의 전통을 유지하는 수단으로 활용할 수 있는 기회를 만들어 준다(Ladson-Billings, 1995; 2003; Paris, 2012). 예를 들어, 수학, 읽기 또는 기타 과목을 가르칠 때 어떤 증거 기반 관행을 사용할 것인지 그리고 사용되는 교육자료의 관련성과 개념에 대한 접근성 및 연결성(어떤 언어가 사용되는지, 어떤 예가 제시되는지 등)도 같이 고려해야 한다. 또한 교사는 제시된 내용이 학생의 배경을 반영하지 못하는 이유와 방법에 대해 학생과 서로 질문할 수 있는 공간을 만들고 의미 있는 대안을 함께 찾아봐야 한다.

학생 및 가족과의 긍정적인 관계 형성

존슨(Johnson, 2017)은 가르치는 일을 '예술이자 과학이며 기술'이라고 설명한다. 이러한 본질적인 역동성으로 인해 가르치는 법을 배우는 것은 어렵지만 정말로 보람이 크다. 실제로 콘텐츠 지식 강화, 교수법 개발, 임상경험 등 교사개발 및 훈련에는 몇 가지 변함없는 기본사항이 있다(Wilson et al., 2001). 그러나 기존 교사준비 프로그램의 유형과 질에는 현저한 차이가 있다(Darling-Hammond et al., 2002). 이러한 차이에도 불구하고 달링-하몬드와 동료들(Darling-Hammond et al., 2005)은 신규 교사교육에서 교사연수의 중요성과 교사연수가 교사 효과성에 미치는 영향에 대해 강조한다.

학생, 가족 및 지역사회 간의 관계구축은 교사양성 프로그램에서 필수적인 요소이다. 이는 특히 소속된 지역사회와 배경이 지배적인 학교문화와 다른 학생에게 해당된다(Darling-Hammond et al., 2002). 우리가 교육을 예술, 과학 및 공예와의 조합으로 접근하든, 또는 그 변형으로 접근하든, 문화적·언어적으로 다양한 학생 및 가족과 지속가능한 관계를 구축하는 것은 효과적인 실습에서 가장 중요하다. 사실, 효과적인 교육은 관계를 맺지 않고는 불가능하다. 교사는 실습에서 관계구축을 중심으로 삼고 학생 및 가족과의 관계를 지속적으로 강화하고 확인하기 위한 방법을 강구해야 한다.

첫 번째 단계는 배우는 것이다. 신규 교사는 자신이 근무하거나 근무하게 될 지역사회에 대해 배워야 한다. 이 지식에는 현재 상태와 상황뿐만 아니라 해당 지역사회의 역사와 현재 상황에 대한 완전한 이해도 포함된다. 10년 전이나 50년 전, 이 지역사회는 어떤 모습이었는가? 시간이 지남에 따라 지역사회는 어떻게 변화했는가? 각 동네의 특징은 무엇인가? 이 지역의 정치적 상황은 어떤가? 사회적 생산 기반은 어떤가? 현재 진행 중인 주요 시스템에는 어떤 것이 있나? 학생과 가족이 재미로 즐기는 일은 무엇인가? 이 지역사회에서 신뢰를 얻고 상호참여의 기회를 얻으려면 무엇을 해야 하는가? 학생의 문화유지를 위해 교사로서 할 수 있는 역할은 무엇인가? 그 밖에 더 필요하거나 알고 싶은 것은 무엇인가?

주어진 실행 질문에 대해 앞서 제기한 질문에 답변하는 데 도움이 될 수 있는 다양한 지침이 있다. 우선, 초보교사들이 실질적인 답변과 지침으로 고려할 수 있는 사항으로 다음과 같은 것들이 있다. 암묵적·명시적 편견과 문화적·교육적 차이를 의식적으로 인식한다. 가장 좋은 방향으로 가정한다. 접근방식이 다르더라도 모두가 같은 배를 타고 있다는 사실을 인정한다. 존중하는 마음을 갖고 학생이나 가족과 대화할 때, 일방적으로 하지 않고 함께 이야기한다. 가족이 처한 특별한 상황에 대해 이해했다는 것을 보여 주도록 노력하고, 학부모가 의견을 나누고 들을 수 있는 장소를 만들고 의사결정에 참여하도록 돕는다. 함부로 넘겨짚지 말고 대신 질문한다. 학생과 가족에게 그들과 그들의 지역사회에 대해 배우고 싶다는 관심을 표하고, 그것을 도와줄 수 있는지 묻는다. 안좋은 일이 있을 때뿐만 아니라 좋은 일이나 새로운 소식을 통해서도 자주 확인하고 연락한다. 학교행사 이외의 지역사회 행사에도 참여한다.

새내기 교사는 앞의 가이드라인을 참고하여 다양한 배경을 가진 학생들과 소통한다면 큰 의미를 찾을 수 있다. 웬만한 교사준비 프로그램에서는 이렇게 중요한 지침들을 겨우 시작만 하고 넘어갈 수 있다. 따라서 관계형성을 교육실천의 중심에 두고 싶다면, 그들이 교사준비 프로그램에서 배운 내용을 겉핥기식이 아니라 깊게 배우고 익혀서 그것을 중심으로 행동이나 교육적 결정을 일관되게 해 나가야 한다.

 ## 협력교수법

특수교사가 갖는 많은 특전 중 하나는 가족, 다른 교사 및 기타 전문가와 협력할 기회가 있다는 점이다. 협력의 목표는 교육적 경험을 향상시키고 장애학생이 참여하고 학습할 수 있는 의미 있는 기회를 촉진하는 것이다(Sheehey & Sheehey, 2007). 새내기 교사가 협력에 대해 생각할 때, 그들은 종종 드러나는 교수법의 관행을 떠올린다. 이러한 관행은 실제로 공동교수(co-teaching), 병행교수(paralleled teaching), 스테이션교수(station teaching), 대안교수(alternative teaching) 및 1인 교사-1인 보조(one-teach one assist)를 포함한 공동교수 모델(co-teaching models)이다(Friend & Cook, 2017). 공동교수는 협력의 필수적인 요소이며 이러한 협력을 반복적 과정으로 보는 것이 좋다.

이 과정은 세 단계로 분류된다. 1단계는 수집과 논의 및 계획의 단계이다. 1단계에서 특수교사는 학생, 가족, 다른 교사, 서비스 제공자 및 지역사회 구성원과 소통하면서 학생에 대한 정보를 최대한 많이 모으는 것을 목표로 한다. 이때 다루어야 할 질문은 다음과 같다. 각 이해관계자는 학생에 대해 무엇을 알고 있는가? 학생을 위한 각자의 목표는 무엇인가? 각 이해관계자로부터 어떤 기여가 필요하며 이를 어떻게 실행할 것인가? 다음 단계는 무엇인가? 정보를 수집한 후 특수교사는 계획 초안을 작성하고 2단계에 대한 추가 피드백을 얻기 위해 각 이해관계자와 공유해야 한다. 그러나 가족 및 지역사회 파트너가 있는 경우, 특수교사는 계획 초안 작성에 이들을 참여시킬 수도 있다. 따라서 특수교사가 전문지식과 더불어 가족 및 지역사회 파트너의 관계적이고 주체적인 전문성이 결합해서 해당 학생에게 최선의 이익을 위해 작성된 계획 초안에 대한 주인의식을 키우는 데 도움이 된다.

다음은 실행 단계이다. 2단계에서 특수교육 교사는 학생의 요구 사항을 충족하기 위해 교사가 어떻게 협력할 것인지 명확하게 설명하는 지침 문서를 가지고 있어야 한다. 진행상황, 요구 사항 및 지원에 관한 지속적인 데이터 수집과 대화가 있어야 한다. 학생이 학교활동에 참여하는 동안 학생, 가족 및 다른 팀 구성원과 명확하고 일관된 의사소통을 하는 것이 중요하다. 교사는 학생 및 가족에게 '무엇을 전달하는 것'이 아니라 그들과 '함께' 소통해야 한다는 점에 유의해야 한다. 마지막 단계에서 교사는 학생, 가족 및 나머지 팀원들과 만나 학생의 진행상황을 평가하고 다음 단계를 논의한다. 이 세 단계를 모두 거치면서 특수교사는 자신을 팀의 한 구성원으로 보고 학생과 학생의 가족이 학생에 대해 훨씬 더 깊은 통찰력을 가지고 있다고 생각해야 한다. 따라서 의미 있는 협업을 위해서는 공통점을 필요로 할 뿐만 아니라(Sheehey & Sheehey, 2007), 교사가 배우는 자세를 유지하고 탐구와 성장에 대한 지속적인 헌신을 해야 한다(Mastropieri & Scruggs, 2012). 구체적으로 이는 코크란-스미스와 리틀(Cochran-Smith & Lytle, 2009)이 설명하는 '탐구적 입장(inquiry stance)'과 일치하는 것으로 보이는데, 이는 모든 교육자, 특히 파트너십에 관여하는 특수교사에게는 학생, 가족, 지역사회와 일반교사 및 특수교육 강사 간의 교육 협력이 중요하다고 주장하는 바이다. 이러한 배경에서, 다음으로 이 장 전체에서 논의한 내용 중 구체적으로 표현하고 조명하는 데 도움이 되는 사례를 제시하고자 한다.

사례연구 속 일화

샘은 똑똑하고 활기찬 13세 소년으로, 3학년 때 정서장애 진단을 받았다. 현재 샘은 7학년인데 친구들은 대부분 8학년이며, 7학년 친구는 몇 명에 불과하다. 샘은 비디오 게임을 좋아하고 나이에 비해 컴퓨터를 놀라울 정도로 잘 다룬다. 친구들과 선생님들은 스마트 기기에 문제가 생기면 샘에게 해결을 부탁하고, 샘은 언제나 기꺼이 도와준다. 샘은 학교 축구 클럽의 일원이며 7학년 초에 팀의 주장으로 선출되었다. 학교와 지역사회에서 다양한 활동에 참여할 기회를 자주 찾는 샘에게 활동적인 자세는 매우 중요하다.

샘은 엄마, 아빠, 16세 형, 9세 여동생, 할머니와 함께 살고 있다. 6학년이 되자 교사들은 샘의 지속적으로 일어나는 행동문제와 뒤처지는 학업 진도에 대해 우려하기 시작했다. 샘의 가족은 교사들이 샘에게 6학년 유급을 권유하자 많이 놀랐다. 교사들은 샘이 7학년으로 진학하기 전에 6학년에서 한 해 더 교육을 받는 것이 도움이 될 것이라고 생각했다. 샘의 어머니인 넬슨 부인은 이런 학교의 권유에 어떻게 대응해야 할지 잘 몰랐다. 그녀는 자신의 학생 시절을 생각하고, 학년이 올라갈 때 유급하는 것에 대한 부정적인 기억이 떠올랐다. 그녀는 샘이 함께 공부하던 친한 친구들과 멀어지는 등, 샘에게 미칠 수 있는 부정적인 영향에 대해 걱정했지만 교사들이 샘의 학업향상을 돕고 싶어 한다는 이야기를 듣게 되어 반가워했다.

유급 권고를 논의하기 위한 학교 회의에서 한 교직원은 K-8, 즉 유치원부터 8학년까지만 있는 학교라는 점을 감안할 때 샘이 여전히 친구들과 친하게 지낼 수 있다는 점을 이야기했다. 6학년 및 특수교육 교사, 학교 심리학자 그리고 교감은 각자 샘의 행동 및 학업에 대한 일련의 문제를 설명했다. 샘의 아버지인 넬슨 씨는 샘이 활기차고 결단력 있는 아이인데 학교에서 부적절하게 감정을 폭발시키고 무례한 행동을 한다는 것을 알고 혼란스러워했다. 샘의 부모님은 할머니가 샘에게 심어준 가정에서의 존중과 배려 그리고 교회와 지역사회 체육활동에서 샘이 곧잘 리더 역할을 한다는 것을 이야기했다. 넬슨 부부는 몇 년 전 자메이카에서 이곳 크레센트 커뮤니티로 이사했을 때 몇몇 교사들이 샘이 정서장애가 있는 것 같아 특수교육이 필요할 것 같다는 말을 했던 순간을 떠올렸다. 학교에서 열리는 회의에 샘의 부모가 참석할 수 없었지만, 이들은 회의 며칠 전 교사와의 통화를 통해 샘의 가정 내 행동과 관련된 몇 가지 질문에 답했다. 회의가 끝난 후, 학교는 회의내용을 요약한 보고서를 샘의 부모에게 보내 주었다. 그렇지만 부부는 샘이 학교에서 행동문제를 일으킨 원인을 정확히 무엇이라고 했는지, 개선되도록 돕기 위해 무엇을 해야 할지에 대해 거의 알지 못했다. 넬슨 부부는 당시 특수교육에 대해 거의 알지 못했고, 학교가 샘에게 가장 이로운 결정을 내리는 것에 대해 별다른 이의 없이 편안하게 받아들였다.

넬슨 부부는 이제 특수교육에 대해 훨씬 더 많이 알게 되었으며, 특히 샘과 같은 흑인 학생들의 사례에 대해 잘 알게 되었다. 그들은 샘과 같은 상황에 놓인 많은 학생이 겪었던 실패의 사례가 샘에게도 일어날까 봐 걱정했다. 샘의 부모는 아이가 유급되는 것에 대해 우려를 표명했다. 그러나 학교는 샘이 이 기회에서 오히려 더 나은 이익을 얻을 것이라고 확신했다. 이런 학교 측의 확신은 넬슨 부부가 몇 년 전 들은 것과 비슷했지만, 이번엔 학교의 권고를 따르기로 했다.

샘은 6학년 유급 이후 새로운 친구를 사귀는 데 어려움을 겪고 있다. 이제 7학년이 된 샘은 수학과 영어 성적이 저조한 반면, 컴퓨터 과목에서 가장 높은 성적을 받는 등, 학업 성취도가 들쭉날쭉하다고 교사들은 보고한다. 특수교사인 슈미트 선생님은 또래에 대한 공격성과 같은 새로운 행동 특성도 보고했다. 그는 다른 교사들과 샘의 성적에 대해 논의하기 시작했으며, 샘의 부모님에게 연락하여 다시 한 번 회의를 가질 계획이다.

현재 미국의 학교에서는 샘과 그의 가족이 경험한 것과 비슷한 상황이 매일 발생하고 있다. 미래의 또는 현재의 교사 및 관련 서비스 제공자로서 여러분은 학생을 포함한 모든 이해관계자에게 권한을 부여할 수 있다. 개방적이고 정직하며 진정성 있고 풍부한 관계를 통해 학생과 가족을 존

중함으로써 학업의 어려움 및 좋지 않은 성장 경로를 겪는 일을 완화하거
나 예방할 수 있는 힘을 가지고 있다.

참고문헌

Baker, T. L., Wise, J., Kelley, G., & Skiba, R. J. (2016). Identifying barriers: Creating solutions to improve family engagement. *School Community Journal, 26*(2), 161–184.

Barrera, R. B. (1992). The cultural gap in literature-based literacy instruction. *Education and Urban Society, 24*, 227–243.

Cochran-Smith, M., & Lytle, S. (2009). *Inquiry as stance: Practitioner research for the next generation.* Teachers College Press.

Darling-Hammond, L., Chung, R., & Frelow, F. (2002). Variation in teacher preparation: How well do different pathways prepare teachers to teach? *Journal of Teacher Education, 53*(4), 286–302.

Darling-Hammond, L., Holtzman, D. J., Gatlin, S. J., & Heilig, J. V. (2005). Does teacher preparation matter? Evidence about Teacher certification, Teach for America, and Teacher effectiveness. *Education Policy Analysis Archives, 13*(42), 2–50.

Epstein, J. L., & Sheldon, S. B. (2002). Present and accounted for: Improving student attendance through family and community involvement. *The Journal of Educational Research, 95*(5), 308–318.

Every Student Succeeds Act, 20 U.S.C. § 6301 (2015).

Friend, M., & Cook, L. (2017). *Interactions: Collaboration skills for school professionals* (8th ed.). Pearson.

Gerzel-Short, L., Kiru, E. W., Hsiao, Y., Hovey, K. A., Wei, Y., & Miller,

R. D. (2019). Engaging culturally and linguistically diverse families of children with disabilities. *Intervention in School and Clinic, 55*(2), 120–126.

Hall, T. E., Meyer, A., & Rose, D. H. (2012). *Universal design for learning in the classroom.* Guilford Press.

Harry, B., & Klingner, J. (2014). Why are so many minority students in special education? *Understanding race & disability in schools* (2nd ed.). Teachers College Press.

Henderson, A. T., & Mapp, K. L. (2002). *A new wave of evidence: The impact of school, family, and community connections on student achievement.* National Center for Family and Community Connections with Schools.

Hitchcock, C., Meyer, A., Rose, D., & Jackson, R. (2002). Providing new access to the general curriculum: Universal design for learning. *TEACHING Exceptional Children, 35*(2), 8–17.

Individuals with Disabilities Education Act, 20 U.S.C. § 1400 (2004).

Johnson, A. (2017). *Teaching strategies for all teachers.* Rowman and Littlefield.

Ladson-Billings, G. J. (1995). Toward a theory of culturally relevant pedagogy. *American Educational Research Journal, 32*(3), 465–491.

Ladson-Billings, G. J. (2003). New directions in multicultural education complexities, boundaries, and critical race theory. In J. Banks, & C. Banks (Eds.), *Handbook of research on multicultural education* (pp. 50–65). Jossey-Bass.

Latunde, Y. (2017). *Research in parental involvement: Methods and strategies for education and psychology.* Palgrave Macmillan.

Mastropieri, M. A., & Scruggs, T. E. (2012). *The inclusive classroom:*

Strategies for effective differentiated instruction. Pearson.

National Council of Teachers of Mathematics. (2014). *Principles to actions: Ensuring mathematical success for all.* Author.

National Reading Panel. (2000). *Report of the National Reading Panel.* National Institute of Child Health and Human Development.

Ok, M. W., Rao, K., Bryant, B. R., & McDougall, D. (2017). Universal design for learning in pre-K to grade 12 classrooms: A systematic review of research. *Exceptionality, 25*(2), 116–138.

Paris, D. (2012). Culturally sustaining pedagogy: A needed change in stance, terminology, and practice. *Educational Researcher, 41*(3), 93–97.

Schaeffer, K. (2020). *As schools shift to online learning amid pandemic, here's what we know about disabled students in the U.S. Pew Research Center.* https://www.pewresearch.org/facttank/2020/04/23/as-schools-shift-to-online-learning-amid-pandemic-heres-whatwe-know-about-disabled-students-in-the-u-s/#:~:text=1%20The%20nearly%207%20million,for%20which%20data%20is%20available

Sheehey, P. H., & Sheehey, P. E. (2007). Elements for successful parent-professional collaboration: The fundamental things apply as time goes by. *TEACHING Exceptional Children, 4*(2), 1–12.

Stefanski, A., Villi, L., & Jacobson, R. (2016). Beyond involvement and engagement: The role of the family in school-community partnerships. *School Community Journal, 26*(2), 135–160.

Strutchens, M. E., & Silver, E. A. (2000). NAEP findings regarding race/ethnicity: Students' performance, school experiences, and attitudes and beliefs. In E. A. Silver, & P. A. Kenny (Eds.), *Results from the seventh mathematics assessment of the National Assessment of Educational Progress* (pp. 45–72). NCTM.

U.S. Department of Education. (2021a, May). *Public school enrollment.* National

Center for Education Statistics. https://nces.ed.gov/programs/coe/in
dicator/cga

U.S. Department of Education. (2021b, May). *Student with disabilities.* National
Center for Education Statistics. https://nces.ed.gov/programs/coe/in
dicator/cgg

U.S. Department of Education. (2021c, May). *Public high school graduation
rates.* National Center for Education Statistics. https://nces.ed.gov/pro
grams/coe/indicator/coi

U.S. Department of Education. (n.d.). *Digest of education statistics.* National
Center for Education Statistics. https://nces.ed.gov/programs/digest/
d18/tables/dt18_204.40.asp?current=yes

Wang, M. T., & Sheikh-Khalil, S. (2014). Does parental involvement matter
for student achievement and mental health in high school? *Child
Development, 85*(2), 610–625.

Wilson, S. M., Floden, R. E., & Ferrini-Mundy, J. (2001). *Teacher preparation
research: Current knowledge, gaps, and recommendations.* A research
report prepared for the U.S. Department of Education by the Center
for the Study of Teaching and Policy in collaboration with Michigan
State University. https://www.education.uw.edu/ctp/sites/default/fil
es/ctpmail/PDFs/TeacherPrep-WFFM-02-2001.pdf

사례연구: 가정과 공동체가 참여하는 아동교육 – 원주민의 전통지식을 교육의 기본원칙으로 존중하기

나린 아지즈(Nahrin Aziz)

- 세대 간 참여
- 발달에 적합한 실천
- 전통적 가르침
- 코스트 살리쉬 부족의 삶의 방식에 대한 존중
- 루미어의 재생, 복원 및 활성화

이 다섯 가지 가치는 노스웨스트 인디언 대학(Northwest Indian College)의 모든 영유아교육계획의 기초적 역할을 한다. 이 가치들은 부족 대학으로서 원주민 아동과 가족을 위한 보육 및 학습 시스템을 강화해야 하는 우리의 업무를 본질적으로 알리려는 포괄적인 개념이다. 그러나 이러한 가치는 노스웨스트 인디언 대학의 교수진과 행정체계, 사명과 비전에서 비롯된 것이라기보다는 루미족(Lummi族)과 '바다의 사람들'인 라크테미쉬족(Lhaq'temish族)의 상징이며 원주민 공동체 내부에서 비롯된 것이다.

노스웨스트 인디언 대학은 아메리카 원주민 대학 기금 및 대학 유아교육 계획(2018)에 참여하는 여러 고등교육 기관 중 하나이다. 대학 기금의 주요 프로그램 중 하나인 이 계획은 지금까지 네 가지 프로젝트로 실시되었다. 와칸예자(Wakanyeja) '신성한 작은 아이들(Sacred Little Ones)'-부족 대학 준비 및 3학년까지의 성공, 케족(Ké族)의 가족 참여, 회복적 교수법 그리고 아이들의 지혜를 위한 유색인종 교사양성 강화이다. 각 프로젝트는 뚜렷한 목적과 초점을 가지고 있지만, 서로 밀접하게 얽혀있으며, 다음의 다섯 가지 영역에 그 기반을 두고 있다.

① 아메리카 원주민 아동의 인지 및 비인지 기술 습득을 개선한다.
② 부족 대학의 중·고등부 교사교육 프로그램과 협력하여 원주민 공동체의 영유아부 교사교육의 품질을 향상한다.

③ 유치원 준비교육과정에서 초등 3학년까지의 단계별 전환을 연결한다.

④ 교사양성 프로그램, 영유아교육 센터, K-3 환경을 위한 교육과정 개발 및 해당 교육에 아동의 모태인 원주민 언어와 문화를 통합한다.

⑤ 가정과 지역사회가 자녀교육에서 변화의 주체 역할을 할 수 있도록 권한을 준다.

마찬가지로 중요한 것은 모든 프로젝트가 "원주민 영유아교육을 외부에서 개발하던 방식에서 이제는 원주민 공동체 안에서 결정하고 개발하는 방식으로 전환하기 위해 고안되었다는 것이다. 토착지식과 아동의 문화, 언어, 역사 및 전통과의 연결이 이러한 변화의 출발점이다"(Yazzie-Mintz et al., 2018, p. 179). 프로젝트의 설계와 영역에서 알 수 있듯이, 프로젝트는 원주민 집단의 노스웨스트 인디언 대학의 모든 영유아교육계획에 필수적인 요소이다. 부족은 대가족 체계의 가치와 비전을 확고하게 확립한 주권을 갖고 있으며, 우리는 체계적인 변화를 일으키기 위해 원주민 공동체 안에서 일해야 하기 때문이다. 이러한 신념에 대한 우리의 깊은 헌신은 지역사회 주도 개발의 중요성을 강조하고 원주민 아동과 가정이 번영하고 번성하는 데 필요한 지원을 받을 수 있도록 하는 전략을 안내한다.

따라서 첫 번째 '신성한 작은 아이' 계획을 시작하기 전에 원주민 공동체 비전 회의를 개최했다. 이 비전 회의에는 루미족 전역의 이해관계자들이 모였다. 루미족 의회 위원, 루미족 교육부, '스칼랑엔(Sche'lang'en)', 문화 및 언어 부서, 문화자원 보존위원회의 지도자, 원로, 3대에 걸친 가족, 영유아교육자, 노스웨스트 인디언 대학 교수진과 본 연구자를 포함한 영유아교육 학위 과정에 있는 분들과 다른 학과의 동료들이 모였다. 비전 회의를 통해 참석자들은 전통사회, 문화, 언어, 가족, 원주민 공동체와 교

육의 연결 중요성, 루미족의 어린 학습자를 위한 조기 보육 및 교육의 유
망한 관행에 대해 생각해 보는 시간을 가졌다.

이 회의에서 우리는 다음과 같은 질문으로 성찰의 시간을 가졌다.

"이상적으로 성장하고 건강한 루미족 어린이란 어떤 모습일까?"

참가자들은 이렇게 답했다.

"안전한 환경에서 자라고, 가족 및 공동체와 연결되어 있으며, 우리의
'삶의 방식'을 알고, 교사와 부모의 교육, 지원, 참여를 받은 어린이이다."

우리는 또한 이렇게 질문했다.

"루미족 언어를 배우는 어린이들에게 바라는 것이 무엇인가?"

참가자들은 이렇게 답했다.

"우리 아이들이 가정, 학교, 공동체에서 루미어를 유창하게 사용하는
것, 그리고 교사들도 루미어로 어린 학생들과 소통할 수 있는 것이다."

우리는 생각해 보았다.

"우리는 어떻게 하늘이 내려준 우리의 소중한 어린아이들의 교육을 더
잘 지원할 수 있을까?"

이에 참가자들은 이렇게 답했다.

"전통과 문화를 통합하고, 우리 부족 공동체와 가정을 돌보고, '최선을
다하고 노력하는 것'이다."

참석자들이 비전 찾기를 통해 다양한 이야기를 공유하고 토론에 임하
면서 앞서 언급한 다섯 가지의 영유아교육 가치가 조명되었다. 2012년
우리가 공유한 이러한 가치는 오늘날까지도 영유아 보육 및 교육 분야에
서 우리의 노력과 사업에 영향을 미치고 있다.

부족 어린이의 영유아교육계획에 대해 이러한 종류의 지역사회 자문을
구하는 일은 지속적이고 빈번하게 계속되고 있다. 회복적 교육 프로젝트

의 일환으로 루미족의 땅, 물, 가치, 관습을 보다 정확하게 반영하기 위해 대학 내 조기학습센터에 장소 기반 교육과정(place-based curriculum)을 만드는 것을 목표로 삼았다. 우리는 이 프로젝트가 성공하려면 새로운 교육과정을 만드는 과정이 가족-지역사회-학교의 협력에 뿌리를 두어야 한다는 점을 인식하고 있었다.

가족 우리는 가족에게 교육과정을 함께 만드는 기회를 제공하는 차원에서 가족의 목소리를 듣는 활동으로 교육과정 개발 노력을 시작했다. 우리는 가족에게 '건강한 루미 어린이'를 설명하는 비전과 상세한 이미지를 요청하여 그들의 의견을 반영했다. 그 결과 '자신이 누구이며 어디에서 왔는지 알고(개인 및 집단 정체성), 전통 식물과 음식의 약용 목적(원주민 식량주권)에 대해 배우는 아동'이라는 아동의 건강과 행복한 삶에 대한 개념이 도출되었다. 이렇게 여러 가족의 의견을 경청하는 활동은 진단평가를 통해 이들의 필요, 욕구, 강점, 지식 및 기술을 파악하는 역할을 했다.

원주민 공동체 또한 프로젝트 기간 내내 원주민 공동체가 참여하는 행사들도 이어졌다. 가족과 원주민 공동체 구성원들은 그들이 즐기는 전통 활동은 어떤 것인지, 우리가 주최하는 행사가 그들의 양육 요구를 충족시키는 데 어떤 도움을 줄 수 있는지, 영유아교육에 루미어와 가치 및 관행을 통합하는 것의 중요성은 어떤 것인지 그리고 건강한 원주민 자녀를 양육하는 가정을 지원할 수 있는 방법은 무엇인지 등에 대한 다양한 의견을 전달함으로써 우리의 계획을 지속적으로 이끌었다. 본질적으로, 공동체 참여행사는 우리가 어떤 일을 해야 하고 무엇을 결정해야 하는지를 안내하는 '형성평가'의 역할을 했다.

학교 우리는 영유아교육자들이 원주민 아동의 성장과 발달을 평가하기 위한 관찰을 하고 관련 문서작업 등을 할 수 있는 각종 도구 등을 만들도록 독려하고 권한을 부여했다. 나중에 우리는 우리 프로젝트의 영향에 대한 최종 총괄평가를 제공하고 지속가능성에 따른 다음 단계의 작업을 알리기 위해 조기 학습센터의 수석 교사들과 인터뷰를 진행했다. 교사들이 우리 계획의 파급효과와 향후 지속가능성에 대해 성찰하면서 여러 가지 뚜렷한 주제가 나타났다. 예를 들어, 교사들은 공동체 비전 수립의 초기과정에서 도출된 루미족 유아교육의 가치를 자신들의 작업지침으로 삼는 것이 중요하다는 의견을 주었다. 교사들은 이전에는 두드러지지 않았던 의도성에 대해 다시 집중하게 된 점을 솔직하게 이야기했으며, 루미족의 영유아교육 프로그램은 장소 기반 교육이 의미가 크다는 점을 명확하게 설명했다.

가족/원주민 공동체, 교사/학교 그리고 토착 지식의 교차성은 어린이와 교사 그리고 그들이 살아가는 부족 공동체를 위한 변화의 가능성을 가져왔다. 우리의 프로젝트는 아동의 성장과 발달, 데이터 수집 및 분석, 발달 이정표가 본질적으로 루미 영유아교육 가치와 연결되는 방식에 대해 비판적으로 고찰하는 과정을 통해 유아교육 실무자들에게 새로운 주체의식을 불러일으켰다(Aziz-Parsons, 2017). 현재 우리 조기학습 센터의 원주민 어린이들은 가정 및 지역사회의 가치와 관행, 지역 동·식물을 강조하는 장소 기반 교육과정으로 배우고 있으며, 이를 통해 학습경험과 더 깊이 연결되었다. 공동체 구성원들은 진단, 형성 및 종합평가 과정에 참여하고 있으며 이를 통해 자녀교육의 변화주체로서 그들의 목소리를 높이고 있다. 우리의 노력이 결과적으로 이루어낸 교육과정 개혁은 원주민 공동체와의 파트너십을 통해 이루어졌으며, 부족의 가장 어린 시민들의 초기 학습경험에 긍정적인 영향을 미쳤다(Aziz-Parsons, 2019).

브레이보이와 맥카티(Brayboy & McCarty, 2010)는 원주민의 지식이 교육환경의 기초가 될 수 있는 방법을 탐구했다. 그들은 "원주민 지식은 존재, 교육, 학습 및 가치 부여방식을 포괄"하며 "사람과 공동체 내에서 살아가고 구체화 된다."라고 주장한다(p. 185). 또한 교육자는 원주민 가족과 공동체를 참여시켜 사회의 성공에 온전히 기여하는 부족 시민으로 이어지는 교육 목표를 공동 개발해야 한다(Lansing, 2017).

노스웨스트 인디언 대학에서는 원주민 공동체의 목소리와 마음에 따라 루미족의 조기보육과 교육을 지속적으로 발전시키는 과정에 전념하고 있다(Macy, 개인 커뮤니케이션, 2012년 2월 25일). 교육자, 특히 유아교육자들은 교육이 이루어지는 공동체의 가치와 관행뿐만 아니라 그들의 생생한 경험을 반영하여 학습자에게 더 의미 있는 교육과정으로 변화시킬 수 있는 기회를 받아들였다. 원주민 가족과 부족 공동체를 아동교육에 참여시킴으로써 교육자들은 토착지식을 교육과 실천의 기본 원칙으로 존중할 수 있게 된다.

참고문헌

American Indian College Fund. (2018). *Tribal College and University early childhood education initiatives: Strengthening systems of care and learning with Native communities from birth to career.* Author.

Aziz-Parsons, N. (2017). Connecting educational communities to engage in collective inquiry: Creating professional learning communities as sites of action research. *Tribal College and University Research Journal, 1*(2), 30-58.

Aziz-Parsons, N. (2019). *Place-based education in early learning: Connecting curriculum to community at a Tribal college.* Manuscript submitted for publication.

Brayboy, B. M. J., & McCarty, T. L. (2010). Indigenous knowledges and social justice pedagogy. In T. K. Chapman, & N. Hobbel (Eds.), *Social justice pedagogy across the curriculum: The practice of freedom* (pp. 184–200). Routledge.

Lansing, D. (2017). Learning from the community: Innovative partnerships that inform Tribal college teacher education programming. In E. Petchauer, & L. Mawhinney (Eds.), *Teacher education across minority-serving institutions* (pp. 35–50). Rutgers University Press.

Yazzie-Mintz, T., Aziz-Parsons, N., Lansing, D., Manyakina, Y., & Pyatskowit, R. C. (2018). Collective work and inquiry: Transforming early childhood education from within native communities. *Research in the Teaching of English, 53*(2), 179–183.

PART 10

사례연구: 다문화교육을 위한 학교-지역사회 협력

아리오 살라자르(Ario Salazar)

학생에게 필요한 자원과 지원 네트워크를 제공하여 이들의 학습 준비도와 회복탄력성을 키우는 것은 이들의 학교적응, 학업 성취 그리고 교실을 넘어선 삶의 성공으로 이어진다.

이 장에서 살펴보고자 하는 증거 기반 시스템(evidence-based system)은 여기 소개하는 '학교 내 공동체(Communities In Schools: CIS)'와 같은 많은 청소년지원기관에 의해 전국적으로 실행되고 있다. 가정, 지역사회 또는 학교에서 위험이나 어려움을 겪는 학생의 요구를 파악하고 해결하는 매우 협력적이고 지속가능한 모델이다. 이 장에서는 하나의 모범적인 사례를 통해 성공적인 통합적 학생지원(Integrated Student Supports: ISS)의 핵심 요소 및 기타 공동체 구축 요소를 보여 준다. 앤 매스턴(Ann Masten)과 같은 회복탄력성 전문가들이 '일상적인 마법(ordinary magic)'이라고 부르는, 학교와 공동체 사이의 협력적이고 상호조율된 관계맺음을 통해 교육자와 공동체 구성원이 학생을 중심에 두고 소외되거나 체계적 지원을 받지 못하는 학생의 복지를 최우선적으로 돌볼 때 어떤 변화가 생기고 긍정적인 효과가 지속되는가에 대한 인식을 높이고자 한다.

여기에서 탐구하려는 방식과 영향력의 이야기는 모든 학생에게 자신의 잠재력을 최대한 발휘하도록 안전하고 지지적인 학교환경을 제공하는 것이 얼마나 중요한지에 대한 인식을 높이고, 학생은 최고수준으로 학습할 준비를 갖추도록 할 것이다. 신경과학과 발달과학 양쪽 분야에서 통합된 학교환경이 또래 및 주변 어른과의 관계를 단단하게 해 줌으로써, 아동발달, 특히 사회·정서적 발달 및 학업에 긍정적인 영향을 미친다고 주장한다. 조직화된 학생지원체계 안에서 진정한 주인공은 모든 역경 속에서도 날마다 행복하고 만족스러운 환경에서 배우고 참여하고자 하는 회복탄력성 높은 학생이다. 이 장을 읽으면서 소외계층 청소년의 학교애착을 높이기 위한 지지적 학습 환경의 역할에 대해 생각해 보자.

학생 중심 공동체 접근 방식

많은 경우 학교는 턱없이 부족한 자원 및 인프라의 한계로 인해 높은 수요에도 불구하고, 학생이 견디기 힘든 수준의 어려움을 겪고 있다는 초기 경고신호를 일관되게 식별할 수 있는 시스템을 갖추고 있지 않다. 심각한 고립감, 소외, 정신건강 문제 또는 극단적인 사회경제적 상황으로 어려움을 겪는 학생을 문화적 또는 언어적으로 적절한 방식으로 지원하려면 그들이 다니는 학교에 더 많은 통합자원을 투입해야 한다. 즉, 사회·정서적 전문성과 문화적 대응 접근 방식을 추가해서, 주어진 공립기관의 교사, 강사 또는 교육자가 모든 학생이 소속감과 통합감을 느낄 수 있는 환경에서 일관되게 학습할 준비가 되어 있다는 확신을 가지고 실제로 가르칠 수 있도록 보장해야 한다.

미국 전역에서 빈곤 아동이 처한 열악한 상황에 대한 통계는 충격적이다. 이러한 상황이 건강의 사회적 결정 요인, 예측되는 수감률 그리고 빈곤의 대물림과 아동기 역경경험(Adverse Childhood Experiences: ACEs)의 굴레에서 벗어날 수 있는 능력에 미치는 부정적적인 영향도 상당히 걱정스럽다. 현재 미국에서는 1,300만 명 이상의 아동이 빈곤 속에서 살고 있다. 매일 1,683명의 아기가 빈곤한 가정에서 태어나고, 2,956명의 고등학생이 중퇴하며, 날마다 14,640명의 공립학교 학생이 정학을 당하고 있다. 미국에서는 학생 대 상담사의 비율이 평균 471:1이며, 워싱턴주에서는 그마저도 평균적으로 한 명의 학교 상담사가 매년 평균 510명의 학생을 담당하고 있다는 점도 생각해 볼 문제이다. 이 통계로 볼 때 해결해야 할 문제가 엄청나게 어렵고 많아서 학교관계자의 활력과 사기에 어떤 영향을 줄지 가늠할 수 있다. 한 마디로 과제는 어렵고, 문제도 많고, 그 규모도 엄청나다.

다행히도 미국에는 수십 년간의 실천과 연구 그리고 지속적인 개선을 통해 널리 알려진 시스템인 증거 기반 공동체 구축모델인 통합학생지원 (Integrated Student Supports: ISS) 시스템이 있다. ISS 시스템은 학업적 및 비학업적 성취 장벽을 해결할 수 있는 지원방법을 개발하거나 확보하고 조정해서 학생의 학업 성공을 촉진하는 학교 기반 접근방식이다. 연구에 따르면 이 접근 방식이 잘 실현될 경우 개별 학생의 성공을 촉진하고 모든 학생이 성공할 수 있도록 지원하는 학습 환경을 조성할 수 있다. 이것이 가능한 이유는 이 모델에서는 트라우마에 대해 잘 알거나 훈련된 청소년 발달 공동체 지지자가 학교 관계자와 협력하여 일하는 방식을 통해 모든 학생을 돌보고 그들의 요구가 충족되도록 보장하기 때문이다. 다시 말해, 지정된 학교 현장 코디네이터(site coordinator)는 학교 상담사 또는 학생 지원팀(Student Support Team: SST)과 협력하여 조기 중재기준을 개발하고, 무단결석이나 중도 탈락의 위험이 높은 학생을 식별하는 전략적 단계를 관리할 수 있다. 우선 모든 학생이 독특하고 존중받아야 하며, 학교의 중요한 일원이라는 점을 염두에 두고, 집단적인 우선순위 설정과 '위험평가 프로토콜'을 통해 어려움을 겪고 있는 학생과 공감하고 개별화된 방식으로 다가간다. 이를 통해 프로그램과 자원의 계획 및 통합이 목표지향적이고 효과적이며 변화를 가져올 수 있도록 하여, 지원받는 학생이 유대감을 형성하고, 교사는 가르침에, 교장은 학교운영에 집중할 수 있게 한다.

지원중재 접근방식은 현장 코디네이터가 학생의 학교 유대감 및 회복 탄력성 발달의 'ABC'라고 부르는 것에 기초한다. 반드시 다루어야 할 학습 준비 영역은 출석(Attendance), 행동(Behavior) 및 교과 과정(Coursework) 이다. 유능한 현장 코디네이터는 학생의 의욕, 목표, 열망, 강점 및 학생 이 살아가면서 어렵거나 위험한 일의 구체적인 부분까지 알아내고 유대 감을 형성하는 일에 능숙하고 준비되어야 한다. 이들은 학생의 자산과 해 결해야 할 어려운 문제를 깊이 이해함으로써 학생과 가족 구성원이 학업, 사회, 건강 및 삶 전체의 지원과 연결하는 공동체 기반 자원을 지속적으 로 활용할 수 있도록 하고, 이를 통해 학생의 회복탄력성을 높이고 이들 의 목소리를 이끌어내는 동시에 학교 전체적으로 안전과 신뢰의 분위기 를 조성하는 데 기여하게 한다. 이런 점에서 현장 코디네이터는 멘토링와 코칭 또는 사회·정서적 지원이 필요한 학생의 목표와 열망을 옹호하는 학 교 및 공동체 보호자로서의 정체성을 가진다.

워싱턴주의 왓컴-스카짓(Whatcom-Skagit) 지역에서는 상당한 기간 동 안 이 접근법을 적용하고 활용해 왔다. 저소득층 유색인종 학생, 성소수 자 학생, 수감자 부모나 친척을 둔 아동, 트라우마 경험 아동, 약물이나 부모 학대를 경험한 학생, 자살 경험에 노출된 학생, 주거 불안정 또는 노숙, 영양실조, 불안정한 이주민 신분으로 인한 가족분리경험, 학교나 지역사회에서 사회적 자본 부족으로 인한 어려움을 경험한 학생의 사회· 정서적 요구를 해결하는 데 매우 유익한 역할을 해 왔다. 다음에 제시하 는 관련 사례는 학생이 안전한 신체적·정서적 공간에서 그들에게 가장 심 각한 영향을 끼치는 문제를 되돌아보고, 큰 역경 속에서도 회복탄력성과 잠재력이 드러날 수 있도록 숙련된 방식으로 마음을 다해 학생에게 힘을 실어주는 방식으로 지원하는 것이 얼마나 중요한지 보여 준다.

 친근하게 다가가서 힘을 실어 주는 방법

아리 라이트(Ari Wright)는 슈크샨 중학교(Shuksan Middle School)에서 현장 코디네이터로 일한 첫 해 동안 당시 학생 수의 10%, 즉 가장 도움이 필요했던 학생 75명과 함께한 학교 내 공동체(Communities in Schools: CIS) 팀의 일원이었다. 슈크샨 중학교는 벨링햄 북부 지역에 있는 학교이다. 가장 도움이 필요한 학생들을 위한 자원과 지원 네트워크를 구축하기 위한 전략의 일환으로, 아리는 학교와 교직원을 잘 알아 가는 일부터 시작했다. 아리는 이렇게 설명한다.

> 매주 저는 관리자, 지원 직원, 교사가 모여 학생에 대해 이야기하고 그들에게 다가가기 위한 지원계획과 전략을 만드는 학생 지원팀 회의에 참석했습니다. 이 팀은 개별적인 지원이 필요한 학생을 위해 추가적인 노력을 기울이고자 하는 배려심이 가득한 사람들로 구성되었습니다. 저는 학교 관계자의 프로젝트를 지원하고, 여러 행사에 참석하면서 항상 이들에게 공동체의 비전과 전략을 강화하거나 향상시키기 위한 노력을 알려 주면서 관계를 만들어 나갔습니다. 저는 우리 모두가 의사소통을 잘 하고 학생을 계속 지원하는 방법에 대해 다 같은 생각을 가질 때 이 팀이 가장 잘 작동한다는 것을 바로 알았습니다. 핵심 정보와 알게 된 내용을 공유하고, 학생을 함께 지원하며, 학생이 새로운 어른으로부터 색다른 방법의 지원이 필요할 때 이들을 연결해서 합류시키거나 거두어 들이는 적당한 시점과 방법을 알아냈습니다.

이런 방식으로 아리는 알렉사(Alexa, 개인정보 보호 차원에서 가명 사용)와 만나게 되었다. 알렉사는 학교에 적응하는 데 어른의 도움이 필요한 학생이었다. 다음 아리와의 인터뷰는 그와 알렉사와의 관계가 어떻게 시작되고 변화해 나갔는지를 보여 준다. 알렉사가 어떻게 회복탄력성을 찾을 수 있었는지에 대한 이 이야기는, 협력적인 학교 환경에서 학생지원 팀워크를 가동할 때 어떤 큰 변화가 생길 수 있는지를 보여 준다.

저는 그런 회의 가운데 하나가 계기가 되어 이 일에 합류하게 되었습니다. 학교의 직원들이 알렉사 및 가족과 대화해 보려고 노력했지만 어떤 중재도 효과가 없어 보였습니다. 알렉사는 당시 6학년으로, 우리 중학교에 새로 전학을 온 학생이었는데 결석이 잦았습니다. 어떤 때는 일주일에 한 번 정도만 학교에 나오는데 그 이유를 아는 사람은 아무도 없었습니다. 처음에는 학교가 결석을 이유로 가끔 집으로 연락했지만 바로 연결된 적은 한 번도 없었고, 교무실에서 남긴 메시지로 음성 사서함이 가득찰 뿐이었습니다. 바로 이 시기에 제가 알렉사를 알게 되었습니다. 저는 아이가 학교에 오는 얼마 안되는 날마다 만나서 관계를 맺어가기 시작했습니다. 슈크샨 중학교는 멋진 축구장도 있고 교정도 꽤 큽니다. 우리는 기회가 있을 때마다 함께 교정을 산책하고, 수업 자료의 바인더를 함께 정리하거나, 알렉사가 좋아하는 만화에 대해 이야기했습니다. 저는 매일 알렉사가 학교에 왔는지 확인해서 우리가 만날 수 있는지 알아보았습니다. 우리 사이에 서로를 존중하고 배려할 수 있는 정도의 관계가 만들어졌을 때 알렉사를 통해 가족에게 손으로 쓴 편지를 전달했습니다. 알렉사가 얼마나 우리 학교에 중요한 학생인지, 알렉사가 학교에 나올 때마다 우리 모두가 얼마나 좋아하는지를 썼습니다. 저는 이 편지를 통해 알렉사의 가족에게 알렉사가 학교에 결석하게 되는 어려움이 있다면 제가 도울 수 있다는 것을 알렸습니다. 이후 알렉사와 멘토링 관계가 점점 더 형성되었고, 운 좋게도 어느 날 알렉사를 데리러 학교에 온 어머니를 만날 수 있었습니다.

제가 속한 청소년 지원기관인 왓컴 스카짓 지역의 CIS에서 저를 비롯한 구성원들은 트라우마, 빈곤의 대물림, 그 외에 모든 종류의 사회적 또는 경제적 불안정을 경험한 학생들을 만나고 상호작용하는 방법에 대한 교육을 많이 받았습니다. 우리는 항상 '위험'과 '보호적 요소'에 대해 이야기하면서 청소년의 목소리와 회복탄력성에 대해 이야기했는데, 그 중 저에게 가장 큰 변화를 가져다준 교육이 있었습니다. '빈곤 탈출을 위한 다리(Bridges Out of Poverty)'라는 프로그램인데 여기서는 ① 개인, ② 공동체, ③ 구조와 정책이라는 3중 렌즈 접근 방식을 통해 빈곤문제를 보는 새로운 방식을 제공합니다. 이 교육은 저에게 빈곤문제를 보다 잘 이해하게 해 주었습니다. 저는 사회경제적 어려움에 대한 저만의 선입견이 특권이나 인종적 편견 그리고 또 다른 요소들과 어떻게 연결되는지 인식함으로써 이 지식을 제 업무에 적용할 수 있었습니다. 이를 통해 저는 먼저 제가 가진 편견을 반성하고 결국 넘어설 수 있었습니다. 알렉사의 가족과 함께 일할 때 저는 제가 제공하는 도움이 공평하고, 접근 가능하며, 어떠한 제약이나 숨겨진 의도가 없도록 신경을 썼습니다. 저와 알렉사 어머니와의 관계는 곧 어머니가 점점 편하게 말하고 부탁할 수 있을 정도로 가까워졌습니다. 저는 항상 편하게 이야기할 수 있는 사람이라는 점을 강조했고, 가족이 필요하거나 지원을 요청하는 내용에 대해 어떠한 예측도 함부로 하지 않았습니다. 이 가족이 필요로 하는 기본적인 도움에 대해 이야기를 나눌 때, 저는 이 가족을 같은 마음에서 동등하게 대했으며 그들이 받아야 할 서비스가 마땅하다고 생각했습니다. 빈곤을 보다 잘 이해하도록 설계된 교육을 받은 이후로 저는 차별적인 권력구조가 존재한다는 것을 잘 알게 되었고 이를 무너뜨리기 위해 노력했습니다. 이 경우, 저는 항상 알렉사의 가족에게 그들 자신에게 힘이 있다는 것을 알 수 있도록 도왔습니다. 제가 무엇을 이끌어간다기보다 그들이 상호신뢰와 존중에 기반하여 제 업무를 이끌어가는 사람이라는 점을 느낄 수 있도록 했습니다.

알렉사의 어머니와 처음 만났을 때, 저는 이 만남이 얼마나 기쁜지, 당신의 딸이 얼마나 자랑스러운 존재인지 이야기했고 곧 어머니와 돈독한 관계를 맺을 수 있었습니다. 어머니는 결국 저에게 이메일을 보내게 되었고 학교에 저를 찾아오게 되었습니다. 저는 그동안 이 어머니가 학교를 신뢰할 수 없어 학교에서 오는 연락을 무시했다는 것을 알게 되었고, 또한 알렉사가 자주 결석하는 이유에 대해서도 알게 되었습니다. 학교에서는 알렉사와 어머니가 법정에 출석하도록 요구하는 베카(Becca) 청원을 제출했는데 당시 워싱턴주에서 이것은 무단결석이 발생하고 일정 일수를 초과할 경우 학교에서 의무적으로 시행해야 하는 합법적 조치였습니다. 어려움을 겪는 많은 가정의 경우, 법정에 출두하여 해명하라는 이런 종류의 '공식적' 또는 '법적' 통지를 받으면 일단 겁부터 나고 공포와 악몽에 시달릴 수 있습니다. 이런 경우가 바로 저 같은 지원자가 가장 필요한 순간입니다. 학생과 가족으로 하여금 복잡한 시스템과 절차를 이해하고 일을 진행해나가는 데 도움을 줄 수 있기 때문입니다.

알렉사와 어머니는 저에게 함께 법원에 가 줄 수 있겠느냐고 물었습니다. 이토록 극히 개인적이고 숨기고 싶은 일에 대해 털어 놓고 도움을 청할 사람으로 여기게 됐다는 것은 정말 큰 의미가 있는 일입니다. 저는 함께 가기로 했고, 법정에서 그들과 함께 앉아 이 과정이 어떻게 진행되는지 알아가기 시작했습니다. 법정에서 무슨 일이 일어날지 모른다는 생각은 어머니와 알렉사 모두를 두렵게 했습니다. 누구나 법정에 출두하라는 출석 요구서를 받으면 위축되는 것이 당연합니다. 향후 학교에 계속 다니기 위해 법적인 문서에 서명해야 하는 것도 매우 긴장되는 일입니다. 그 해의 나머지 기간 동안 알렉사의 출석률이 개선되는 것을 경험했습니다. 그리고 이러한 좋은 결과에는 다른 중재도 작용했습니다. 앞에서 언급했듯이 알렉사가 출석했음을 매일 교무실에 알리는 절차도 그랬고, 알렉사가 다른 학생과 함께 점심을 먹도록 그룹 지어 주는 일과 학습에 관한 의욕에도 효과가 있었습니다.

그 중에서도 학교의 방과 후 프로그램이 알렉사가 꾸준히 학교에 오게 만드는 가장 좋은 방법이라는 것을 알았습니다. 알렉사는 슈크샨 중학교의 방과 후 프로그램을 너무 좋아해서 학교에 와서 늦게까지 게임을 하고 이 프로그램의 훌륭한 멘토들과도 친해졌습니다. 알렉사는 또한 이 멘토들이 참여하는 다른 프로그램으로서 성적 소수자(LGBTQ) 학생의 삶과 교육을 지원하는 동성애자-이성애자 연대(Queer Straight Alliance: QSA) 점심 모임에도 참석했습니다. 학년이 끝날 무렵 알렉사의 어머니는 저를 깊이 신뢰했고 어려운 가정 사정에 대해 마음을 열고 말하기 시작했습니다. 여기에는 제가 CIS에서 받은 아동기 역경 경험(Adverse Childhood Experiences: ACE's)에 대한 교육도 중요했습니다. ACE 교육은 트라우마 반응에 대해 많은 것을 가르쳐 주었습니다. ACE 교육을 받으면서 반응을 유발하는 트리거(trigger)가 어떤 것인지, 심한 어려움을 겪고 있는 사람들을 진정시키고 상황을 완화하는 법을 배웠습니다. 알렉사 가족의 경우, 어머니나 아이 모두 과거에 많은 트라우마를 겪었습니다. 그들의 트라우마를 이해함으로써 저는 그들이 필요로 하는 것과 그들의 행동을 더 잘 이해할 수 있었고, 이 가족과 일할 때 항상 그들을 격려하려고 노력했습니다. 저는 어머니와 아이에게 그들이 얼마나 자랑스러운지, 그 모든 어려움에 얼마나 대단한 회복탄력성을 보여 주고 있는지, 그리고 그들을 지원하는 관계망 안에서 함께 할 수 있어서 제가 얼마나 감사한지 이야기했습니다. 그게 사실이었기에 그렇게 이야기한 겁니다. 제가 하는 일이 해당 학생과 가족에 의해 이끌어질 때, 그들은 그들에게 필요한 도움이 어떤 것인지 제게 정확히 알려줄 힘을 갖게 됩니다. 그들은 어떤 상황에서도 제가 함께 할 것을 알고 있습니다. 그들은 제가 어떤 경우에도 항상 지지하고 응원해줄 것을 믿고 있으며, 어떤 일이 일어나도 제가 그들을 진정으로 신뢰하고 있다는 것을 알고 있습니다. 그들은 그들에게 가장 좋은 것이 무엇인지 알고 필요한 것을 말할 수 있습니다. 이러한 전제에 기반을 두고 일한 결과 저는 이 가족과 학교 사이의 중요한 연락 담당자가 되었고, 유일하게 신뢰할 수 있는 의사소통의 다리가 되었습니다. 남은 기간 동안 저는 이 가족을 위해 그들에게 필요한 것과 걱정되는 점들을 지원하기 위해 다양한 지역사회기관과 필요한 자원 연결을 중개했습니다.

하지만 이러한 모든 통합지원에도 불구하고, 알렉사는 7학년 때도 출석에 어려움을 겪었습니다. 학생 지원팀으로서 우리는 알렉사가 출석에 대해 책임질 방법을 신중하게 논의했습니다. 전략은 이미 모든 학생에게도 적용되는 정책이듯, 그녀가 방과 후 프로그램에 참석하기 위해서는 온종일 학교에 머물도록 해야 했습니다. 우리는 매일 그녀의 출석을 관리했고, 지각하는 날은 저나 팀의 다른 일원이 알렉사와 함께 거닐며, 방과 후 프로그램에 참석하기 위해 다음날에는 시간 맞춰 학교에 도착하도록 격려해 주곤 했습니다. 우리의 대화는 "내일 학교에 나오길 바란다."에서 "시간에 늦지 말기!"로 바뀌었고, 그것은 큰 변화였습니다.

어느 날 출석체크를 하던 중, 알렉사는 처음으로 제게 자신이 남성(He/Him)으로 호명되고 싶다는 말과 함께 앞으로는 남성 이름인 렉스(Lex)로 불리고 싶다고 말해 주었습니다. 저는 즉시 알렉사, 아니, 렉스에게 말해줘서 고맙다고 했고 그 때부터 바로 남성 대명사로 이름을 부르기 시작했습니다. 또한 어머니가 주변에 있을 때는 어떻게 부르길 원하는지도 물었습니다. 렉스는 어머니가 있을 때는 여성으로, 그리고 학교에서 안전한 공간에서 대화할 때는 남성으로 불러 주기를 바란다고 했습니다. 이것은 성소수자(LGBTQ+) 학생들에게 있어 아주 중요합니다.

우리는 계속해서 이에 대해 대화했고 이 시점에서 렉스는 배려심 많은 교사, 상담사, 멘토, 학생들과 연결되었습니다. 렉스는 진정으로 잘 성장하고 있었습니다. 출석은 항상 걱정거리였지만 그래도 많은 장벽이 점점 사라지기 시작했습니다. 우리는 렉스에게 기본적인 필요사항, 학업지원 및 출석 모니터링을 지원하고 있었습니다. 렉스는 제가 맡고 있던 '학생의 소리 점심모임'의 중요한 일원이 되었습니다. 렉스는 학교가 모든 학생을 지원할 수 있는 최선의 방법에 대해 항상 이야기할 준비가 되어 있었습니다.

한 번은 점심모임에서 머리를 짧게 자르고 싶은데 어머니가 긴 머리를 좋아해서 반대한다는 말을 했습니다. 저는 이 일에 대해서 제가 할 수 있는 일이 있는지 렉스에게 물었습니다. 저는 어머니가 동의한다면 동네 미용실 상품권을 사서 이야기해 보자고 말했고 렉스는 뛸듯이 좋아했습니다.

어머니에게 전화할 때 렉스가 요청한 대로 여성 대명사를 사용했으며 그가 아주 멋지고 강하며 독특한 아이를 키우고 계신다는 점을 말씀드렸고, 이어 렉스의 헤어컷에 대한 어머니의 걱정에 대해 이야기했습니다. 우리 둘 다 '머리는 다시 자라고 자신을 표현하는 것이 중요하다'는 데 쉽게 동의했습니다. 저는 상품권을 집으로 보냈고, 다음 주 렉스는 짧은 머리로 새롭게 변신해서 행복한 얼굴로 학교에 나타났습니다. 아마 그 때 학교에서는 '알렉스'라고 불러 달라, 엄마가 있을 때는 '렉스'라고 불러달라고 했던 것 같습니다.

알렉스의 회복탄력성은 급격히 좋아지기 시작했고, 학교에서 매우 안정적이고 자신감이 넘치는 모습을 보이기 시작했습니다. 그래서 이 시점부터는 성적을 올리는 것이 목표가 되었습니다. 몇 달이 지나면서 알렉스는 결국 자신의 감정을 표현하는 자신감이 생겼고, 엄마한테도 자신의 정체성에 대해 사실대로 이야기했습니다. 그 즈음 어머니가 방과 후 프로그램에 알렉스를 데리러 온 것을 봤는데, 어머니는 알렉스를 남성 대명사를 사용하여 불러 주려고 노력했지만 힘들어했습니다. 저는 알렉스와 연락하여 어머니와 함께 남성 대명사와 알렉스라는 이름을 사용하는 것에 대해 대화를 나누었고, 이 문제를 적극적으로 다루기 시작했습니다.

어머니와 직접 대화하거나, 이메일을 주고받거나, 전화할 때마다 저는 남성 대명사와 렉스라는 이름을 사용하는 데 주의를 기울였습니다. 그렇다고 해서 어머니가 이름을 예전처럼 부르는 것을 결코 바로잡으려 하지 않았습니다. 어머니는 정말 열심히 노력하고 계셨고, 그저 자신이 너무 사랑하는 아이를 대해 온 방식에 익숙해져 있었기 때문입니다. 반면에 알렉스는 엄마가 실수로 그를 여성으로 부를 때 얼마나 화가 나는지에 대해 말했습니다. 저는 어머니가 제게 "알렉사는 항상 저에게 여자애였고 제가 그렇게 부르면 아주 싫어한다는 걸 알지만…… 적어도 그 애가 제가 노력하고 있다는 걸 알았으면 좋겠어요. 그냥 그렇게 빨리 바뀌지가 않아요." 라고 말씀하신 것을 기억합니다. 저는 알렉스의 어머니에게 응원을 보냈습니다. 저는 알렉스가 어머니를 신뢰한다는 것이 정말 중요한 것임을, 앞으로 어머니가 자녀가 원하는 대명사와 이름을 사용할 수 있다는 것을 알렉스가 믿고 있고 어머니는 그렇게 할 수 있다는 것을 알렉스가 알고 있다고 이야기해 드렸습니다.

몇 주가 지난 이후 어머니는 드디어 바뀌셨습니다. 심지어 알렉스에게 책가방에 달고 다닐 'He/Him'이라고 쓰인 핀을 사 주기도 했습니다. 알렉스는 여전히 출석에 어려움을 겪었고 집에서도 어머니가 겪는 반복적인 어려움과 걱정이 있었습니다. 저는 어머니를 학교 상담사와 연결했습니다. 학교에서 만나서 우리 셋이서 이야기를 나누었고, 함께 문제를 해결할 수 있도록 이메일 스레드[1]를 시작했습니다. 처음에는 몇몇 신뢰할 수 있는 직원과 교사만이 알렉스라는 이름과 남성 대명사를 알고 있었습니다. 알렉스, 어머니, 학교 상담사 그리고 제가 함께 참석한 회의에서 우리는 알렉스에게 스카이워드(Skyward) 정보[2] 시스템에 그가 선호하는 이름과 대명사로 바꿔서 업데이트 하고 싶은지 물었습니

---

[1] 역자 주: 하나의 주제나 내용에 대해 이메일을 주고받는 목록.
[2] 역자 주: 미국 등에서 사용하는 교육행정정보 시스템의 명칭.

다. 그는 기꺼이 동의했고, 이후 학교의 모든 자료에 그의 새로운 이름과 대명사를 반영했습니다.

어머니와 학교 상담사가 점점 더 관계를 쌓아 가면서 저는 한 발 뒤로 물러나 이 전체 과정을 돌아볼 수 있었습니다. 이제 알렉스가 8학년이 되면서 그와 어머니는 학교와 연결되고, 지원받고, 필요한 관심을 받고 있습니다. 제가 이 가족을 지원한 지난 3년을 돌이켜보면 가장 큰 성공이라고 할 만한 것은 그들이 학교와 계속 소통하고, 우리 학교가 제공할 수 있는 모든 지원을 두려운 일이 아니라 환영할 만한 것으로 이해하고 받아들이게 된 것이며, 이 학생이 있는 그대로 사랑받고 받아들여지게 되었다는 것입니다. 어머니와 딸, 두 사람 모두 자신의 목소리를 내는 당당함이 생겼고, 필요한 것을 요구하고, 자신이 누구인지 명확하게 말할 수 있는 자립심이 생겼습니다. 또한 학교에 참여할 새로운 이유도 찾았습니다. 알렉스는 자신의 정체성을 탐구할 수 있는 안전한 공간을 찾았고, '학생의 소리 점심모임'에서 "LGBTQ 청소년을 지원하기 위해 할 수 있는 일이 항상 더 있습니다." 라고 말하기도 했습니다.

이 가족은 항상 학교출석과 가정문제로 어려움을 겪고 있지만 이제 우리는 알렉스가 내년에 고등학교에 진학할 때도 그들이 계속 회복탄력성을 갖고 우리 공동체를 신뢰할 것이라고 알고 있습니다. 성공은 항상 성적과 출석률로 측정되는 것은 아닙니다. 알렉스의 출석률은 크게 향상되었지만, 요구되는 기준에 따르면 여전히 모자랐습니다. 반면 눈으로 볼 수는 없지만 느낄 수 있는 변화가 있었습니다. 알렉스가 학교에 나와서 배려하고, 연민을 보이고, 지지하는 어른과 소통을 한 일입니다. 세상에는 많은 어려움을 겪고 있는 가정이 있습니다. 게다가 코로나19라는 팬데믹과 공립학교들이 일반적인 겪는 어려움으로 인해 학교와 가정이 서로 연결되는 데 그동안 장벽이 배 이상 증가했습니다. 이 특별한 가족 이야기의 핵심은 가장 어려운 시기에 지원 관계망을 확장함으로써, 시간이 지나면서 그들이 스스로 성공을 정의할 수 있는 많은 기회를 만들어 낸 점입니다.

저는 긍정적인 경험이 부정적인 경험을 완화할 수 있다는 것을 수많은 출처와 연구를 통해 알고 있다는 말로 마무리하고 싶습니다. 그래서 지원할 수 있는 권한이 주어질 때마다 모든 지원, 상호작용 및 개입이 무조건적인 개인적 동기보다는 긍정적인 초점에서 이루어지도록 신경을 씁니다. 출석에 대해 어려운 대화를 해야 했을 때조차도 저는 긍정적인 것을 떠올리고 연결해서 이야기했습니다. 이를테면 "그래, 너는 여전히 출석에 어려움을 겪고 있지. 그러나 네가 이 학교에 얼마나 중요한지 봐봐. 너는 주변 사람들에게 소중한 친구고, 나는 네가 타고난 리더라고 본단다."라는 식의 대화입니다. 멘토-학생 관계를 구축할 때 학생의 열정, 역량 및 그가 가진 힘을 인식하는 것이 매우 중요합니다. 회복탄력성을 높인다는 것은 학생 자신이 가지고 있는 내면의 강점과 그 힘에 이름을 붙이고, 그 힘에 대해 이야기하고, 그 힘을 행사할 방법을 찾는 것입니다. 모든 사람에게는 회복탄력성이 있으며, 때로는 자신의 자립능력을 특별하게 다루고 인정하는 것만으로도 자기애가 올라가고, 솔직한 의사소통 및 행동으로 이어지는 다음 장이 열립니다.

저는 학생과 가족에게 공동체와 계속 연결되어 있어야 한다고 말합니다. 우리가 중요한 공간에서 분리되고, 함께 하는 일을 멈추고 서로에게서 멀어지게 되면 우리는 서서히 회복탄력성을 잃어가게 됩니다. 한편 우리가 넘어질 때 누군가가 거기에 있다는 것을 알고 있으면, 우리는 더 잘 두드려 보고, 새로운 것을 시도하고, 적정한 선에서 위험을 감수하고 실천하며, 진정으로 삶을 사랑할 수 있습니다. 저는 항상 학생들에게 주변에 있는 공동체는 힘을 실어 줄 것이며, 그들이 알고 있는 가장 좋은 사람들에게 둘러싸여 지지받을 수 있을 것이라고 말합니다. 물론 개별적인 자기관리, 혼자 있는 시간, 타인과 적당한 거리두기, 평화와 고요함도 힘을 실어 줄 수 있다고 믿고, 기분이 좋을 때, 우리는 자연스럽게 새로이 찾은 힘을 다른 사람들과 나누고 싶어 합니다. 개인

명상 중 떠오른 아이디어이든, 한밤중에 그린 그림이든, 기말고사의 성
공이든, 우리는 공동체에서 이러한 성공을 함께 축하할 때 연결성과 회
복탄력성을 높일 수 있습니다.

요약과 정리: 위의 사례에서 예시한 것처럼 학교 내 공동체(Communities
In School: CIS)와 통합적 학생지원(Integrated Student Supports: ISS) 모델은
일반적으로 다섯 가지 핵심 구성요소를 포함한다.

① **필요와 강점 평가:** 각 학교와 학생의 고유한 요구 사항에 맞는 관련
   프로그램과 단계별 지원을 선택하고 계획을 세우기 위한 종합적 평
   가이다.

② **조율된 학생 지원:** 학생과 가족은 적절한 지원과 서비스에 원활하게
   연결된다. 코디네이터는 각 학교의 학생에게 차별화된 또는 단계적
   인 지원을 제공하는 동시에 중요한 도움이 필요한 학생에게 주의를
   집중한다.

③ **지역사회 협력:** 코디네이터는 기존 서비스 제공자와 협력하고 새로
   운 협력 관계자를 발굴하여 전략적으로 추가자원을 학교에 가져오
   되 중복지원이 일어나지 않도록 필요한 역량을 구축한다.

④ **학교 내 통합:** 코디네이터는 학교직원 및 서비스 제공자와 지속적으로
   협력하여 종합적 지원시스템이 학교의 일상적 운영에 통합되도록 한
   다. 효과적인 통합은 코디네이터가 직원 및 학교 경영진과 협력하여
   학생의 요구를 지속적으로 모니터링하고, 중재를 조정하며, 학교 분위
   기와 학교 전체 정책에 영향을 미칠 수 있는 기회를 제공한다.

⑤ **데이터 추적:** 지속적인 데이터 추적 및 평가로 높은 품질의 지속적
   인 지원을 보장한다.

통합적 학생지원(Integrated Student Supports: ISS)은 또한 공공영역 투자에 대한 수익률을 높일 수 있다. 학생의 성과가 개선되면 가족, 지역사회, 사회에 기여하는 구성원이 될 가능성이 높아지고, 반대로 교도소에 수감되거나 복지에 의존해서 살아가게 될 가능성이 줄어든다. 이 장에서 본 청소년지원기관, CIS 모델은 중퇴율을 낮추고 졸업률을 높일 수 있는 독특한 증거 기반 접근 방식이다. 현장 코디네이터를 통한 집중적 사례관리 서비스 모델은 지금까지 평가된 모든 규모의 학업중단 예방 프로그램 중 가장 강력한 학업중단율 감소 효과를 가져왔다. 마지막으로, CIS 모델은 주(州), 학교환경, 학년, 성별 및 성 정체성, 학생 인종과 관계없이 효과적이라는 말을 덧붙이고자 한다.

참고문헌

Center for Optimized Student Support, City Connects, & Communities In Schools. (2021, March). Integrated student support: State policy toolkit. Boston College. https://www.bc.edu

Children's Defense Fund. (2020). The state of America's children, 2020: Leave no child behind. https://www.childrensdefense.org

Malloy, M. (1985). The people who didn't say goodbye. Doubleday.

North, R. A. (2017). Motivational interviewing for school counselors. Createspace Independent Publishing Platform.

Semega, J. L., Fontenot, K. R., & Kollar, M. A. (2017, September). Income and poverty in the United States: 2016. United States Census Bureau. https://www.census.gov

찾아보기

저자 소개

애런 페르지언(Aaron Perzigian)

미국 웨스턴 워싱턴 대학(Western Washington University)의 특수교육과 교수이자 및 동 대학 통합교육 교사양성 프로그램(Woodring Inclusive Education Teacher Scholars) 디렉터를 맡고 있다.

나린 아지즈(Nahrin Aziz)

미국 노스웨스트 인디언 대학(Northwest Indian College)의 유아교육과 전임강사이자 동 대학 유아교육 이니셔티브 프로그램의 프로젝트 디렉터를 맡고 있다.

역자 소개

최지혜(Choi, Jee Hae)
현 은평대영학교 특수교사
　이화여자대학교 특수교육과 겸임교수
　특수교육연구회 셋업 대표

나사렛대학교 중등특수교육과를 졸업하고 경희대학교 공공대학원 글로벌
거버넌스학과에서 국제개발학 석사 학위를 받았으며, 이화여자대학교 대
학원 특수교육학과에서 지적장애 전공으로 특수교육학 박사 학위를 받았
다. 특수교사로 근무하며 KOICA 개발도상국 특수교사 양성사업, 서울시
세계시민교육 선도교사로 활동하였고, 세계시민교육과 특수교육 관련 교
육청 연수 및 대학 강의를 해 왔다. 그 외에도 2019년 전국 단위 특수교육
연구회 셋업을 창단하고 대표로 활동하고 있으며 특수교육 전문 블로그
'어쩌다 특수교사–특수교육을 기록하는 친절한 최슨생'을 운영하고 있다.
발달장애인의 시민성과 세계시민교육, 다문화 특수교육대상자, 특수교육
교육과정과 교원 양성 등에 관심이 있으며, 저서로는 『수업으로 시작하는
장애학생을 위한 세계시민교육』(공저, 피치마켓, 2021) 등이 있다.

이로미(Lee, Ro Mee)

전 경인여자대학교 유아교육과 교수

현 한국방송통신대학교 교육학과 전임대우강의교수

연세대학교 교육학과를 졸업하고 같은 대학원에서 사회 및 산업교육으로 교육학 석사 학위를 받았으며, 캐나다 브리티시컬럼비아 대학교 대학원에서 성인교육으로 박사 학위를 받았다.

성인교육 및 학습, 다문화 및 이주민 교육, 노인 교육, 시민 교육 분야를 연구하고 강의하고 있다. 저서 및 역서로는 『교육학개론』(2판, 공저, 공동체, 2024), 『유아다문화교육의 이론과 실제』(공저, 정민사, 2021), 『노인교육론』(공저, 한국방송통신대학교출판문화원, 2024), 『다문화시민교육』(공역, 에피스테메, 2024) 등이 있다.

통합학급 운영을 위한 다문화 특수교육

Multicultural Special Education For Inclusive Classrooms
Intersectional Teaching And Learning

2025년 1월 5일 1판 1쇄 인쇄
2025년 1월 10일 1판 1쇄 발행

지은이 • Aaron Perzigian, Nahrin Aziz
옮긴이 • 최지혜, 이로미
펴낸이 • 김진환
펴낸곳 • (주) **학지사**

　　　　04031 서울특별시 마포구 양화로 15길 20 마인드월드빌딩
대표전화 • 02)330-5114　　팩스 • 02)324-2345
등록번호 • 제313-2023-000041호

홈페이지 • http://www.hakjisa.co.kr
인스타그램 • https://www.instagram.com/hakjisabook

ISBN 978-89-997-3285-0 93370

정가 17,000원

출판미디어기업 **학지사**

간호보건의학출판 **학지사메디컬** www.hakjisamd.co.kr
심리검사연구소 **인싸이트** www.inpsyt.co.kr
학술논문서비스 **뉴논문** www.newnonmun.com
교육연수원 **카운피아** www.counpia.com
대학교재전자책플랫폼 **캠퍼스북** www.campusbook.co.kr